**WERNER
SCHWANFELDER**

WIE SIE
PROFIT MACHEN
UND NEBENBEI
DIE WELT
VERBESSERN

WERNER SCHWANFELDER

WIE SIE PROFIT MACHEN UND NEBENBEI DIE WELT VERBESSERN

Gewinnbringend
und nachhaltig investieren

LUDWiG

Haftungsausschluss

Die Inhalte in diesem Buch sind von Autor und Verlag sorgfältig geprüft.
Allerdings ist keine der Aussagen des Autors als konkrete Anlage- oder
Kaufempfehlung zu verstehen. Weder der Autor noch der Verlag können
daher Haftung für Schäden übernehmen, die aus der Interpretation oder
Umsetzung der in diesem Buch getroffenen Aussagen resultieren.

MIX
Papier aus verantwor-
tungsvollen Quellen
FSC® C014496

Verlagsgruppe Random House FSC-DEU-0100
Das für dieses Buch verwendete
FSC®-zertifizierte Papier *Super Snowbright*
liefert Hellefoss AS, Hokksund, Norwegen.

Copyright © 2012 by Ludwig Verlag, München,
in der Verlagsgruppe Random House GmbH
www.ludwig-verlag.de
Redaktion: Dr. Annalisa Viviani, München
Umschlaggestaltung: Eisele Grafik-Design, München
Umschlagabbildung: Kalenik Hanna / Shutterstock
Satz: Leingärtner, Nabburg
Druck und Bindung: GGP Media GmbH, Pößneck
Printed in Germany 2012

ISBN: 978-3-453-28034-2

Inhalt

Prolog: Geld bestimmt unser Leben

Geld regiert die Welt. Diesen Spruch kennt jeder. Wenngleich diese Aussage berechtigten Anlass zur Kritik gibt, bestimmt das Geld das Leben in unserer Gesellschaft grundlegend. Es ist offensichtlich, dass derjenige, der kein Geld hat, »arm dran« ist. Da nützt es nichts, wenn Politiker, Kirchenleute oder Gutmenschen Einwände dagegen erheben. Von Franz Müntefering, dem ehemaligen Bundesminister für Arbeit und Soziales, ist der Satz überliefert: »Geld regiert die Welt, da kann man halt nix machen – das akzeptiere ich nicht.« Man könnte sich fragen, ob diese Meinung nicht etwas realitätsfern ist. Ich gehe davon aus, dass dieser Satz stimmt. Aber ich ziehe daraus eine andere Schlussfolgerung: Wenn Geld tatsächlich die Welt regiert, dann können doch die, die Geld haben, versuchen mitzuregieren. Mit anderen Worten: Ich versuche mein Geld so anzulegen, dass es die Gesellschaft verändert – nach meinen Vorstellungen natürlich.

Wie viel Macht haben wir?

Die Macht der Geldanleger sollte man weder über- noch unterschätzen. Dies sei anhand eines Beispiels erklärt: Die Organisation Foodwatch hat eine Studie herausgebracht, in der nachgewiesen wird, dass Finanzinvestoren durch Spekulation auf den Agrar-Rohstoff-Märkten die Nahrungsmittelpreise in die Höhe treiben. Unter den Spekulanten wurde namentlich auch die Deutsche Bank aufgeführt. Als Reaktion auf diese Studie haben über 60 000 Deutsche per E-Mail oder Post die Deutsche Bank aufgefordert, aus dieser Art von Finanzgeschäften auszusteigen. Der damalige Noch-Vorstandsvorsitzende der Deutschen Bank AG, Josef Ackermann, sagte zumindest zu, den Sachverhalt gründlich zu überdenken. Wir werden sicherlich in der Presse nachlesen können, ob sich die Deutsche Bank dem Druck der nachhaltigen Geldanleger beugt. Wenn nicht, müssen wir den Druck erhöhen.

Wahrscheinlich ist es besser, die Herrschaft des Geldes zu akzeptieren und selbst die richtige Einstellung zum Geld zu finden. Es gibt den alten Spruch aus der Militärgeschichte: »Wenn du deinen Feind nicht besiegen kannst, verbünde dich mit ihm.« Wenn man das Geld als Feind betrachtet (wobei ich nicht so weit gehen möchte), dann sollte man sich überlegen, wie man den Feind, also das Geld, bestmöglich nutzen kann.

Geld arbeitet. Ein Werbespot will uns suggerieren, dass Geld dies sogar tut, wenn wir schlafen. Aber das stimmt nicht. Es vermehrt sich auch nicht von selbst. Mit Geld werden Projekte finanziert, die einen Mehrwert erwirtschaften. An den Projekten arbeiten Menschen. Ihr Können und ihre Fähigkeiten generieren den Mehrwert. Nicht das Geld arbeitet, sondern Menschen arbeiten, und ich beteilige mich als Geldanleger an den Löhnen, den Materialien, der Ausbildung und an allem, was zur Vermehrung dieses Wertes beiträgt.

Die wichtigsten Geldplayer sind zugegebenermaßen die Banken. Sie sind die Repräsentanten des Geldsystems. Sie wirtschaften mit Geld. Man muss aber über die Rolle der Banken gründlich nachdenken und sich die Frage stellen: Sind die Banken die Player, oder bin ich der Player, wenn ich der Bank sage, was sie mit meinem Geld machen soll? Wer bewegt das Geld? Verfügen die Banken über eigenes Geld? Eigentlich nicht, denn es ist das Geld der Anleger und Aktionäre. Damit bin ich unwiderruflich in der Rolle des Players. Theoretisch – und auch praktisch – kann jeder Einzelne der Bank sagen, was sie mit seinem Geld machen soll. Als Aktionär kann ich die Politik der Bank oder eines anderen Unternehmens mitbestimmen. So mancher vertritt jedoch die Auffassung: Ich bin nur ein armes Würstchen, was bringt mein Spargroschen? Wer so denkt, hat sich bereits aufgegeben.

Über Geld spricht man nicht ...

Stimmt das? Der Ausspruch des US-amerikanischen Öltycoons und Industriellen Jean Paul Getty – nachzulesen u. a. im *Handelsblatt* vom 7. Februar 2001 – geht noch weiter: Über Geld spricht man nicht, man hat es. Das heißt, nur Menschen, die kein Geld haben, reden über Geld. Dies mag tendenziell zutreffen, weil sie aus zwingender Notwendigkeit über diesen Mangel klagen. Meines Erachtens wird diese Einstellung in Deutschland besonders gepflegt. Zwar streiten sich Eheleute über Geld, aber mit Freunden spricht man nicht darüber. Ich weiß nicht, was meine Freunde verdienen, ob sie Schulden haben und was sie sich leisten können. Es entspricht nicht unserer – deutschen – Art, über Geld zu reden und schon gar nicht über unser persönliches Verhältnis zum Geld. Der Verdienst der »Ackermänner« ist aus Zeitungsschlagzeilen bekannt, aber das Vermögen der Müllers und Hubers nicht. Und auch der Gerichtsvollzieher zeigt taktvolle Zurückhaltung (jedenfalls beim ersten Besuch).

Andere Völker und Nationen haben weniger Hemmungen in dieser Hinsicht. Die Amerikaner reden beispielsweise gern übers Geld. Wir müssen uns überlegen, ob unser Schweigen richtig ist. Erst wenn wir über Geld reden (nicht angeben), können wir auch mit Geld arbeiten. Im Brustton der Überzeugung beteuert man: »Geld allein macht nicht glücklich.« Aber jeder weiß, dass man ohne Geld auch leicht unglücklich werden kann. Es ist offensichtlich, dass Geld die Menschen bewegt. Jean Paul

Getty hat das so ausgedrückt: »Wenn man kein Geld hat, denkt man immer an Geld. Wenn man Geld hat, denkt man nur noch an Geld.«

Was ist eigentlich Geld?

Geld ist eine Münze oder ein Schein, eine Kontonummer, ein Bankauszug, eine Überweisung, ein Onlineklick. Nicht mehr. Wenn wir uns dies klarmachen, könnten wir eigentlich gelassener damit umgehen. Aber hinter Geld baut sich ein anderer Begriff auf: Macht. Mit Geld hat man Macht. Mit Geld kann man nicht nur Sachen und Dienstleistungen kaufen. Man kann damit auch Menschen kaufen. Diktatoren konnten sich schon immer Soldaten kaufen. Mit Geld kann man einen Mörder dingen. Mit Geld kann man Menschen bestechen. Mit Geld kann man allerdings auch Menschenleben retten. Es liegt also an uns und nicht am Geld, wie wir es verwenden und was wir aus unserem Geld machen. Wenn wir nicht in der richtigen Art und Weise damit umgehen, übernimmt das Geld eventuell die Macht über uns.

Geld ist im Grunde nichts anderes als ein bequemes Tauschmittel. Man könnte sogar mutmaßen, dass praktische Menschen das Geld erfunden haben. Vor dem Geld existierte nur Tauschhandel, der jedoch im größeren Maßstab recht unpraktisch war. Erst mit dem Geld konnte man den Austausch von Waren und Dienstleistungen besser organisieren. Dabei übernimmt Geld nicht die Funktion von Tauschware, es wird zum Wertmaßstab. Dinge wurden plötzlich »geldwert«. Der Philosoph und Ökonom David Hume hat in seinem Aufsatz »Of Money« aus dem Jahr 1752 geschrieben: »Geld ist, genau genommen, keine Handelsware, sondern nur das Instrument, auf das Menschen sich geeinigt haben, um den Tausch von Waren zu erleichtern.«

Die meisten wirtschaftlich denkenden und agierenden Menschen, die das Geld nutzen, vertrauen dem abstrakten Wert von Geld. Sie sind sich sicher, dass sie dafür einen Gegenwert an Produkten und Dienstleistungen erhalten. Das hat der ehemalige Präsident der Deutschen Bundesbank, Hans Tietmeyer, immer wieder gepredigt und auch in einem Interview mit der Zeitschrift *Sache, Wort, Zahl* (1999) wiederholt: »Beim Geld zählt Vertrauen!« Daraus ergibt sich eine wichtige Schlussfolgerung: Geld funktioniert nur, wenn man Vertrauen in seinen Wert hat.

Geld ist nur ein Wertmaßstab

Vieles hat sich in der Welt verändert, aber die Funktion des Geldes ist im Grunde gleich geblieben. Es ist immer noch nicht mehr als ein Wertmaßstab. Geld hat im Prinzip keine lebenserhaltende Funktion: Man kann es nicht essen und nicht trinken. Man kann sich daran nicht wärmen, und es schützt nicht vor Regen. Es macht einen weder intelligenter noch weiser. Es macht einen nicht gesund. Daher ist Geld eigentlich nichts anderes als eine Illusion. Man muss allerdings zugeben, dass es eine recht erfolgreiche Illusion ist, die sich weltweit durchgesetzt hat. Die Illusion wird genährt von der Erfahrung, dass man für einen Euro ein Produkt, ein Brot, Milch, Wurst erhält. Wir sind daran gewohnt, dass sich das Verhältnis zwischen Geld und Produkt verändert, sei es, dass Preise herabgesetzt oder erhöht werden, dass wir eine Gehaltserhöhung bekommen, dass wir mit einer gewissen Inflation rechnen. Dies alles stört die Illusion nicht. Es wird erst anders, wenn sich die Preise über ein gewisses Maß hinaus einseitig verändern, wenn man Geld eben nicht mehr als Wertmaßstab benutzen kann. Dann geht das Vertrauen in das Geld verloren – und vermutlich auch bald in unsere Gesellschaft.

Wenn man sein Geld an der Börse anlegt, spricht man gern von Buchgeld. Ist dies Geld zweiter Klasse? Wie fühlt man sich, wenn man Geld an der Börse gewinnt oder verliert? Hierzu hat der ungarisch-amerikanische Finanzexperte André Kostolany in der NDR-Talkshow 1982 eine sehr interessante Aussage gemacht: »Wer viel Geld hat, kann spekulieren. Wer wenig Geld hat, darf nicht spekulieren. Wer kein Geld hat, muss spekulieren.«

Die Geldreligion

Geld stinkt nicht – pecunia non olet. Diese Redewendung geht auf den römischen Kaiser Titus Flavius Vespasianus zurück. Es wird überliefert, dass er von seinem Sohn getadelt wurde, weil er die römischen Bedürfnisanstalten mit einer Steuer belegt hatte. Darauf habe der Kaiser seinem Sohn das so eingenommene Geld unter die Nase gehalten und ihn gefragt, ob es streng rieche. Die lateinische Feststellung ist der Ausgangspunkt der uns heute noch geläufigen Redensart, um den Erwerb von Geld aus unsauberen Einnahmequellen zu rechtfertigen. Und sogar der kaiserliche Name hat sich in diesem Zusammenhang gehalten: Die öffentlichen Toiletten in Paris heißen noch heute »Vespasiennes«, und auch in Italien werden sie bisweilen noch »Vespasiani« genannt (http://de.wikipedia.org/wiki/Pecunia_non_olet). Wir haben uns angewöhnt zu glauben, dass man mit Geld alles erreichen kann. Für viele scheint der Gelderwerb zum Lebensziel geworden zu sein, um in kurzer Zeit möglichst viel zu gewinnen. Kann dies der Sinn des Lebens sein? Der Schauspieler, Autor und Regisseur Sir Peter Ustinov hat – wie in dem 2001 erschienenen Bändchen *Peter Ustinovs geflügelte Worte* nachzulesen ist – einmal erklärt, der Sinn des Lebens sei etwas, das keiner genau wisse. Jedenfalls habe es keinen Sinn, der reichste Mann auf dem Friedhof zu sein

Natürlich ist die Geldwirtschaft für unsere Gesellschaft unverzichtbar. Aber die Menschen zeigen in ihrem unterschiedlichen Streben nach Geld, welchen Stellenwert sie ihm als ihrem Lebenssinn einräumen. Es ist unbestritten, dass wir Geld zum Leben benötigen. Aber uns ist nicht der Einsatz vorgegeben, den der Erwerb des Geldes kostet. Hierzu passt gut eine Geschichte, die über Thales von Milet überliefert ist. Der Philosoph und Mathematiker wurde zwar hochverehrt, aber auch verspottet, weil er angeblich weltfremd und tollpatschig gewesen sein soll. Schon damals wusste jeder Zeitgenosse, dass man mit Philosophie keine Reichtümer erwerben konnte. Thales besaß aber Kenntnisse über den Einfluss der Sterne und sah voraus, obwohl es noch Winter war, dass der Sommer eine reiche Olivenernte erwarten ließ. Da er nicht so viel Geld besaß, um einen Olivenhain zu erwerben, mietete er alle Olivenpressen in der Umgebung. Er bekam sie preiswert, weil die anderen über ihn lachten. Als zur Erntezeit alle Pressen gleichzeitig benötigt wurden, konnte er den Preis frei gestalten und verdiente eine Menge. Er bewies jedenfalls, dass auch Philosophen über Geschäftssinn verfügen. Selbstverständlich kann man sich jetzt zu Recht fragen, ob diese kapitalistische Einstellung auch moralisch einwandfrei ist. Aber was ist moralisch? Wer ist die moralische Instanz, die uns weiterhelfen kann? Vielleicht die Bibel.

Am häufigsten wird in diesem Zusammenhang eine Stelle aus dem Matthäus-Evangelium zitiert (Mt 22,21). Dort heißt es: »Gebt dem Kaiser, was des Kaisers ist.« Damit positioniert sich Jesus eindeutig. Er verweigert sich nicht dem Geld, aber er betont deutlich, welche Bedeutung er ihm beimisst. Er weist nachdrücklich darauf hin, dass Geld zur weltlichen Macht gehört. Jeder Bürger muss seine Steuern zahlen, seinen finanziellen Beitrag an der Gesellschaft leisten. Daraus lässt sich folgern, dass Jesus das Geld als eine Einrichtung ansieht, die den Menschen auf keinen Fall beherrschen darf. An anderer Stelle (Mt 6,24) warnt Jesus die Menschen davor, dem Mammon zu dienen. Das Wort Mammon leitet sich vom aramäischen *mamona* (Vermögen, Luxus, Reichtum) ab und gelangte über seine griechische Schreibweise in die Bibel. In Volksglaube und Literatur wurde Mammon als personifizierter Reichtum zu einem Dämon, der den Menschen zum Geiz verführt. So ist die Aussage Jesu als Aufforderung zu interpretieren, bei der Anwendung von Geld zwischen anständigem Lebenswandel und der Verführung durch Dämonen zu unterscheiden.

Die Aussage der Bibel betrifft jeden von uns: Wir müssen verantwortungsvoll mit dem Geld umgehen: Zum einen dürfen wir uns vom Geld nicht verführen lassen und es als Götzen anbeten. Zum anderen sollen wir unser Geld verantwortlich nutzen. Im ersten Brief an Timotheus heißt es: »Die Menschen sollen wohltätig sein, reich werden an guten Werken, freigebig sein und, was sie haben, mit anderen teilen. So sammeln sie sich einen Schatz als sichere Grundlage für die Zukunft ...« (1 Tim 6,18). Es ist also durchaus moralisch einwandfrei, Besitz und Vermögen in Dankbarkeit zu genießen, wenn man nicht selbstsüchtig handelt, sondern auch an den Nächsten denkt.

Unser liebes Geld

Um welchen Geldwert handelt es sich überhaupt? Wie groß ist unser (privates) Vermögen in Deutschland? Das Gesamtprivatvermögen der Deutschen erreichte im Jahr 2010 einen Wert von 4,88 Billionen Euro. Ein hohes Sparvolumen und eine gute Börsenentwicklung haben diese Entwicklung möglich gemacht. Nun haben solche Summen immer den Nachteil, dass man sie nicht richtig begreifen kann. Wenn man diese 4,88 Billionen Euro durch die Anzahl der Bürger Deutschlands teilt, ergibt sich, dass im Durchschnitt jeder Bundesbürger über 59 900 Euro verfügt, das sind übrigens fast 3 000 Euro mehr als Ende 2009. (Allerdings darf man nicht verschweigen, dass nach dem Stand von 2010 jeder Bundesbürger 25 000 Euro öffentliche Schulden zu tragen hat. 2008 waren es erst 18 800 Euro.)

Wie haben die Deutschen ihr Geld angelegt? Rund 38 Prozent des Geldvermögens haben die Bundesbürger als Sicht-, Termin- oder Spareinlagen bei Banken oder Sparkassen geparkt. Fast 29 Prozent ihres Vermögens sind in Versicherungen und knapp 6 Prozent in Pensionsfonds angelegt. In Wertpapieren – also Aktien, Investmentfonds, Anleihen oder Beteiligungen an nicht börsennotierten Unternehmen – waren knapp 28 Prozent angelegt. Die Deutschen haben also das Vertrauen in den Kapitalmarkt weitgehend verloren, denn vor zehn Jahren hatten sie noch fast 35 Prozent ihres Vermögens in Wertpapiere investiert.

Diese Veränderung spiegelt die Krisenerfahrung der deutschen Sparer wider. Zahlreichen Publikationen zufolge ist Sicherheit für die absolute Mehrheit der Geldanleger das wichtigste Kriterium für die Geldanlage. Erst danach rangiert die Rendite.

In diesem Kontext fügt sich auch eine interessante Meldung aus Dänemark. Gewöhnlich sind Staatsanleihen (von wirtschaftlich soliden Staaten) sicher, aber die Rendite lässt zu wünschen übrig. Nun hat die dänische Zentralbank Geldmarktpapiere platziert mit einer Rendite unter null Prozent. Faktisch zahlen die Anleger also eine Prämie. So viel bedeutet den Anlegern heute Sicherheit.

Zeit für eine neue Rangordnung der Werte

Da immer mehr Menschen bereit sind, sich für den Erhalt der Umwelt, für soziale Gerechtigkeit, Frieden und die Achtung der Menschenwürde einzusetzen und ihre Ersparnisse in diesem Sinn gezielt anzulegen, ist eine Anleitung zu verantwortungsvollem Handeln unbedingt nötig. Eine solche Anleitung aufgrund meiner eigenen Erfahrungen ist Ziel des vorliegenden Buches.

Leider wird es nicht möglich sein, ein paar einfache Tipps zu geben. Der Geldanleger muss sich selbst mit der Materie befassen und alle Aussagen kritisch begleiten, auch meine. Die Finanz- und Wirtschaftskrise hat uns gelehrt, dass wir uns nicht blind auf irgendwelche Empfehlungen verlassen können, sondern dass wir unsere Kompetenz einbringen und – sofern sie nicht ausreichend ist – aufbauen müssen. Jeder trägt selbst die Verantwortung für seine Anlageentscheidung.

Ein ethisches Investment ist eine Alternative zu den herkömmlichen Anlageformen. Die Anlageformen selbst unterscheiden sich nicht von den bisherigen, nur die Inhalte des Investments sind anders. Ziel ist es, das Geld in ökologisch und sozial verantwortliche Unternehmen zu investieren. Die Geldanlage wird in diesem Sinn ein wichtiger Beitrag zum Erhalt einer lebenswerten Umwelt und zur effizienteren Nutzung natürlicher Ressourcen. Dabei steht als Ziel im Vordergrund eine Geldanlage, die sowohl umwelt- und sozialverträglich als auch rentabel ist.

Geld macht nicht glücklich – aber kein Geld zu haben macht einen auch nicht glücklich. Darum ist es vielleicht doch besser, welches zu haben. Einer Studie der Universität Essex zufolge macht Sparen glücklich: Menschen, die regelmäßig Geld zurücklegen und ein klares Konzept für ihr Sparen haben, sind glücklicher als die, die nur nach Rentabilität trachten. Solide sparen kann man aber nur, wenn man dazu das notwendige Wissen hat.

Die britische Studie kommt zu dem Schluss, dass es wichtig ist, die Menschen fit zu machen im Umgang mit dem Geld. Sie sagt allerdings nichts darüber aus, ob Menschen, die ihr Geld umwelt- und sozialverträglich anlegen, noch glücklicher sind. Das ist aber ernstlich anzunehmen. Mit meinem Buch möchte ich den Leser in diesem Sinn überglücklich machen.

Nachhaltigkeit – der größte Paradigmenwechsel der Neuzeit

Was ist Nachhaltigkeit?

Nachhaltigkeit bedeutet, wie in Wikipedia nachzulesen ist, im ursprünglichen Wortsinn »eine ›längere Zeit anhaltende Wirkung‹ und im übertragenen, ursprünglich forstwirtschaftlichen Sinn ›forstwirtschaftliches Prinzip, nach dem nicht mehr Holz gefällt werden darf, als jeweils nachwachsen kann‹. Das Wort entstammt von ›nachhalten‹, mit der Bedeutung ›längere Zeit andauern oder bleiben‹. Im modernen Sinn kommt der Gedanke hinzu, dass auch in anderen Bereichen etwas andauern, bleiben, nachwirken oder haltbar sein kann oder soll noch lange, nachdem es gebaut oder in Bewegung gesetzt wurde. Gegenüber Häusern aus Stroh, die der Wind jedes Jahr wegweht, sind Häuser aus Stein, die lange bestehen, vereinfacht ausgedrückt also nachhaltig; die aus Stroh hingegen nicht.«

Im Jahr 1560 wurde in der kursächsischen Forstordnung festgelegt, dass nur so viel Holz geschlagen werden darf, wie nachwachsen kann. Angewandt wurde der Begriff Nachhaltigkeit erstmals in einer Publikation von Hans Carl von Carlowitz aus dem Jahr 1713, in der von der »nachhaltenden Nutzung« der Wälder die Rede ist. »Nachhaltigkeit der Nutzung« beschreibt also ursprünglich die Bewirtschaftungsweise eines Waldes: Es wird immer nur so viel Holz entnommen, wie nachwachsen kann, sodass der Wald nie ganz abgeholzt wird, sondern sich immer wieder regenerieren kann.

Dann wurde der Ausdruck »nachhaltig« in den englischen Sprachgebrauch aufgenommen. Im erweiterten Sinn eines »Zustands des globalen Gleichgewichts« taucht der Begriff »sustainable« 1972 im Bericht *Die Grenzen des Wachstums* vom Club of Rome erstmals an prominenter Stelle auf. Der Sachverständigenrat gibt folgende Definition für Nachhaltigkeit:»Regenerierbare lebende Ressourcen werden in dem Maße genutzt, wie Bestände natürlich nachwachsen.« Mittlerweile hat der Begriff längst auch Eingang in die Finanzpolitik gefunden und wird inflationär in allen Bereichen des Lebens gebraucht.

Der Enquetekommission des Deutschen Bundestags zufolge setzt sich der Begriff der Nachhaltigkeit aus drei Komponenten zusammen – einer ökologischen, ökonomischen und sozialen –, die auch als Drei-Säulen-Modell bezeichnet werden.

Die ökologische Nachhaltigkeit beschäftigt sich mit der Erhaltung von Natur und Umwelt für die nachfolgende Generation. Die ökonomische Nachhaltigkeit hingegen beschreibt wirtschaftliches Handeln mit dem Ziel eines dauerhaften Wohlstands. Hierzu gehört der Schutz wirtschaftlicher Ressourcen vor der Ausbeutung. Nachhaltiges Wirtschaften bedeutet, dass man zum einen Kostenbewusstsein entwickelt, zum anderen aber auch die Notwendigkeit von sinnvollen Investitionen erkennt.

Die soziale Nachhaltigkeit bezieht sich auf die mögliche Teilnahme aller Menschen an der Gemeinschaft. Vermutlich sollte man den sozialen Begriff aber weiter fassen. Es geht darum, wie wir unsere Mitmenschen behandeln.

Nachhaltigkeit ist ein ganzheitlicher Ansatz und darf nicht nur ökologisch betrachtet werden (was häufig geschieht), sondern in enger Verbindung mit sozialen und wirtschaftlichen Entwicklungen. Die zentrale Frage lautet: Welches Handeln gewährleistet, dass auch künftige Generationen davon profitieren oder zumindest keinen Schaden nehmen?

Im Abschlussdokument der von den Vereinten Nationen eingesetzten Weltkommission für Umwelt und Entwicklung, dem sogenannten Brundtland-Bericht *Unsere gemeinsame Zukunft* aus dem Jahr 1987, wird das Konzept der Nachhaltigkeit (Teil I, »The Global Challenge«, Kapitel 3 »Sustainable Development«,

Artikel 27) wie folgt definiert: »Entwicklung zukunftsfähig zu machen, heißt, dass die gegenwärtige Generation ihre Bedürfnisse befriedigt, ohne die Fähigkeit der zukünftigen Generation zu gefährden, ihre eigenen Bedürfnisse befriedigen zu können.« Das von diesem Leitgedanken inspirierte Konzept der Dauerhaftigkeit und Zukunftsfähigkeit stellt einen Paradigmenwechsel dar und wird zum Schlüsselbegriff für so manche Entscheidung für oder gegen eine Geldanlage. Für eine neue Generation von Anlegern steht an erster Stelle die Erfüllung von Nachhaltigkeit, und dann erst folgen die bekannten Parameter wie Sicherheit, Rendite und Liquidität.

Somit werden »nachhaltige Vermögensanlagen« aus ihrem Nischendasein befreit und steigen in der Gunst der Anleger. Diese veränderte Einstellung der Geldanleger ist nichts anderes als ein Abbild des gesellschaftlichen Wandels. Die ersten Veränderungen konnte man bereits Mitte der Neunzigerjahre beobachten, aber erst durch die derzeitige Finanz- und Wirtschaftskrise hat diese Idee größeren Zuspruch erhalten. Den Investoren liegt es zunehmend am Herzen, bei ihrer Anlageentscheidung neben der Rendite auch soziale und ökologische Kriterien zu berücksichtigen. Mittlerweile haben auch die Unternehmen (als Investitionsobjekt) und die Banken (als Investitionsvermittler) dies erkannt und sich auf die Nachfrage eingestellt. Sie müssen sich diesem neuen Trend stellen, da die Geldanleger, also die Kunden, »nachhaltige« Produkte verlangen. Geschäfte in dieser Sparte macht nur der, der im Trend liegt. Darum beugen sich die Banker dem Druck ihrer Kunden – ein Zeichen dafür, dass die Geldanleger eine Chance haben, mit ihrem Geld Einfluss zu nehmen.

Auf dem Kirchentag 2011 in Dresden ging es auf einem Podium genau um diese Frage. Was machen die Banken mit dem ihnen anvertrauten Geld? Jürgen Fitschen, Vorstandsmitglied der Deutschen Bank gab darauf eine klare Antwort: »Wir legen das Geld dort an, wo der Kunde will.« Die Deutsche Bank etwa habe gelernt, dass die Kunden keine Anlage von Geldern bei Rüstungskonzernen mögen. Aus diesem Grund hat man alle Anteile an Unternehmen der Rüstungsindustrie aus dem Portfolio gestrichen. Die Banken scheinen also verstanden zu haben, wie sie verstärkt den Gedanken der Nachhaltigkeit zumindest als Qualitätsmanagement, Wettbewerbsfaktor und Risikomanagement nutzen können. Und sie haben auch erkannt, dass die Anleger, die Investoren, das Sagen haben. Die Kunden haben mit ihrem Geld diese neue Strategie erzwungen, was durchaus als Teil- oder Anfangserfolg verbucht werden kann.

Krisen als Chance

Im Verlauf der Geschichte hat die Welt schon so manche Finanzkrise erlebt. Im Zentrum solcher Krisen steht das Geld. Wenn ein Unternehmen Bankrott macht, gehen Arbeitsplätze verloren, aber auch diese sind letztendlich Geld. Der Arbeitslohn fehlt den Mitarbeitern. Dem Staat entgehen Steuern, dem Unternehmen Umsatz und Gewinn.

Jede Krise bewirkt ein Umdenken, denn sie ist Höhe- und gleichzeitig Wendepunkt einer gefährlichen Entwicklung. Krise ist eine Änderung des Istzustands und kann auch Verbesserung bedeuten. Da den meisten Menschen Veränderungen schwerfallen, führt die Krise in der Bedeutung von Wandel zu einer Belastung. In Krisenzeiten ist das Denken fast ausschließlich auf die Katastrophe gerichtet und kaum auf einen möglichen glücklichen Ausgang, auf den Aufschwung. Angst und Panik trüben das Urteilsvermögen. Dabei bedenkt man nicht, dass eine erfolgreiche Bewältigung der Krise durchaus möglich ist, wenn man sich mit der Krise ernsthaft auseinandersetzt, den Verlauf analysiert und mit Kompetenz reagiert bzw. nach Lösungen sucht.

Betrachtet man den Verlauf der Finanz- und Wirtschaftskrise, so vermisst man das erforderliche überlegte Handeln. In Deutschland gibt es bestimmt viele kompetente Menschen, die einen Beitrag zur Bewältigung der Krise leisten können und dies auch tun. Aber es gibt auch viele, die die Krise mit wenig hilfreichen Kommentaren anheizen. Interessant ist auch die Rolle der Medien. Sie tragen nichts zur Lösung von Krisen bei, sondern verstärken sie nur, weil sie Istzustände schildern (ihr Auftrag ist die Berichterstattung), diese oft sogar dramatisieren (ihre Aufgabe ist auch, Aufmerksamkeit zu erregen) und dadurch die Menschen in Panik versetzen.

Nach Ansicht der meisten Experten gehört zu einer gemeinsamen Währung auch eine gemeinsame Finanzpolitik. Das ist zwar eine einleuchtende Forderung, aber zugleich eine Illusion. In der Presse wird oft der Wunsch nach weltweiten konzertierten Aktionen laut. Das ist nicht realistisch. Jedes Land hat seine eigenen Anliegen und Ziele. Und meistens setzt sich der Stärkere durch. Die Chinesen wollen den Dollar als Leitwährung abschaffen. Die US-Amerikaner pumpen zwei Billionen Dollar in die Wirtschaft. Und die Europäer kämpfen mit einer Schuldenkrise. Obwohl alle diese Themen zusammenhängen und ein konzertiertes Handeln effektiver wäre, kann man dies nicht ernsthaft verlangen. So reif sind weder die Staatenlenker noch ihre Völker.

Daraus ergibt sich zwangsläufig, dass selbst Handlungen, die als international bezeichnet werden, in Wirklichkeit nur national ausgerichtet sind. Was die Komplexität der Krise nicht vereinfacht, sondern eher verkompliziert. Zudem stellt man fest, dass Verhandlungsergebnisse nicht klar genug vermittelt werden können. Schon gar nicht, welche Konsequenzen sie beinhalten. Für die Kommunikation mit den Bürgern sind einfache Aussagen über einfache Handlungen erforderlich. Ein gelungenes Beispiel dafür war die Abwrackprämie. Wirtschaftlich hatte sie wohl wenig Sinn, kostete viel Geld und hat der Krise kein

Ende gesetzt, aber sie demonstrierte dem Volk Handlungsfähigkeit. Der psychologische Effekt war verblüffend, mehr hat man jedoch dadurch nicht erreicht.

Eine einfache Lösung: verantwortliches Handeln

Die einfachste Lösung scheint mir verantwortliches Handeln zu sein. Es beinhaltet Umsicht und Überlegung. Jeder Mensch sollte sich um sachgerechtes Handeln bemühen, bei dem die Interessen und Bedürfnisse der anderen angemessen berücksichtigt werden.

Das populistische Auftreten einiger Politiker ist meistens nicht verantwortungsbewusst. Journalisten tragen eine große Verantwortung: Sie haben die Aufgabe, über komplexe Sachverhalte allgemein verständlich zu berichten, sie jedoch nicht zu verdrehen und zu pessimistisch darzustellen. Und sie müssen ein gewisses Vertrauen in die Entscheidungsträger vermitteln.

Das derzeitige Feindbild sind die Manager, insbesondere die Banker. Die Bevölkerung verbindet mit ihnen nur Gier und Selbstbedienungsmentalität. 80 Prozent der bundesdeutschen Bürger plädieren dafür, Managergehälter (desgleichen Sportlerhonorare) nach oben zu begrenzen. Aber unabhängig von der Höhe des Gehalts ist es legitim zu fragen, ob Manager verantwortlich handeln.

Verantwortlich handeln bedeutet, von Anfang an bereit zu sein, die Konsequenzen für das eigene Handeln zu tragen. Ohne Kompetenz ist verantwortliches Handeln nicht vorstellbar. Wer keine entsprechende Kompetenz hat, sollte lieber nicht handeln. Kompetenz bedeutet auch »intelligent handeln«. Darunter versteht man unter anderem die Fähigkeit, das Wesentliche zu erkennen und sich auf das Wichtige zu konzentrieren. Daraus ergibt sich eine realistische Chance, Lösungen zu erarbeiten.

In Politik und Wirtschaft hat man häufig den Eindruck, dass es den Entscheidungsträgern an Kompetenz mangelt und höchstens guter Wille übrig bleibt. Guter Wille genügt aber nicht. Es besteht nämlich die Gefahr, dass in dem Bewusstsein, Gutes zu tun, falsche Entscheidungen getroffen werden. Das gilt selbstverständlich auch für Investmentbanker und für alle Bürger.

Außer der Kompetenz ist die Risikobeherrschung entscheidend. Notwendige Voraussetzung hierfür ist ein gutes Risikomanagement: die Fähigkeit, Risiken systematisch zu erfassen, zu bewerten und Maßnahmen zu deren Bewältigung zu ergreifen. Das Risikomanagement stellt zumindest sicher, dass die Auseinandersetzung mit vorhandenen und zukünftigen Risiken systematisch und nachhaltig erfolgt. Risikomanagement muss aber auf einer allgemein anerkannten ethischen Basis erfolgen, sonst wird es nur zum abstrakten Managementbegriff.

Einbahnstraße Unredlichkeit

In der Finanz- und Wirtschaftskrise konnte man eine gewisse Form von Unredlichkeit feststellen. Es gab »Entscheidungen ohne Alternativen«, die sich jeder Beurteilung entziehen. Zudem war die Politik anscheinend gezwungen, jede Handlung als große Leistung zu verkaufen. Diese Unredlichkeit kalkulieren wir bei Verlautbarungen aus Politik und Wirtschaft heute einfach mit ein. Unethisches Verhalten schien zumindest in der Krise kein Grund für ein schlechtes Gewissen zu sein. Die Maßstäbe dafür, was redlich und was unredlich ist, gingen verloren.

In einer solchen Situation reduziert sich die Gesellschaft (fast) auf das sarkastische Bonmot: »Jeder denkt nur an sich. Damit ist ja an alle gedacht.« Dieser Spruch schmerzt, weil eine Wahrheit dahintersteckt. Die Unredlichkeit betrifft alle Gesellschaftsschichten und alle Politikbereiche. Und damit auch jeden Einzelnen.

Besonders deutlich wird die Unredlichkeit bei den Profiteuren der Finanzkrise. Ein wunderbares Beispiel dafür ist John Alfred Paulson. Er verdankt seine Berühmtheit der Tatsache, dass er während der Subprimekrise rechtzeitig gegen den Immobilienmarkt gewettet hatte. Im Krisenjahr 2007 verdiente er dadurch rund 3,7 Milliarden Dollar. Das Investmentmagazin *Alpha* setzte ihn in der Liste der »Kings of Cash« auf Platz 1. Die *Financial Times Deutschland* bezeichnete ihn – Wikipedia zufolge – als »Subprime-Krösus«. Ich finde es unredlich, wenn ein Fondsmanager dafür gelobt wird, dass er unanständig viel Geld verdient hat. Er hat Geld verdient zu Lasten von vielen, die verloren haben. Wenn jemand als Krösus bezeichnet wird, so ist dies durchaus schmeichelhaft gemeint, denn Krösus war im 6. Jahrhundert v. Chr. der letzte König des in Kleinasien gelegenen Lydien. Er ist durch seinen sagenhaften Reichtum und die Erfindung des gemünzten Geldes als Zahlungsmittel in die Geschichte eingegangen. Paulson und Krösus – und alle Krösusse der Gegenwart – stehen meines Erachtens stellvertretend für Unredlichkeit.

Nur um der Vollständigkeit willen sei erwähnt, dass im April 2010 die US-Börsenaufsicht SEC Klage gegen das Investmentbanking- und Wertpapierhandelsunternehmen Goldman Sachs erhoben hatte, da es »verbotenerweise« zuließ, dass ein Kunde (Paulson), »der gegen den Hypothekenmarkt wettete, entscheidenden Einfluss darauf nahm, welche Hypotheken in ein Portfolio aufgenommen wurden. Gleichzeitig wurde anderen Kunden erzählt, die Auswahl erfolge durch unabhängige, objektive Dritte«. Der Hedgefondsspekulant Paulson hatte darauf hingewirkt, dass in der Goldman-Anleihe Abacus 2007-AC1 Hypothekenkredite versammelt wurden, die wahrscheinlich faul werden würden, und wettete anschließend genau auf diesen Verlauf. Paulson selbst wurde bisher von der SEC nicht angeklagt.

Selbstverständlich gibt es noch mehr Beispiele für Unredlichkeit. Die Erziehung zur Unredlichkeit beginnt bereits im Elternhaus. Wenn Erziehung nämlich nicht mehr durch die Eltern, sondern vor dem Fernseher stattfindet. Wenn Erziehung an den Staat, an Institutionen wie Kindergarten und Schule gedankenlos ausgelagert wird. Wenn der Vater und die Mutter nicht mehr die Vorbilder sind. Erziehungsfunktionen übernehmen später – auch notgedrungen – immer mehr die Unternehmen, die Wirtschaft. Unternehmen können gut fachlich ausbilden, aber sie sind nicht die erste Instanz in Sachen Moral. In Unternehmen herrscht vielfach großer Druck. Natürlich ist Leistung gefragt – aber mit welchen Grenzen? Arbeit vor Familie? Gewinn vor Ruhezeiten? Das ist kein pauschaler Vorwurf an die Unternehmen. Jeder ist seines Glückes Schmied. Jeder ist dafür verantwortlich, wie weit er sich vereinnahmen lässt.

Morgendämmerung einer neuen Redlichkeit

Unternehmer, Manager tragen gesellschaftliche Verantwortung. Wo beginnt sie, wo endet sie? Wie stark wird sie von Geld korrumpiert?

Wenn Kapitalvermehrung zum einzigen Ziel wird, bleiben die Verantwortung und die Moral auf der Strecke. Sie werden auf dem Altar des Kapitals geopfert. Aber werden wir dadurch reicher?

Früher hatten die Menschen zumindest ein schlechtes Gewissen, wenn sie sich unredlich benahmen. Heute erleben wir in Krisen und Nachkrisenzeiten, dass Menschen sich vollkommen danebenbenehmen und dazu noch mit dem Gefühl kokettieren, redlich zu sein. Ich halte die Unredlichkeit für eine große gesellschaftliche Gefahr: Wir bauen den größten Mist und fühlen uns auch noch gut dabei.

Das äußert sich vielleicht auch in einer Art von moderner Betroffenheitskultur. Lieber bei Lichterketten mitmachen, als einem Nachbarn konkret zu helfen. Lieber sich um das Elend in Afrika kümmern als um das Elend nebenan. Wir leiden unter einer unerfüllbaren »Fernenliebe«; die konkrete »Nächstenliebe«, die man erfolgreich pflegen könnte, bleibt dagegen oft auf der Strecke.

Kann aber Betroffenheit nicht auch ein Umdenken ermöglichen? Hat die Krise uns nicht auch eine »neue« (oder die alte) Redlichkeit gelehrt? Haben wir nicht bemerkt, dass unsere Lebenskultur einer Neuausrichtung (oder Rückbesinnung) bedarf?

Ich habe eine Zeit lang keine Zeitung mehr gelesen, um mich den Berichten von unredlichen Politikern und Wirtschaftsführern nicht mehr aussetzen zu müssen. Aber wie ist es mit mir selbst? Wo ist meine Redlichkeit? Es macht keinen Sinn, fiebernd auf die Beschlüsse von Politikern zu warten. Jeder von uns muss sich selbst diese Fragen stellen, denn jeder ist Teil der Gesellschaft, jeder Einzelne könnte folglich zu einer Erneuerungsquelle werden.

Ich glaube sehr wohl, dass es Anzeichen von Änderung gibt. Beispielsweise ist eine gewisse Kriegsmüdigkeit festzustellen: Die USA verzichten darauf, gleichzeitig zwei Kriege zu führen – vielleicht auch nur, weil das Geld nicht mehr da ist! Man überlegt sich, wie man besser und vorbeugend mit der Umwelt umgehen kann – vielleicht auch nur, weil die Welt von vielen Katastrophen heimgesucht wird. Und sogar im aktuellen Fünfjahresplan der chinesischen Regierung sind viele Umweltziele verankert. Menschen versuchen, eine neue soziale Gerechtigkeit zu finden und zu formulieren – vielleicht auch nur, weil die Wertmaßstäbe verloren gegangen sind.

Ich hoffe, dass meine Vermutung, die Anzeichen einer neuen Redlichkeit – vielleicht ist es auch nur die alte, vergessene – zu erkennen, zur Gewissheit wird. Jedenfalls wird man sie daran messen, was die Menschen für die Gesellschaft tun, wie sie sich freiwillig »sozial verträglich« verhalten. Dies gilt auch in Bezug auf den verantwortlichen Umgang mit Geld.

Ethik als strategischer Erfolgsfaktor

Inwieweit rentiert sich nachhaltige Geldanlage? Ethische Geldanlagen weisen nicht immer Toprenditen auf. Wer sich mit ethischen Geldanlagen beschäftigt, der hat nicht nur die eigenen Interessen im Blick, sondern denkt ganzheitlich. Durch dieses Investment soll in einzelnen Unternehmen und in der Gesellschaft eine Veränderung stattfinden, die die Welt – im Großen und im Kleinen – lebenswerter machen soll.

Wirtschaftlicher Erfolg wird aber nicht nur mit ethisch motiviertem Handeln erzielt. Er gründet auf drei Säulen: auf der ökonomischen Kompetenz von Unternehmern und Managern (wirtschaftliches Handeln), auf der wissenschaftlichen oder technischen Intelligenz der Produktentwickler, Techniker, Forscher (technologische Fähigkeiten) und auf den juristischen und organisatorischen Kenntnissen (Unternehmensführung). Die Unternehmensverantwortlichen müssen über diese drei Kompetenzen verfügen. Wir ergänzen sie nun durch eine vierte Säule: eine ethische Unternehmenskultur. Sie verbindet Mitarbeiter mit dem Unternehmen, also mit Produkten und Prozessen. Unternehmenskultur ist messbar an der Mitarbeiterzufriedenheit, am Betriebsklima. Wirtschaftliches Handeln ist dann besonders erfolgreich, wenn das Unternehmen eine hohe Mitarbeiterzufriedenheit aufweist.

Profit und Ethik ergänzen sich gegenseitig und bedingen einander. Eine gut funktionierende Ethik im Wirtschaftsbereich ist ohne Profit nicht finanzierbar und Gewinnmaximierung ohne Ethik suboptimal. Unter dieser Voraussetzung verhilft ethisch motiviertes unternehmerisches Handeln zu mehr Erfolg. Dann wird auch Ingun Spiecker-Verscharens Aussage aus dem Jahr 2010 keine Relevanz mehr haben: »Ökonomie verhält sich zu Ökologie wie Geldanlage zu Grünanlage.«

Aus dem Vortrag des scheidenden Deutsche-Bank-Chefs Josef Ackermann über »Profit und Moral« in der Evangelischen Akademie Tutzing am 15.03.2009 (wiedergegeben u.a. in der *Süddeutschen Zeitung*) ist mir eine gute Bemerkung im Gedächtnis geblieben: Nach seiner Einschätzung stellt sich die Frage nach Ethik und Moral nicht beim Gewinn an sich, wohl aber bei der Art der Gewinnerzielung.

Diese Art der Gewinnerzielung möchte ich an einem Beispiel aus dem Jahr 2007 erläutern. In Norwegen gibt es einen staatlichen Pensionsfonds, der Beteiligungen an sieben Unternehmen verkauft hat, weil sie an der Herstellung von Atomwaffen beteiligt sind. Das ist aufgrund einer Empfehlung des nationalen Ethikrats geschehen. Die Begründung erscheint mir besonders wichtig: »In den Richtlinien für den Ethikrat ist klar festgeschrieben, dass es zwei Grundlagen für die ethischen Richtlinien gibt: Als Erstes sollen die Fonds ordentlich Profit abwerfen – für unsere Zukunft. Es ist ein Sparbuch, das den künftigen Generationen Freude bereiten soll. Denn das ist auch ethisch. Und als Zweites wollen wir unethisches Handeln nicht unterstützen. Viele meinten, diese beiden Grundsätze seien schwer zu vereinbaren, doch unsere Regelung baut eine Brücke zwischen den Zielen, sodass man beides auf einmal erreichen kann.« (Gro Nystuen, *Tagesschau*, 25.08.2007)

Es gibt eine ähnliche Meldung vom niederländischen Pensionsfonds ABP. Er hat die Unternehmen Wal-Mart und Petrochina ausgeschlossen, weil diese Konzerne nicht die Prinzipien des UN Global Compact erfüllen. Der Fonds legt immerhin ca. 240 Milliarden Euro an, ist also ein »Schwergewicht« unter den Anlegern.

Ethik ist kein verlorenes Paradies, kein fernes Elysium, sondern stellt eine kühne neue Rangordnung der Werte dar. Profit und Reputation werden nun als unternehmerische Herausforderungen gleichgestellt. »Ethik ist fortan mit der Legitimation der Wall Street als Thema der Unternehmenskommunikation und des Risikomanagements etabliert«, erklärte Peter Seele, der Vorsitzende des Schweizer Netzwerks Wirtschaftsethik, in seinem Jahresbericht Ende Februar 2010. Sein Bericht sei ein »Meilenstein der Anerkennung und Berechtigung einer Wirtschaftsethik«, war in der *Neuen Zürcher Zeitung* am 28.04.2010 zu lesen.

Ethik – Erfolgsfaktor für alle

Die Strategie für ein besseres Leben

Die Welt ändert sich, die Unternehmen ändern sich und vielleicht auch die Menschen. Zukunftsforscher stellen fest, dass Unternehmen des Jahres 2020 ganz anders sein werden als die des Jahres 2012. Das ist eher eine triviale Information. Die Begründung aber lässt aufhorchen. Die Vernetzung der Unternehmen mit der Gesellschaft wird zunehmen. Die Kunden waren zwar schon immer von großer Bedeutung für ein Unternehmen, aber die Abhängigkeit war eher eindimensional, wie auch das Verhältnis zu den Investoren. Das war der Nährboden für das Shareholder-Verständnis, dem man heute eher abschätzig begegnet. In der Zukunft lassen sich aber Kunden, Kapitaleigner, Lieferanten und Mitarbeiter nicht mehr trennen. Man spricht daher seit längerer Zeit von Stakeholder. Das sind all diejenigen, die irgendwie an einem Unternehmen beteiligt sind.

Die weltweite Vernetzung hat zu einer neuen Macht der Stakeholder geführt, insbesondere wenn sich Kunden als Stakeholder empfinden. In diesem Fall wollen sie nicht einfach ein Produkt kaufen, sondern »ihr« Unternehmen auch beeinflussen. Noch hat es sich nicht in allen Firmen herumgesprochen, dass ihr wichtigstes Kapital die Kunden sind. Die größten Schwierigkeiten damit haben anscheinend die Banken.

Viele von ihnen haben in der Vergangenheit keine Rücksicht auf »kleine« Privatkunden genommen und sich lieber an den »institutionellen« Kunden orientiert, das heißt z. B. an Publikumsfonds und Pensionsfonds, hinter denen jedoch die Stakeholder stecken. Und es hat sich in den letzten Jahren herausgestellt, dass diese Stakeholder sehr genau und kritisch den Fonds überprüfen, in den sie investieren wollen. In der Tat sind es die »Institutionellen«, die eine Vorreiterrolle in den »werteorientierten« Investments eingenommen haben. Aber auch die einfachen Bankkunden wechseln vermehrt die Bank. Die Folge: Unternehmen werden zunehmend sensibler, wenn es um die Wünsche und Vorstellungen der ehemals Unbedeutenden geht. Eine schnelle Reaktion ist durchaus notwendig. Über Banken, ihre Anlagepolitik, ihre Philosophie lässt sich mittlerweile im Web gut recherchieren. Und das gilt natürlich auch für Unternehmen, deren Anteile Investoren erwerben möchten.

Inwiefern wird vor diesem Hintergrund die Frage nach Werten in der Unternehmensstrategie in Zukunft wichtiger oder entscheidender?

Die totale Transparenz des Internets zwingt Unternehmen dazu, offen und ehrlich zu sein. Jeder unzufriedene Kunde ist heute ein potenzieller Querulant. Er kann sich im Internet beschweren, bewerten, Ratings vergeben (Sterne oder Kochmützen oder anders gestaltete Punkte). Folglich können Unternehmen sich heute keine Nachlässigkeiten geschweige denn Betrügereien leisten. Aber auch Inkompetenz und minderwertige Leistung sprechen sich schnell herum. Daraus kann man unschwer ableiten, dass selbst Unternehmen, die für den eigenen Prozess keine Werte (Bewertung) benötigen, über kurz oder lang gezwungen werden, sich Werte zuzulegen. Anfangs konnte man beobachten, wie die Werte eher PR-Gesetzen folgten. Von Greenwashing war die Rede. Viele Unternehmen gaben sich in der Außenwirkung »grün«, weil die Kunden dies forderten. Aber man hat bald festgestellt, dass die kritische Öffentlichkeit schnell erkennt, ob die kommunizierten Werte ehrlich oder nur dem Modetrend zu verdanken sind.

Besonders eindrücklich konnte man dies bei BP erkennen. Als Tony Hayward als Chef berufen wurde, gab er dem Ölmulti eine neue Unternehmensstruktur. Es wurde unter anderem eine eigene Sparte für erneuerbare Energien eingerichtet. Sicher und zuverlässig sollte der Ölriese werden. Als Symbol für Umweltbewusstsein und Ressourcenschonung strahlte fortan die grüngelbe Sonne im Unternehmenslogo. Dann aber kam das Desaster der Explorations-Ölbohrplattform Deepwater Horizon. Mehrere Wochen lang strömten viele tausend Barrel Öl in den Golf von Mexiko und färbten ihn schwarz. Das wirkte sich nicht nur auf den Börsenwert aus, sondern auch auf das Image. Niemand glaubt heute, dass BP ein »grünes«, sauberes Geschäft betreibt.

Die Werte müssen authentisch sein. Die Mitarbeiter des Unternehmens müssen sie glaubhaft leben. Der Kunde muss feststellen können, dass sie im Einklang mit den Unternehmenswerten stehen. Dies scheint für viele Unternehmen schwierig zu sein, nicht umsonst gibt es so viele Korruptionsfälle, nicht umsonst wird so häufig Datenmissbrauch vorgeworfen. Viele Unternehmen scheinen den Inhalt ihrer Werte noch nicht verinnerlicht zu haben.

Den Werten auf die Sprünge helfen

Was sind eigentlich Werte? Am einfachsten kann man diese Frage beantworten, indem man überlegt, wer oder was einem selbst wie viel wert ist.

In einem Internetforum habe ich gelesen, dass jemand, der gezwungen war, sein Heim wegen der Waldbrände in Arizona zu verlassen, sich auswählen durfte, was er mitnehmen wollte. Der Betreffende hat seine Xbox, seine Spielkonsole, mitgenommen, die Familienbilder aber zurückgelassen. Ich überlege, ob ich in einer solchen Situation wirklich den PC (oder die Festplatte) mitnehmen und die Familienalben zurücklassen würde. Im Internetforum wurde lange darüber diskutiert, was in einer solchen Situation welchen Wert hat. Werte scheinen also nicht eindeutig zu sein. Einer der Chatter hat vermutlich die richtige

Antwort gegeben: »Ich glaube, in einer solchen Situation greift man wahrscheinlich nur noch instinktiv zu. Das Wichtigste ist wohl, das eigene Leben zu retten.«

Um die Wertfrage zu beantworten, kann man sich einer philosophischen Disziplin bedienen, der Ethik. Ihre Aufgabe ist es, Kriterien für gutes und schlechtes Handeln und die Bewertung seiner Motive und Folgen aufzustellen.

Apropos: Lernen auch Studenten der Wirtschaftswissenschaften etwas über Ethik? Der Publizist und Satiriker Karl Kraus soll einmal auf diese Frage eines Rat suchenden Studenten mit einer Gegenfrage geantwortet haben: »Sie wollen Wirtschaftsethik studieren? Dann studieren Sie entweder das eine oder das andere!«

In einer Zitatensammlung habe ich eine andere Äußerung gelesen, die mir sehr gut gefällt: »Philosophie ist so etwas wie die Freundschaft mit der Weisheit.« Dieser Spruch lässt uns hoffen, dass die Philosophie uns eine Hilfe für eine weitgehend objektive und verantwortungsvolle Werteabwägung bietet und uns zu einer vielleicht neuen Einstellung zum Leben, zu der Haltung eines Menschen, zu den Ausprägungen eines Unternehmens führt.

Welchen Nutzen hat für uns die Philosophie? Sie hilft, für das eigene Leben Normen und Werte aufzustellen. Sie trägt dazu bei, der eigenen Person eine spezifische Identität zu geben. Sie hilft, sich zu verändern, die Chancen des Wandels wahrzunehmen, das eigene Verhalten kritisch zu hinterfragen und zu überprüfen, ob man sich gemäß den eigenen Normen und Werten verhält. Die Philosophie hilft auch, die Zeit zu verstehen und zu nutzen.

Was bedeutet das für die Geldanleger? Jede Entscheidung, auch die für eine Geldanlage, unterliegt einer Güterabwägung. Viele Menschen machen dies instinktiv, aus dem Bauch heraus. Die Philosophie kommt erst ins Spiel, wenn die Güterabwägung aufgrund eines Normen- und Wertekatalogs erfolgt. Die Vorgehensweise ist insbesondere dann bestimmend, wenn es um

Entscheidungen für eine werteorientierte oder nachhaltige Geldanlage geht. Der Geldanleger überlegt, welches Investment welcher Ausprägung er tätigen will. Stehen diese Ausprägungen im Einklang mit seinen Normen und Werten? Wenn dies zutrifft, kann er den Entscheidungsprozess abschließen.

Die größte Erkenntnis, die einem die Philosophie zu schenken vermag, ist die, dass es eine absolute Wahrheit und damit endgültiges Wissen nicht gibt. Die eigenen Erkenntnisse sind nie wahr und eindeutig. Bei der Entscheidung für eine Geldanlage muss man auch erkennen, dass man nicht über alle notwendigen Informationen verfügt. Eine solche Entscheidung geschieht immer unter Bedingungen von Unsicherheit.

Ich habe dazu ein wunderbares Zitat gefunden. Als Papst Johannes XXIII. kurz nach seiner Wahl zur päpstlichen Unfehlbarkeit befragt wurde, antwortete er:»Ich bin zwar jetzt unfehlbar, gedenke aber nicht, davon Gebrauch zu machen.«

Die Philosophie erzieht zu Bescheidenheit, besonders wenn es um die Qualität des eigenen Wissens geht. Denn wenn ich weiß, dass meine Werte immer nur mich selbst verpflichten, kann ich auch akzeptieren, dass andere Werte genauso berechtigt sind wie meine eigenen. Dies trifft auch für die Definition des Begriffs Nachhaltigkeit zu, denn auch Nachhaltigkeit lässt viele Ausprägungen zu.

Ethisches Investment

Die Philosophie kann helfen, die Sinnfrage zu klären. Mein Tun, insbesondere dann, wenn es zielgerichtet ist, hängt natürlich von meinem Lebenssinn ab. Welchen Sinn verbinde ich mit meiner Geldanlage? Will ich zocken oder Gutes tun? Und wenn ich Gutes tun will, was ist es dann? Die Beantwortung dieser Frage ist für die gesamte Geldanlagestrategie verantwortlich.

Die Sinnkette könnte beispielsweise folgendermaßen lauten: Der Sinn meines Lebens ist, die Existenz meiner Familie zu sichern. Der Sinn meiner Arbeit ist, in einem Unternehmen die Krebsforschung zu beflügeln. Der Sinn meiner Geldanlage könnte sich daraus ergeben: Rendite, Bewahrung und Förderung des medizinischen Fortschritts.

Die Philosophie kann mich bei diesem Prozess unterstützen. Ihr kann man entnehmen: Dein Leben hat so viel Sinn, wie du ihm einräumst. Von diesem Sinn leiten sich alle Strategien und Maßnahmen deines Lebens (nicht nur der Geldanlage) ab. Die Geldanlage soll darum im Folgenden in die persönliche Lebensphilosophie integriert werden.

Was bedeutet Nachhaltigkeit in Bezug auf die Geldanlage?

Der amerikanische Autohersteller Henry Ford hat einmal gesagt: »Das höchste Ziel des Kapitals ist nicht, Geld zu verdienen, sondern der Einsatz von Geld zur Verbesserung des Lebens.« Das bedeutet, wir haben mit unserer Geldanlage die Absicht, unser Leben und das der anderen zu verbessern.

Fragen wir uns: Welches profitable Handeln gewährleistet, dass mein Investment auch künftigen Generationen hilft, sie profitieren oder sie zumindest keinen Schaden nehmen lässt?

Dies sei anhand eines Beispiels erläutert: Ich stehe vor der Entscheidung, ob ich in eine Waffenfabrik oder in ein Krankenhaus investieren soll. Dies ist zunächst nur eine Differenzierung im jeweiligen Unternehmenszweck. Es hat noch nichts mit einer Renditeerwartung zu tun. Krankenhäuser können unter Umständen besser wirtschaften als Militärfabriken, die am Rande der Legalität operieren. Es ist aber meine persönliche, ethisch orientierte Entscheidung: töten oder helfen.

Die Idee ethischen Investments stammt übrigens schon aus den Siebzigerjahren. In dieser Zeit entstanden Bewegungen, die gegen die Apartheid in Südafrika und gegen den Vietnamkrieg protestierten. Die Aktivisten formulierten die Idee, den Geldfluss zu den betroffenen Regierungen zu stoppen. »Kein Geld für Rüstung und Apartheid« war die Devise derer, die mit ihrem Geld nicht das finanzieren wollten, was sie mit ihrem politischen Engagement ablehnten. Aus dieser Überlegung heraus entstanden in den USA und Großbritannien Fonds mit Ausschlusskriterien, also Fonds, die keine Rüstungsfirmen im Portfolio hatten. Die Nachfrager dieser Fonds waren vor allem institutionelle Anleger wie Universitäten, Stiftungen und Kirchen. In Europa, vor allem Deutschland, kam Atomkraft als weiteres Kriterium hinzu. Die erste Bank in Deutschland, die sich dieses Kundenkreises annahm, war die GLS Gemeinschaftsbank, die erste sozialökologische Universalbank der Welt, die einen dreifachen Gewinn bot: menschlich, zukunftsweisend und ökonomisch. Einen ersten Durchbruch erlebte die Bewegung in den Neunzigerjahren, als die Globalisierung in den Vordergrund rückte. Und der Finanzkrise ist es zu »verdanken«, dass die Idee des »ethischen Investments« in der Mitte der Gesellschaft ankam.

Nachhaltiges Investment muss aber nicht nur Protest sein, es kann vielmehr profitables Investment in wertvolle Unternehmen sein. Die Vision ist sogar, dass nachhaltige Unternehmen besser abschneiden als nicht nachhaltige.

Gregor Vogelsang, der jetzige Chief Operating Officer der Burda Magazine Holding und Geschäftsführer der Burda Creative Group, sagte, als er noch Manager des US-Technologie-Beratungsunternehmens Booz Allen Hamilton war: »Ein Unternehmen, das auf Werte wert legt, ist langfristig gesehen auch am Ende mehr wert.« (Wiedergegeben in: *Vienna Business Times* 1/2010)

Man ist geneigt dem zuzustimmen. Was aber sind »wertvolle« Unternehmen, in die man investieren kann? Hierüber gehen die Meinungen auseinander. Vielfach wird der Begriff »Nachhaltigkeit« von den Anlegern nicht umfassend genug verstanden. Als nachhaltige Themen gelten »erneuerbare Energien«, »gesellschaftlich verantwortliche Unternehmensführung«, »Umweltschutz«, »Einhaltung der Menschenrechte«, »Kampf gegen den Klimawandel« sowie der »faire Handel«. Es ist offensichtlich, dass der Geldanleger Wegweiser benötigt, um zu den wertvollen, nachhaltigen Unternehmen zu gelangen.

Auf dem 52. Food-Business-Weltgipfel am 18.06.2008 hat Bundeskanzlerin Angela Merkel gesagt: »Auf Dauer ist kein Wirtschaftswachstum vorstellbar, das auf Raubbau an der Natur oder auf sozialen Ungerechtigkeiten beruht. Diese Erkenntnis ist Ausdruck unserer Verantwortung nicht nur für die jetzige, sondern auch für künftige Generationen.«

Das Thema Nachhaltigkeit ist also nicht nur relevant für Unternehmen, sondern genauso für Staaten und jeden Einzelnen, auch für uns Geldanleger.

Nachhaltigkeit als Publikumsmagnet

Immer mehr Anleger ziehen Kriterien der nachhaltigen Geldanlage bei ihren Investitionsentscheidungen in Betracht, so das Ergebnis der Januar-Umfrage 2011 »Privatanleger Monitor« der Ratingagentur Feri in Zusammenarbeit mit dem Finanzportal OnVista.de. Nachhaltigkeit ist für 42 Prozent der Befragten das entscheidende Motiv bei der Wahl eines Anlageprodukts. Damit findet Nachhaltigkeit in gleichem Maße Berücksichtigung wie die zu erwartende Rendite. Für knapp 21 Prozent spielt Nachhaltigkeit sogar eine bedeutende Rolle. Doch lediglich für 2,2 Prozent ist sie das wichtigste Entscheidungskriterium. Bei knapp jedem vierten Anleger (23 Prozent) nimmt Nachhaltigkeit hingegen nur eine untergeordnete Rolle ein, jeder achte (12,5 Prozent) misst ihr überhaupt keine Bedeutung bei.

In Zukunft wird Nachhaltigkeit an Bedeutung gewinnen. Dies hat eine hohe Signalwirkung für die Unternehmen. Viele Anleger wollen mit einem nachhaltigen Investment auch ihr Gewissen erleichtern oder etwas verändern und dazu beitragen, eine bessere Welt zu schaffen.

Was heute unter Nachhaltigkeit verstanden wird, treibt bisweilen sonderbare Blüten, wie eine Pressemeldung der Tageszeitung *Le Figaro* vom 29.11.2011 zeigt: Ein Ingenieurbüro plant, den Eiffelturm in eine grüne Lunge der französischen Hauptstadt zu verwandeln. Es ist vorgesehen, für knapp vier Jahre rund 600 000 Pflanzen an dem Stahlgerüst anzubringen. Die Kosten in Höhe von 72 Millionen Euro sollen große französische Unternehmen tragen, die sich für nachhaltiges Wachstum einsetzen. Es wird bereits vom Eiffelturm als dem »größten Baum der Welt« gesprochen. Bleibt nur noch die Frage, ob dies wirklich nachhaltig ist und ob die Kosten in einer vernünftigen Relation stehen.

Checkliste für ethische Geldanlagen

Grundlage ist der Leitfaden für ethisch orientierte Investoren von CRIC: Was will ich? Was verspreche ich mir von ethischen Geldanlagen?

Selbstverständlich strebt der Anleger mit ethischen bzw. nachhaltigen Geldanlagen die Erwirtschaftung einer Rendite an. Bedingung ist jedoch, dass sie auf der Basis kulturell-, ökologisch- und sozialverträglicher Produkte, Produktionsprozesse und Wirtschaftsweisen erzielt wird. Damit wird die Absicht verbunden, Veränderungen in Bezug auf eine nachhaltige Entwicklung zu bewirken.

Das bedeutet im Einzelnen:

Aus ökonomischer Sicht erfordern nachhaltige Geldanlagen, dass

✓ Gewinne auf Basis langfristiger Produktions- und Investitionsstrategien und nicht in kurzfristiger Gewinnmaximierung erwirtschaftet werden,

✓ Erträge aus Finanzanlagen in vertretbarer Relation zu den Erträgen aus realer Wertschöpfung stehen,

✓ die Erfüllung elementarer Bedürfnisse (z. B. Trinkwasser-versorgung) nicht gefährdet wird,

✓ Gewinne nicht auf kontroversen Geschäftspraktiken wie z. B. Korruption oder Bilanzfälschung beruhen.

Aus ökologischer Sicht erfordern nachhaltige Geldanlagen, dass die Gewinnerzielung im Einklang steht mit der

✓ Steigerung der Ressourcenproduktivität,

✓ Investition in erneuerbare Ressourcen,

✓ Wiedergewinnung und Wiederverwendung gebrauchter Stoffe,

✓ Funktionsfähigkeit globaler und lokaler Ökosysteme (z. B. Regenwälder, Meere).

Aus sozialer und kultureller Sicht erfordern nachhaltige Geldanlagen, dass die Gewinnerzielung im Einklang steht mit der

✓ Entwicklung des Humankapitals (Verantwortung für Arbeitsplätze, Aus- und Weiterbildung, Förderung selbstverantwortlichen Arbeitens, Vereinbarkeit von Beruf und Familie, Respekt vor der Verschiedenheit der Einzelnen),

✓ Entwicklung des Sozialkapitals (Schaffung von Erwerbschancen, Ausgewogenheit zwischen den Generationen, diskriminierungsfreier Umgang mit Minderheiten,

✓ Funktionsfähigkeit der Regionen, Förderung zivilgesellschaftlichen Handelns),

✓ Entwicklung des Kulturkapitals (Respekt vor kultureller Vielfalt unter Wahrung persönlicher Freiheitsrechte und gesellschaftlicher Integrität, Mobilisierung der Potenziale kultureller Vielfalt).

Der rote Faden

Wie soll man sich als nachhaltiger Geldanleger in der »Anlage-welt« bewegen?

Bücher haben nur einen Sinn, wenn man aus der Lektüre einen Mehrwert zieht. Ich will auch für mich selbst einen Wegweiser erarbeiten, wie ich mein Geld nachhaltig anlegen kann. Ich suche somit zum einen für mich einen Mehrwert, zum anderen will ich den Leser am zugrunde liegenden Prozess teilhaben lassen, damit er dann zu seinen eigenen Ergebnissen kommen kann.

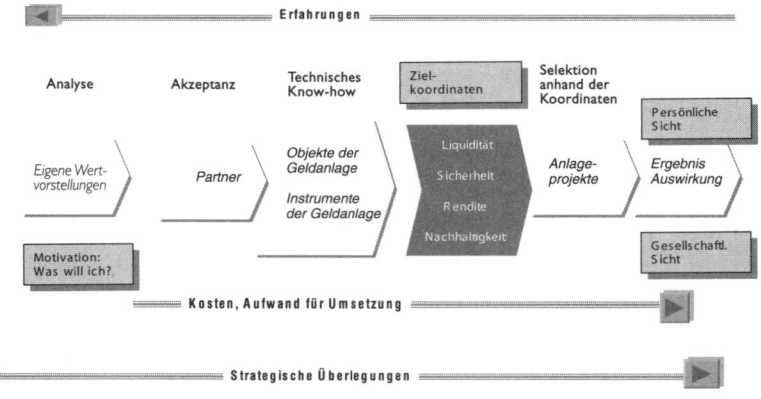

Ich habe den Prozess und damit auch meinen roten Faden als Grafik entwickelt. Sie geleitet mich und den Leser von den philosophischen Grundüberlegungen bis zur effizienten Anlage-entscheidung.

Bisher habe ich mich mit den Wertvorstellungen und der eigenen Motivation beschäftigt. Nun beginnt der Anlageprozess. Wie gehe ich dabei vor?

Die erste Frage ist: Wer kann mir helfen? Wenn man Fragen zur Geldanlage hat, geht man zum Banker, den man früher Bankmitarbeiter nannte. Dann benötigt man einen Broker, der einem den Zugang zu den Börsen, zu den Fonds, zu den Möglichkeiten der Geldanlage bietet. Eine Beratung bei der Auswahl der zahlreichen zur Disposition stehenden Anlageinstrumente ist unbedingt erforderlich. Rat einholen kann man bei Banken, Finanzmaklern, Beratern oder bei Finanzportalen.

→ Siehe das Kapitel »Banken senden Signale der Hoffnung«.

Ich suche einen Partner, mit dem ich nachhaltige Geschäfte machen möchte. Also muss dieser Partner meinen Wertmaßstäben entsprechen. Zu den Partnern gehören die Ratingagenturen, die sowohl die Unternehmen als auch die Instrumente der Geldanlage bewerten. Auch die Banken verwenden deren Ergebnisse, wenn sie mich beraten.

→ Siehe das Kapitel: »Ratingagenturen in neuem Licht«.

Dieser Partner wird mir die Objekte vorstellen, in die ich investieren kann. Er wird mich auch beraten, welche Geldanlagen sich für meine Bedürfnisse eignen. Ich kann in Unternehmen, Länder und Dinge investieren. Der Begriff »Dinge« hat in diesem Zusammenhang eine große Bandbreite. Er beinhaltet Briefmarken, Diamanten, Rohstoffe, Häuser und vieles mehr.

Unter den Instrumenten der Geldanlage versteht man Aktien, Anleihen, Fonds, Zertifikate, die wichtigsten Titel, die die Geldanlage im Kern darstellen.

→ Siehe das Kapitel: »Die Objekte der Geldanlage«.

Schließlich müssen wir uns noch konkret über unsere Ziele Gedanken machen. Wie liquide will ich mein Vermögen anlegen? Wie ist es mit der Sicherheit bestellt? Welche Rendite stelle ich mir vor? Welche Art von Nachhaltigkeit ist für mich wichtig?

→ Siehe das Kapitel: »Das ›Magische Dreieck‹ wird zum ›Magischen Viereck‹«.

Dann werde ich mit konkreten Anlageideen konfrontiert. Ich muss mir eine Strategie überlegen, wie ich die notwendigen Informationen erhalte, wie ich die einzelnen Angebote vergleichen kann, wie ich mit Benchmarks umgehen werde. Dann kann ich einige Anlageideen durchsprechen. Dazu gehören sowohl die großen Megatrends der nächsten Jahrzehnte als auch die eine oder andere vielleicht etwas kuriose Anlageidee. Daraus ergibt sich eine Schärfung der eigenen Position. Was ist sinnvoll, was ist unvernünftig?

→ Siehe die Kapitel: »Investieren in nachhaltige Themen« und »Investieren in die Megatrends der Nachhaltigkeit«.

Schließlich möchte ich mir Gedanken über mein Ergebnis machen. Bin ich zufrieden mit dem, was ich gefunden habe? Welche Erfahrungen habe ich gemacht? Welche Hilfsmittel benötige ich, um mein Geld noch zielgerichteter anzulegen? Die Erfahrungen fließen zurück in meine Grundannahmen. Stehe ich noch immer zu meinen Werten, oder muss ich meine Überzeugungen revidieren?

Dem Leser wünsche ich einen ganz persönlichen Mehrwert aus den folgenden Informationen und Überlegungen.

Banken senden Signale der Hoffnung

Wer die Wahl hat, hat die Qual

Jeder potenzielle Geldanleger fragt sich irgendwann einmal: Wie kann ich mein Geld nachhaltig anlegen? Wie kann ich mit meinem Geld die Welt verändern? Wer weiß mehr als ich? Wen kann ich fragen?

Als Erstes fallen mir die Banken ein – obwohl sie in unserer heutigen Zeit keinen sonderlich guten Ruf haben. Dann kommen mir die Versicherer oder die Finanzberater in den Sinn. Einmal habe ich den Rat eines Finanzberaters befolgt, weil ich ihn nett und kompetent fand. Aber die geschlossenen Fonds, die ich über ihn abgeschlossen habe, sind allesamt pleitegegangen. Man kann es drehen und wenden, wie man will, die Verantwortung liegt immer bei mir. Ich brauche ja nicht den Empfehlungen von Banken und Finanzberatern Folge zu leisten. Ich muss mich selbst informieren. Erst dann kann ich zielgerichtet nach Rat fragen – und den Rat vielleicht auch beurteilen.

Aus einer Studie, die TNS Sofres im Auftrag von Fidelity Worldwide Investment unter mehr als 12 000 Privatanlegern in 14 europäischen Ländern durchgeführt hat, ergibt sich, dass das Vertrauen der Geldanleger in die Finanzdienstleister seit Mitte 2008 immer weiter gesunken ist. Immer mehr Anleger entscheiden selbst über ihre Anlagen. In Deutschland gab mehr als ein Drittel der Befragten (38 Prozent) an, dass sie ihrem Finanzberater heute weniger vertrauen als 2008. Und ein Fünftel der Befragten gab zu Protokoll, dass sie ihrem Berater nur noch wenig oder gar nicht mehr vertrauen.

Professioneller Rat ist jedoch immer noch gefragt: Rund zwei Drittel der deutschen Anleger lassen sich bei der Geldanlage beraten. Mit einem Anteil von 56 Prozent sind Banken dabei die wichtigsten Partner bei der Geldanlage. Onlinebroker mit einem Anteil von 15 Prozent in Deutschland spielen bereits heute eine wichtigere Rolle als in vielen anderen europäischen Ländern. 9 Prozent der deutschen Anleger bevorzugen unabhängige Finanzberater.

Obwohl sie Beratung weiterhin schätzen, lassen sich Anleger die Entscheidung über ihre Geldanlage jedoch kaum aus der Hand nehmen. 63 Prozent der deutschen Anleger treffen nach vorheriger Beratung die endgültige Entscheidung selbst. Ein gutes Drittel verzichtet mittlerweile sogar ganz auf professionelle Beratung und nimmt die eigene Geldanlage – von der Recherche geeigneter Finanzprodukte bis zum Kauf – selbst in die Hand.

Eine Beratung durch einen Banker macht Sinn, wenn sie ein Mehr an Wissen und die Grundlage für die richtige Entscheidung bieten kann. Die Entscheidung selbst trifft allerdings der Anleger, der auch die Verantwortung dafür trägt. Natürlich hat der Berater eine große Beeinflussungsmöglichkeit. Es empfiehlt sich, sich an einen unabhängigen Berater zu wenden, an jemanden, der uns die Entscheidung zwar nicht abnimmt, jedoch auf ein gesundes Fundament stellt.

Die Banken und desgleichen die Unternehmen der Branche Finanzdienstleistung zeigen in Sachen Nachhaltigkeit ein sehr unterschiedliches Engagement. Um am Geldverkehr teilnehmen zu können, muss jeder Anleger als Erstes ein Girokonto (oder Verrechnungskonto) eröffnen. Die Banken übernehmen die Rolle des Brokers, wenn man an der Börse eine Aktie oder ein Zertifikat erstehen will. Banken emittieren auch Instrumente der Geldanlage wie z. B. Fonds oder Zertifikate. Und natürlich bewahren Banken das Geld des Sparers auf, wenn dieser sein Geld auf einem Sparkonto, Sparbuch oder Festgeld einzahlt. Mit dem ihnen anvertrauten Geld arbeiten die Banken. Das heißt, sie vergeben Kredite, investieren Gelder in die Wirtschaft, in Länder, in Projekte. Darüber hinaus sitzen Vertreter von Banken in vielen Aufsichtsräten und beeinflussen damit die Geschäftsentwicklung von Unternehmen. Banken sind also wichtige Player im Finanzspiel.

Worüber sollte sich der nachhaltig orientierte Geldanleger Gedanken machen, wenn er einer Bank sein Geld anvertraut? Er sollte sich erkundigen, wie vertrauenswürdig die Bank ist und wie sie mit seinem Geld arbeitet. Wenn die Bank mit seinem Geld arbeitet, generiert sie einen Mehrwert, und der Geldanleger möchte wissen, unter welchen Bedingungen dies geschieht. Der Investor will sein Geld sicher anlegen und eine marktübliche Verzinsung bekommen. Außerdem möchte er, dass die Bank sein Geld so anlegt, dass seine moralischen Vorstellungen erfüllt werden.

In der Vergangenheit haben sich die Banken nicht um die Wünsche ihrer Kunden gekümmert. Seit die Geldanleger vermehrt die Moral ihrer Banken hinterfragen, hat sich das aber geändert.

Selbstverständlich weiß jeder, zumindest seit der Finanzkrise, dass Banken nicht zwangsläufig nachhaltig operieren und sehr wohl anderen Prinzipien folgen, als es sich der nachhaltige Geldanleger wünscht. So ist dem Anleger Vorsicht anzuraten. Ist die Bank dem Kapital verpflichtet oder dem Wohl seiner Kunden? In den vergangenen Jahren mussten die Anleger erkennen, dass viele Investitionen zwielichtig waren und dass manche Investmentbanker amoralisch agierten. Aber eine Generalschelte ist nicht angebracht, denn es gibt durchaus auch verantwortungsbewusste Banker.

Selbstverständlich ist es am angenehmsten, wenn wir eine Bank des Vertrauens finden und als Berater nutzen. Darum gehen wir nun auf die Suche nach der idealen Bank.

Einer Angabe des Bankenverbands aus dem Jahr 2010 zufolge gibt es in Deutschland 2093 Kreditinstitute mit insgesamt 409 376 Filialen. Das sind übrigens 600 Banken und 16 000 Filialen weniger als 2001. Davon sind 300 private Banken. Sie haben 11 126 Filialen. Alle diese Banken zusammen haben 657 100 Mitarbeiter. Bei dieser Vielzahl an Banken und Bankmitarbeitern ist es bestimmt möglich, für jeden Geldanleger die ideale Bank zu finden. Aber was macht eine gute Bank aus? Wie ist eine nachhaltige Bank beschaffen? Was verlangen wir von »unserer« Bank?

Es gibt viele Ranglisten der Banken. Aber bringen uns diese weiter? Die erste Rangliste, die man im Internet findet, richtet sich nach der Größe. Das Kriterium ist die Bilanzsumme. Da steht an erster Stelle die Deutsche Bank mit einer Bilanzsumme von 1906 Milliarden Euro, gefolgt von der Commerzbank mit 754 Milliarden Euro und der KfW Bankengruppe mit 446 Milliarden Euro Bilanzsumme. Aber was sagt dies aus? Dazu fällt mir nur das Schlagwort ein »to big to fail«. Das bedeutet, egal was die Manager der Deutschen Bank anstellen, der Staat wird sie retten. Als Anleger habe ich nichts davon.

Selbstverständlich gibt es auch Ranglisten der Banken mit dem besten Girokonto, der besten Kreditkarte, dem besten Tagesgeldkonto, dem besten Festgeldkonto usw. Diese Aussagen sind zwar wichtig, aber sie sind nur an den Konditionen ausgerichtet. Bestenfalls tagesaktuell und regional unterschiedlich. Dennoch man kann solche Ergebnisse als Benchmarks verwenden, als Zielgrößen. Denn wir wollen natürlich von »unserer« Bank auch gute Konditionen bekommen.

Sehr ausführlich sind die Bewertungen und die Vergleiche der Direktbanken untereinander. Im Jahr 2011 wurde beispielsweise eine solche Bewertung von der *Bild*-Zeitung durchgeführt. Die Kriterien waren Service (50 Prozent), Konditionen (10 Prozent) und Sicherheit im Internet (10 Prozent). Die ING-DiBa schnitt als Sieger ab. Bei einer Umfrage dieses Blattes müsste man grundsätzlich Vorsicht walten lassen. Aber in diesem Fall tangiert es uns nicht, weil die Kriterien sich nicht für unsere Suche nach nachhaltigen Banken eignen. Interessanter scheint mir eine

Umfrage und Bewertung von *Focus-Money* mit der Fragestellung »Wie fair ist Ihre Bank?« Das Ranking soll Auskunft geben, wie zufrieden *FOCUS*-Online-User mit ihrer Bank sind – in den Bereichen Gebühren, Zinsen, Onlinebanking und Beratung. Man konnte die Banken aus einer Liste auswählen und mit Noten von 1 (sehr gut) bis 6 (ungenügend) bewerten und miteinander vergleichen. An erster Stelle rangierte die Bank of Scotland; an zweiter die DKB Deutsche Kreditbank. Die Deutsche Bank befand sich übrigens an 67. Stelle, an 73. Stelle die Commerzbank. Aber eigentlich spiegelt das Ergebnis dieser Umfrage nur eine sehr subjektive Augenblickssituation wider.

Auch Fernsehsender beteiligen sich gern an Umfragen. Die Zuschauer von n-tv und die Leser von *BÖRSE Online* haben eine Wahl zur besten Bank Deutschlands veranstaltet. Als Sieger wurde die GLS-Bank gekürt – Deutschlands Vorreiter unter den Nachhaltigkeitsinstituten. Auf Platz 2 folgt mit der EthikBank gleich ein zweites Nachhaltigkeitsinstitut. Die Bank of Scotland, die die Leser von *FOCUS*-Online so gut bewerteten, kam in dieser Rangliste nur auf Platz 13. Auch diese Umfrage ist für uns nicht sehr aussagekräftig, wenngleich der Trend erkennbar ist, dass die sogenannten Nachhaltigkeitsbanken in den letzten Jahren in Deutschland großen Zulauf erfahren haben. Eine Untersuchung der Bankberatungsgesellschaft zeb aus Münster zeigt, dass diese in Deutschland tätigen Nachhaltigkeitsbanken von 2007 bis 2010 jährlich im Durchschnitt mehr als 32 Prozent gewachsen sind. Die genannte Umfrage zeigt, dass der Gesamtsieger GLS Bank mit Geschäftspolitik und Kommunikation überzeugen konnte. Topzinsen bei Sparprodukten oder Tagesgeld findet man jedoch anderswo. Spitzenwerte bekommen die GLS Bank und die Ethikbank beispielsweise bei der Frage, wie sich das Vertrauensverhältnis der Kunden entwickelt hat. Bei beiden sagen mehr als 70 Prozent, dass es sich in den vergangenen zwei Jahren gesteigert hat, nur ein Prozent ist der Meinung, dass es abgenommen hat. Am anderen Ende des Spektrums stehen große Häuser wie die Commerzbank: 34 Prozent der Befragten haben weniger Vertrauen in »ihre« Bank als zuvor.

Es überrascht also nicht, dass es für den Geldanleger immer wichtiger wird, eine nachhaltige, also auf Dauer ausgerichtete Vertrauensbasis zu »seiner« Bank aufzubauen.

Es gibt aber auch Ratinglisten, die sich auf negative Werte beziehen. Anlässlich des Klimagipfels in Durban (November 2011) erschien eine Rangliste mit Banken, die in den »Klimakiller Kohle« investieren (und folglich eine Erhöhung des CO_2-Ausstoßes mit verantworten). Befragt wurden 93 Banken weltweit. Die US-Bank JP Morgan Chase ist mit 16,5 Milliarden Euro in Kohlegeschäften involviert und führt damit das Ranking an. Die Deutsche Bank folgt mit einem Engagement von 11,5 Milliarden Euro an weltweit sechster Stelle. Dies ist insofern problematisch, da sich die Deutsche Bank als »Klimabotschafter« beteiligt. Auch die Commerzbank, die einen der Topplätze bei diesem Ranking einnimmt, schreibt auf ihrer Webseite: »Klimawandel erfordert entschlossenes Handeln.« Besonders in der Kritik steht auch die staatliche Bank KfW, die aus Klimaschutzgründen beispielsweise Solaranlagen oder Wärmedämmungen fördert, aber zugleich mit rund 540 Millionen Euro im Kohlesektor engagiert ist – ein im Grunde schizophrenes Verhalten.

Dennoch muss man mit der moralischen Einordnung bei solchen Umfragen vorsichtig sein. Denn nur wenn wir nach dem Atomausstieg auf Kohlekraftwerke verzichten können, kann auch deren Finanzierung eingestellt werden. Moral ist, wie man sieht, nicht eindimensional. Auch hier sind Denken und Überlegen wichtig, um sich eine eigene Meinung zu bilden. Offensichtlich ist diese Rankingliste eine bewusste, öffentlich inszenierte Einflussnahme auf die Investitionspraxis der Banken.

Nachhaltigkeitsbanken – die Rettung des Bankenwesens

Nachhaltigkeitsbanken sind Banken, die sich ökologischen oder sozialen Zielen verpflichten. Sie legen ihr Geschäftsgebaren offen, damit jeder Geldanleger dies nachprüfen kann. Transparenz wird bei ihnen großgeschrieben.

Wir wollen wissen, was »unsere« Bank mit ihren Geldern macht. An wen hat sie mein Geld verliehen? Wir möchten etwas über die Anlagegrundsätze der Bank erfahren. Wir wollen wissen, wer die Bank führt und ob ihre Manager eine ethische Geschäftsauffassung haben. Vielleicht kann man sich sogar eine gewisse Mitsprache vorstellen. Und natürlich wollen wir auch sicher sein, dass die Bank selbst und ihre Mitarbeiter rücksichtsvoll mit den Ressourcen unseres Planeten umgehen.

Die Nachhaltigkeitsbanken bieten diese Transparenz.

Wie sehen sich die Banken selbst? Die EthikBank wirbt mit dem Slogan »Faire Bank statt Bankaffaire«. Sie weist darauf hin, dass sich das ethische Bankprinzip von anderen Banken in den Anlagekriterien, im Ethikkompass, in der Transparenz (gläserne Bank) und in Förderprojekten unterscheidet.

Ethisch orientierte Banken geben ihre sogenannten Ausschlusskriterien bekannt. Damit werden die Branchen bezeichnet, in die nicht investiert wird. Und sie benennen zusätzlich Positivkriterien, also Branchen, in die mit Vorzug investiert wird. Das könnte heißen: Kein Investment in Militärunternehmen, vorrangiges Investment in Unternehmen, die im Umweltbereich engagiert sind. Wie erfährt man von diesen Kriterien? Einfach auf der Internetseite der Bank nachsehen oder nachfragen.

Banken mit einem solchen Anlagekonzept nennen sich Nachhaltigkeitsbanken. Sie profitieren von diesem neuen Bewusstsein, dem Wunsch nach ethisch vertretbarem Investieren. Vielleicht gewinnen die Banken aufgrund dieser Neuausrichtung wieder ein neues Image. Vielleicht lassen sich das Wohl des Kunden und das der Erde mit dem Wohl der Bank gut verknüpfen.

Nachhaltigkeitsbanken sind eine gute Alternative zu den Geschäftsbanken, aber sie werden diese wohl nicht ablösen. Eher werden die traditionellen Geldhäuser nachhaltiger. Die Nachhaltigkeitsbanken konzentrieren sich vorrangig auf das Zinsdifferenzgeschäft, das heißt auf die entgeltliche Bereitstellung von Konten, auf denen gespart und der Zahlungsverkehr durchgeführt werden kann. Dieses Geld können die Banken als Kredite Privatpersonen und Kleinbetrieben zur Verfügung stellen, um beispielsweise ein Haus zu bauen oder das Geschäft zu erweitern. Die Sparer, die ihr Geld deponieren, erhalten dafür von der Bank Zinsen, die Kreditnehmer ihrerseits bezahlen Zinsen an die Bank. Für die Kundengelder zahlt die Bank einen niedrigeren Zins, als sie für Kredite verlangt. Mit den Einnahmen aus dieser Zinsdifferenz deckt die Bank ihre Kosten und erzielt einen Gewinn. Manche Nachhaltigkeitsbanken bieten mittlerweile auch Funktionen des Investmentbanking an.

Natürlich fällt es kleineren Banken, die hauptsächlich ein Zinsdifferenzgeschäft betreiben, leichter als großen Geschäftsbanken, sich ökologisch und ethisch auszurichten. Aber auch diese Banken unterliegen den Regeln des Marktes, das heißt, auch sie sind nicht gegen Pleiten gewappnet.

Ein Beispiel dafür war die noa bank, eine deutsche Privat- und Geschäftskundenbank mit einem ökologischen und ethischen Image. Am 1.10.2010 war es mit der Bank jedoch zu Ende. Beim Amtsgericht Düsseldorf wurde das Insolvenzverfahren eröffnet. Das Unternehmen war einst mit großen Visionen gestartet. Die Bankmanager verweigerten sich allen Spekulationsgeschäften und konzentrierten sich auf das Zinsdifferenzgeschäft, also auf die Vergabe von Krediten. Es sollten ausschließlich »nachhaltig arbeitende« kleine und mittelständische Unternehmen finanziert werden. Das kam bei den Privatkunden gut an. Die Bank sammelte sehr viel Geld ein, wahrscheinlich zu viel. Es konnten nicht so viele Kredite, wie Einlagen vorhanden waren, ausgegeben werden. Das Hauptproblem war die geringe Eigenkapitaldecke. Angeblich war die Bank nur mit 5,6 Millionen Euro Eigenkapital ausgestattet. Aber letztlich führten zwei Gründe zum Untergang: Das Geschäftsmodell funktionierte nicht, und das Management hatte anscheinend zu wenig Bankerfahrung. Die noa bank hatte von den Medien und dem Publikum viele Vorschusslorbeeren erhalten, konnte die Erwartungen aber nicht erfüllen. Auch eine Nachhaltigkeitsbank muss sich an ihrer wirtschaftlichen Performance messen lassen. Nur die Losung Nachhaltigkeit sichert noch nicht den wirtschaftlichen Erfolg. Ein exzellentes Management gehört auch dazu.

! *Tipp*: Wie kann man eine Bank beurteilen? Ein Kriterium wäre: Eine Bank ist umso sicherer, je höher ihre Eigenkapitaldecke ist. Diese kann man dem Geschäftsbericht der Bank entnehmen. Genauso wichtig ist die Frage, nach welchen Sicherungssystemen das angelegte Geld abgesichert ist. Ist die Bank Mitglied in einem deutschen Einlagensicherungsfonds? (Die noa bank war es nicht.)

Die Nachhaltigkeit umfasst die drei Bereiche Ökologie, Ökonomie und Unternehmensethik. Die Bank achtet bei den eigenen Aktivitäten auf ökologisches Handeln, betreibt ein überlegtes, faires und ausgewogenes Management und setzt ihr Geld ebenso verantwortlich – und langfristig ertragsorientiert – ein. Ökonomie und Ökologie gehören zusammen.

In diesem Sinn legt die Bank das Geld ihrer Kunden an. Ein solches Investment wäre z. B. die Investition in ein Biohotel, das gerade die Heizanlage auf Holzhackschnitzel und Solarthermie umstellt. Sie arbeitet transparent, teilt den Kunden ihr jeweiliges Engagement mit. Sie definiert, in welchen Geschäftsfeldern sie nie investieren würde und in welche mit Priorität (Ausschlusskriterien und Positivkriterien). Transparenz ist das Schlüsselwort. Denn erst dann kann ein Kunde die Nachhaltigkeit erkennen und sich überzeugen lassen.

Banken mit nachhaltiger Ausrichtung

1. EthikBank
http://www.ethikbank.de/

Die EthikBank ist eine Direktbank mit ethisch-ökologischer Ausrichtung, gegründet 2002 als Zweigniederlassung der Volksbank Eisenberg eG. Sie hat klare Strukturen für Investitionen und Finanzierung. Sie fördert Frauen-, Ethik- und Umweltprojekte und vergibt einen Nachhaltigkeitspreis.

Die Anlagekriterien der EthikBank sind ein Mix aus Ausschluss- und Negativkriterien und einem dreistufigen Filtersystem. Als Ausschlusskriterien gelten:

- Herstellung oder Vertreiben von Militärwaffen
- Besitz oder Betreiben von Atomkraftwerken
- Gentechnische Veränderung von Pflanzen oder Saatgut

- Herstellung oder Vertreiben von ozonzerstörenden Chemikalien
- Zulassen von Kinderarbeit
- Durchführung von Tierversuchen bei Kosmetika
- Eklatante Bestechungs- und Korruptionsfälle
- Eklatante Verstöße im Umgang mit Menschenrechten

Die Positivkriterien (die Bank investiert insbesondere in diese Bereiche) sind:

- Umweltpolitik
- Umweltmanagementsysteme
- Leistungen im Umweltbereich
- Geschäftspolitik unter Beachtung der Menschenrechte
- Förderung, Gleichberechtigung und Vielfalt der Mitarbeiter
- Dialog mit Mitarbeitern, Kunden und Lieferanten
- Weiterbildung und Personalentwicklung
- Schaffen und Erhalt von Arbeitsplätzen
- Vorsorgemaßnahmen, um Korruption und Bestechung zu verhindern

Sowohl Ausschlusskriterien als auch Positivkriterien werden auf der Webseite der Bank ausführlich dargestellt.

Die Transparenz ist vorbildlich. Die EthikBank bezeichnet sich selbst als »gläserne Bank«. Auf ihrer Internetseite kann man einsehen, wo und wie die EthikBank die Geldanlagen ihrer Kunden investiert. Darüber hinaus erfährt man, welche Unternehmen die notwendige Nachhaltigkeitsqualität aufweisen. Das Gleiche gilt auch für die Länder und ihre Staatsanleihen. Die Produkte der EthikBank sind alle nachhaltig:

- Girokonto und Mikrokonto (für Insolvenzschuldner)
- Zinskonto als Tagesgeldkonto
- Festgeldkonto

- Mäusekonto (eine sichere Geldanlage mit Festzins für 1, 3 oder 5 Jahre)
- Sparbrief mit einer Laufzeit zwischen 1 und 10 Jahren
- Wachstumszertifikat über 7 Jahre mit steigendem Staffelzins
- VL-Sparen, klassisches Banksparen zur vermögenswirksamen Leistung
- BonusPlus Sparen, ein monatlicher Sparplan mit festem Zins und einer Laufzeit von 7 Jahren
- RentePlus Sparplan bis festem Zins und Laufzeiten zwischen 8 und 25 Jahren
- Investmentfonds
- Depot-Online, Plattform für die Abwicklung von Börsengeschäften
- Ökokredit, Kleinkredit bis 40 000 Euro für ökologische und soziale Projekte
- Ökobaukredit für ökologische Häuser

Die EthikBank kann als Hausbank und als Broker gleichermaßen genutzt werden. Die Kunden haben über das Geldautomatennetzwerk der Volks- und Raiffeisenbanken Zugriff auf mehr als 18 200 Geldautomaten, an denen sie kostenfrei Geld abheben können.

2. GLS Bank – Gemeinsames Engagement für die Zukunft
http://www.gls.de/

Die GLS bietet alle Dienstleistungen einer Hausbank. Gegründet wurde 1961 zunächst eine Gemeinnützige Treuhand e. V., die mit Spenden- und Stiftungsgeldern Projekte in Landwirtschaft, Bildung und Heilpädagogik finanzierte. 1967 wurde die gemeinnützige Kredit-Garantiegenossenschaft eG (GKG) als Investitionsbank gegründet; sie investierte in gemeinnützige, landwirtschaftliche und gewerbliche Unternehmen und Projekte. 1974 wurde schließlich die GLS Gemeinschaftsbank eG gegründet. Auch sie investiert in ökologische, kulturelle und soziale Projekte und Unternehmen.

Die GLS Bank gibt keine Anlageempfehlung für Unternehmen, die folgende Kennzeichen aufweisen:

- Verletzung von Menschenrechten
- Verletzung von Grund- und Arbeitsrechten
- Kinderarbeit
- Tierversuche
- Kontroverses Umweltverhalten
- Kontroverse Wirtschaftspraktiken
- Atomenergieförderung
- Biozide
- Chlororganische Massenprodukte
- Embryonenforschung
- Agro-Gentechnik
- Pornografie
- Rüstung
- Suchtmittelherstellung

Die GLS Bank empfiehlt nur solche Unternehmen, die ihren ökonomischen Erfolg unter Einbeziehung sozialer und ökologischer Aspekte erreichen. Das betrifft vorrangig die folgenden Themenbereiche:

- Sozialökologisch ausgerichtete Unternehmenspolitik
- Soziales Engagement
- Entwicklungspolitische Ziele
- Energieeffizienz und erneuerbare Energien
- Energieeffiziente Transportsysteme
- Ressourceneffizienz
- Anthroposophische Medizin, Homöopathie, Pflanzen- und Naturheilkunde

Transparenz ist für die GLS Bank wichtig, jedoch muss diese individuell hinterfragt werden. Aus der Webseite kann das Investment- und Kreditverhalten der Bank nicht abgelesen werden. Die GLS Bank hat ein breites Angebotsspektrum:

- Girokonten
- Tagesgeldkonto
- Festgeldkonto mit festem Zinssatz und unterschiedlichen Laufzeiten
- GLS Sparkonto mit variabler Verzinsung
- GLS Sparbriefe
- GLS Wachstumssparen
- GLS Projektsparen und gleichzeitiges Spenden der Zinsen für ein selbst gewähltes Projekt
- GLS Vermögenswirksame Leistungen
- GLS Vorsorge für das Alter
- GLS Sofortrente
- GLS Anlageplan für Sparpläne jeder Art
- Investmentfonds (inbesondere Ökoworld Ökovision Classic, Sarasin OekoSar Equity, FairWorldFonds)
- GLS Beteiligungen in Form von Genussrechten und geschlossenen Fonds
- GLS Vermögensmanagement
- Onlinebanking und Onlinebrokerage
- Kredite für Bauen und Modernisieren insbesondere von ökologischen Projekten
- Unterstützung bei Stiftungs- und Schenkungsinitiativen

Die GLS Bank ist konsequent in der Anwendung ihrer Auswahlkriterien. Auskunft über die Kreditvergabe und Beteiligungsengagements erhält man auf Nachfrage.

3. KD-Bank, Bank für Kirche und Diakonie
http://www.kd-bank.de/

Die Bank für Kirche und Diakonie, auch KD-Bank genannt, ist eine Genossenschaftsbank. Sie geht zurück auf die Landeskirchliche Kredit-Genossenschaft Sachsen LKG, die bereits 1925 als erste evangelische Bank in Deutschland gegründet wurde. Sie legt ihrem Geschäft christlich motivierte Kriterien zugrunde.

Die Auswahl der Unternehmen und Länder erfolgt nach der Systematik von oekom research. Diese Daten werden nach den von der KD-Bank definierten Kriterien zu einer Ratingnote verdichtet. Als Ausschlusskriterien wurden definiert:

- Alkohol
- Atomenergie
- Embryonenforschung
- Grüne Gentechnik
- Pornografie
- Rüstungsgüter
- Verstoß gegen Arbeitsrechte
- Kinderarbeit
- Tabak
- Verstoß gegen Menschenrechte
- Tierversuche
- Kontroverses Umweltverhalten

Für Unternehmen gibt es ein Corporate-Responsibility-Rating, das Grundlage für den »Best-in-Class«-Ansatz ist. Auch das Rating für Länder basiert auf der Einschätzung von oekom research. Das Länderrating setzt sich aus dem Umweltrating und dem Social Rating zusammen.

Die KD-Bank hat einige eigene Geschäftsstellen. Die Kunden können die Geldautomaten der Volks- und Raiffeisenbanken nutzen. Die KD-Bank bietet Privatkunden ein Girokonto mit Onlinebanking, verschiedene Sparprodukte, Geldanlageprodukte, Tagesgeld- und Festgeldkonten, Wachstumssparen, Sparbriefe und Auszahlplan. Sie hat auch Investmentfonds, Anleihen, Produkte zur Baufinanzierung und Darlehen in ihrem Portfolio. Die Transparenz auf der Internetseite ist nicht sehr aussagefähig. Erst auf Nachfrage erhält man die notwendigen Unterlagen.

4. Pax-Bank – christliche Werte im Bankenalltag
   http://www.paxbank.de/

Die Pax-Bank wurde 1917 gegründet unter dem Namen Pax Spar- und Darlehenskasse. Den Namen Pax-Bank eG erhielt das Bankinstitut erst 1967. Auch heute noch gelten die Prinzipien der Selbsthilfe, Selbstverantwortung und Selbstverwaltung, auf deren Basis ihr Gründer – Pfarrer Peter Limberg – die Bank ausgerichtet hatte.

Seit 2002 hat die Pax-Bank einen eigenen Ethikbeirat. Er arbeitet unabhängig und prüft bei allen Finanzgeschäften, ob die Entscheidungen des Unternehmens grundsätzlich mit den christlichen Werten vereinbar sind.

Transparenz gehört hinsichtlich der eigentlichen Produkte der Pax-Bank zu den zentralen Pfeilern des Unternehmens, sie ist aber nicht über die Webseite gewährleistet.

Besonders bevorzugt werden Studierende im Fachbereich Theologie sowie Geistliche und all diejenigen, die im Hauptberuf für die Kirche arbeiten. Für sie gibt es ein kostengünstiges Girokonto mit dem Namen PaxClassic und PaxPriesterPlus. Für die anderen Kunden gibt es das Girokonto PaxGiro und Pax-Comfort.

Es gibt verschiedene Angebote zu Vermögensbildung, Spareinlagen, Termineinlagen, Bausparen, Investmentfonds und Vermögensverwaltung. Onlinebanking und Onlinebrokerage sind möglich. Die Pax-Bank ist kein Spezialist für Fonds- oder Aktienanlagen.

5. Triodos Bank – Nachhaltigkeit seit 30 Jahren
http://www.triodos.de/de/privatkunden/

Die Triodos Bank wurde 1980 gegründet und finanziert seitdem ausschließlich ökologische, kulturelle oder soziale Projekte und Unternehmen, die nachhaltig wirtschaften und somit einen ökologischen, sozialen oder kulturellen Mehrwert schaffen. Die Triodos Bank ist eine Aktiengesellschaft, die von einer eigens 1971 in den Niederlanden gegründeten Stiftung getragen und verwaltet wird. Die Triodos Bank hat sich mit Investments in Erneuerbare Energien sowie Mikrofinanzfonds für Entwicklungsländer einen Namen gemacht.

Die Transparenz ist vorbildlich. Die Bank arbeitet mit einem Mix aus Positiv- und Negativkriterien. Sie investiert nicht in Unternehmen, die mit ihren Geschäftsaktivitäten in folgenden Bereichen tätig sind:

- Kernenergie
- Pelzindustrie
- Glücksspiele
- Umweltschädliche Stoffe
- Pornografie
- Tabakwaren
- Waffenindustrie
- Intensive Landwirtschaft
- Korruption
- Zusammenarbeit mit Diktaturen
- Tierversuche
- Gentechnik
- Verstöße gegen Gesetze, Verhaltenskodizes
- Verstöße gegen das Umweltrecht
- Verstöße gegen das Arbeitsrecht
- Verstöße gegen das Produkthaftungs-, Marketing- und Kartellrecht

Die Triodos Bank bietet Tages- und Festgeldkonten, Sparanlagen sowie eine eigene Fondsfamilie an: Triodos Sustainable Fonds. Zudem sind Onlinebanking und Onlinebrokerage möglich. Die Bank hat kein Geschäftsstellennetz in Deutschland und bietet nur Anlagemöglichkeiten online oder per Telefon.

6. Umweltbank – Mit ökologischem Bewusstsein Rendite erzielen
http://www.umweltbank.de/

1994 wurde die Umweltbank als eine Aktiengesellschaft gegründet. In der Satzung ist festgehalten, dass sie sich dem Umweltschutz widmet. Das Angebot ihrer Bankdienstleistungen ist zu 100 Prozent ökologisch und nachhaltig gestaltet. Die Umweltbank hat einen dreiköpfigen Umweltrat, der den ökologischen Rahmen der Bankgeschäfte mit dem Vorstand abstimmt, sowie einen zwanzigköpfigen Umweltbeirat, der ökologisches Spezialwissen beisteuert.

Kredite vergibt die Umweltbank an folgende Branchen: Sonnenenergie, ökologisches und soziales Bauen, Wind- und Wasserkraft sowie Biomasse, Biogas und ökologische Landwirtschaft. Sie nutzt für die Basis ihrer Geschäftstätigkeit einen Mix aus Positiv- und Negativkriterien. Der positive Kriterienkatalog umfasst folgende Bereiche:

- Energiesparmaßnahmen
- regenerative Energiegewinnung (Windenergie, Fotovoltaik, Solarthermie, Biomasse und Biogas, Wasserkraft)
- Dezentrale Energiegewinnung, Blockheizkraft
- Umweltfreundliches Bauen (Niedrigenergiebauweise, Passivhäuser, Verwendung ökologischer Baustoffe, Landschaftsschutz/Reduktion von Flächenverbrauch, Regenwasserrückgewinnung)
- Ökologische Landwirtschaft und ökologische Forstwirtschaft

- Kreislaufwirtschaft/Recycling (Abfallvermeidung, Rohstoffeinsparung und Ressourcenschonung, umweltverträgliche Entsorgung, Naturkläranlagen)
- Schadstoffverringerung und -beseitigung (umweltschonende Verkehrsmittel, Bodenschutz/Sanierung, Lärmverminderung, Luftreinhaltung)
- Nachhaltige Wirtschaftsweise (Entwicklung, Herstellung und Vertrieb von langlebigen, ressourcenschonenden, regionalen und damit umweltfreundlichen Produkten).

Die Umweltbank investiert nicht in Unternehmen, die in folgenden Bereichen tätig sind:

- Großkraftwerke (Braun-/Steinkohle, Atomenergie)
- Waffen oder Militärgüter (Produktion/Handel)
- Umweltschädliche Produkte oder Technologien (Produktion/Handel)
- Nichteinhaltung von Umweltauflagen
- Sozial unverträgliche Projekte, z.B. auf Ausbeutung von Kindern basierende Produktion
- Gentechnik in der Landwirtschaft
- Unfaire Geschäftspraktiken, z.B. Korruption, Menschenrechtsverletzungen

Die Umweltbank hat ein breites Angebot an nachhaltigen Geldanlagen:

- UmweltPluskonto mit variablem Zinssatz
- UmweltSparbuch mit variablem oder festem Zinssatz, Zinsbindung bis zwei Jahre
- Wachstumssparen über 5 Jahre
- UmweltZertifikat mit einem Jahr Laufzeit und festem Zinssatz
- UmweltSparbrief bis zu 25 Jahren Laufzeit
- UmweltSparvertrag als Sparplan

Die Kreditprogramme sind:

- UmweltBank Darlehen mit Ökobonus für ökologisches Bauen
- KfW-energieeffizientes Bauen oder Sanieren
- KfW-altersgerechtes Umbauen

Die Umweltbank verfügt über kein Geschäftsstellennetz. Sie ist eine alternative Bank für Anleger, die ihr Geld via Internet- oder Telefonbanking in nachhaltige Umweltprojekte und Unternehmen investieren möchten. Sie bietet Kredite für ökologische Bauvorhaben und ein Mietkautionskonto für Kunden und Aktionäre.

7. Bank für Orden und Mission
   http://www.ordensbank.de/

Die Bank für Orden und Mission wurde durch die Missionszentrale der Franziskaner in Bonn initiiert und unterstützt deren christliche Projektarbeit weltweit. Die banküblichen Gewinne werden nicht ausgeschüttet, sondern für Not leidende Menschen eingesetzt (für Wasser- und Brunnenbauprojekte, Bildungs- und Ausbildungsprojekte und Kinderhilfsprojekte). Sie gehört zum Bundesverband der Deutschen Volks- und Raiffeisenbanken e. V.

Der Beirat der Bank für Orden und Mission legt die ethischen Grundsätze für sämtliche Geldanlagen fest: soziale, kulturelle und Umweltaspekte mit hohem Nachhaltigkeitsgrad. Ausgeschlossen werden Unternehmen, die mit Menschenrechtsverletzungen, Rüstung, Kinderarbeit, schlechten sozialen Bedingungen, Drogen oder Tierversuchen in Verbindung gebracht werden. Die Anlageprodukte werden einem regelmäßigen Rating unterzogen, das auf dem Frankfurt-Hohenheimer-Leitfaden basiert. Auf der Webseite sind diese Kriterien jedoch nicht ersichtlich.

Die Produkte der Bank umfassen Girokonto, Kreditkarte, Festgeld, Geldanlagen, Wertpapiere, Onlinebanking. Die Kunden können die Geldautomaten der Volks- und Raiffeisenbanken kostenfrei nutzen. Die Internetpräsenz ist nicht besonders ausführlich. Die Onlinetransparenz lässt zu wünschen übrig.

8. Steyler Bank
http://www.steyler-bank.de/

Die Steyler Bank wurde 1964 von Steyler Missionaren in Sankt Augustin bei Bonn gegründet. Das Steyler-Konzept heißt »Missionssparen«, wobei das Geld der Anleger nach ethischen Kriterien angelegt wird und die Bankgewinne direkt an die Steyler-Missionare und -Missionsschwestern weitergeleitet werden.

Die Steyler Bank garantiert vor einem christlichen Hintergrund Natur-, Sozial- und Kulturverträglichkeit der Investitionen. Die Investitionskriterien sind ein Mix aus Positiv- und Negativkriterien. Die Steyler Bank investiert nach dem »Best-in-Class«-Ansatz in die Klassenbesten eines Marktsegments.

Die Steyler Bank nutzt die Dienste der oekom research AG, die die Prüfung der Investitionen übernimmt. Für Unternehmen gibt es das Corporate-Responsibility-Rating. Die Steyler Bank hat für die Ausschlusskriterien eine »rote Liste« für folgende Bereiche:

- Abtreibung: Hersteller von Abtreibungspillen sowie Krankenhäuser, in denen Abtreibungen vorgenommen werden
- Alkohol/Drogen/Tabak: Hersteller dieser Produkte (ausgenommen sind Wein, Bier sowie medizinisch genutzte Drogen)
- Arbeitsrechtsverstöße: Zwangsarbeit, Diskriminierung, Einschränkung der Versammlungs- und Vereinigungsfreiheit, grobe und fortdauernde Behinderung von Gewerkschaftstätigkeiten.
- Atomenergie: Betreiber und Eigentümer von Atomkraftwerken sowie Hersteller zentraler Komponenten für Atomkraftwerke ab einem Umsatzanteil von 5 Prozent

- Biozide: Hersteller von hochgefährlichen Bioziden laut WHO-Definition
- Chlororganische Massenprodukte: Hersteller von Pflanzenschutzmitteln und PVC sowie Aktivitäten im Bereich der Chlorchemie ab einem Umsatzanteil von 5 Prozent
- Embryonenforschung: Unternehmen, die nachweislich die Forschung an menschlichen Embryonen oder an entsprechenden embryonalen Zellen betreiben.
- Glücksspiel: Herstellung und Handel von Glücksspielen und -geräten sowie Wetten, bei denen Geld verloren werden kann
- grüne Gentechnik: Produzenten von genverändertem Saatgut
- Kinderarbeit: Kinderarbeit für das Unternehmen und/oder Zulieferer, sofern sie außerhalb der Konventionen der International Labour Organization (ILO) liegt (keine gefährliche oder monotone Arbeit, Mindestalter 15 Jahre, nicht mehr als sechs Stunden pro Tag)
- Kontroverses Umweltverhalten: Betreiber von Anlagen, die eine besonders schädliche Wirkung auf die Ökosysteme haben (z. B. Staudämme, Pipelines oder Minen in Naturschutzgebieten), Unternehmen, die ein besonders rücksichtsloses Umweltverhalten an den Tag legen
- Kontroverse Wirtschaftspraktiken: massive und anhaltende Verstöße des Unternehmens z. B. durch Korruption, Bilanzfälschungen oder Kartellrechtsverletzungen
- Menschenrechte: grobe Verletzung der Menschenrechte durch das Unternehmen und/oder Zulieferer z. B. bei Zwangsumsiedlungen beim Bau eines Staudamms
- Pornografie: spezialisierte Gesellschaften, die pornografische Inhalte herstellen oder vertreiben
- Rüstungsgüter/Massenvernichtungswaffen: Hersteller geächteter Rüstungsgüter (lt. UN-Deklaration) ohne Umsatzbegrenzung. Ansonsten Produzenten von Rüstungsgütern ab einem Umsatzanteil von 5 Prozent, ausgenommen Dual-Use-Produkte

- Tierversuche: Anwendung von Tierversuchen zum Test von Endprodukten im Konsumgüterbereich, die nicht gesetzlich vorgeschrieben sind (z. B. Kosmetika, Waschmittel)

Die Steyler Bank offeriert Nichtkunden einen Depotcheck. Man kann überprüfen lassen, wie nachhaltig das jeweilige Depot bereits ist. Sie bietet Girokonto, Tagesgeld- und Festgeldkonto. Zudem gibt es das Missions-Sparbuch, das Missions-Wachstumssparen, den Missions-Bonussparplan und den Missions-Sparbrief. Es wird der Service einer Vermögensberatung angeboten. Onlinebanking und Onlinebrokerage sind möglich.

Der Internetauftritt ist durchaus informativ. Über vergebene Kredite werden jedoch keine Aussagen gemacht.

Meine Empfehlung

Wenn man Geld bei Nachhaltigkeitsbanken anlegt, ist man gut aufgehoben. Meine Favoriten sind die EthikBank und die GLS Bank. Aber auch die anderen Nachhaltigkeitsbanken machen einen sehr verantwortungsvollen Eindruck. Das schließt jedoch nicht aus, dass auch konventionelle Banken interessante Angebote für nachhaltig eingestellte Investoren haben können.

Wie nachhaltig sind konventionelle Banken?

Immer mehr konventionelle Banken bieten mittlerweile auch nachhaltige Produkte an. Dennoch muss der Anleger sorgfältig abwägen, ob er mit einem Bankinstitut zusammenarbeiten will, das nicht vollkommen nachhaltig ausgerichtet ist. Bei der Deutschen Bank kann beispielsweise niemand garantieren, dass die Anlage auf einem Girokonto nur nachhaltigen Projekten zugutekommt.

Auch die konventionellen Banken geben sich in ihrer Unternehmensvision oder der Selbstverpflichtung immer mehr »moralisch« einwandfrei. Bei genauerer Prüfung wundert man sich jedoch über viele Aussagen. Die meisten von ihnen sind nämlich selbstverständlich und müssten eigentlich nicht erwähnt werden.

Beispiel Commerzbank: Das Unternehmen verpflichtet sich in seinen Leitlinien zur unternehmerischen Verantwortung zu folgenden Themen: Gesetzestreue und Transparenz. Verwundert fragt man sich, warum eine Verpflichtung zur Gesetzestreue notwendig ist. Auch Transparenz sollte eigentlich selbstverständlich sein.

Dagegen macht die Aussage von »Verankerung (der Nachhaltigkeit) im Kerngeschäft« hellhörig: Die unternehmerische Verantwortung ist ein wichtiger Bestandteil der Unternehmenskultur. Warum muss man auf solche Selbstverständlichkeiten ausdrücklich hinweisen? »Die Verantwortung kann nur mit Mitarbeitern gelingen, die das Prinzip der Nachhaltigkeit in ihrem Alltag umsetzen«, heißt es weiter. Es wäre jedoch wichtiger anzugeben, dass der Vorstand bereit und in der Lage ist, die Nachhaltigkeit vorzuleben. Denn Vorbilder sind heute wieder gefragt.

Die Commerzbank betont, dass sie einen Stakeholder-Dialog in Gang setzen und mit Kunden, Aktionären, Geschäftspartnern, Medien, Nichtregierungsorganisationen (NGOs) und Behörden sprechen möchte, um daraus die unternehmerische Verantwortung zu entwickeln. Ist das nicht eine Selbstverständlichkeit? Gehört dies nicht seit jeher zu einer verantwortungsvollen Unternehmensführung?

Wie sieht es in der Praxis aus? Es gibt jede Menge Berichte darüber, wie das Bankmanagement seine Berater unter Druck setzt, um die eigenen Produkte zu verkaufen oder Produkte mit hohen Provisionen an den Kunden zu bringen. Angeblich hat sich daran nichts geändert. In den Zeitungen konnte man von

»Geständnissen« lesen. So bekannte ein Banker der Commerzbank, man sei in seinem Metier nichts anderes als eine Drückerkolonne. Man müsse die Kunden belügen, sonst könne man die Ziele nicht erfüllen. Die Vorwürfe sind bekannt und zutreffend, aber nicht die Regel.

Ich sehe davon bewusst ab, Banken detaillierter zu bewerten, weil viele Geschäfts- und Investmentbanken beide Seiten zeigen, eine nachhaltige und eine ausbeuterische. Das muss jeder Anleger selbst entscheiden. Von einer Bank sollte man jedoch auf jeden Fall die Finger lassen: Goldman Sachs. Goldman Sachs wurde nach der Finanzkrise von der US-Regierung mit Milliarden unterstützt. Trotzdem haben die Manager weiterhin exorbitante Gehälter kassiert – auf Kosten der Steuerzahler. Das hat die Amerikaner sehr wütend gemacht. Goldman Sachs hat daraufhin ein Programm gestartet, in das die Mitarbeiter Geld für alle möglichen sozialen und karitativen Vorhaben gespendet haben. Da war wohl der Schein wichtiger als die Wirklichkeit. Man darf auch nicht vergessen, dass Goldman Sachs der griechischen Regierung geholfen hat, ihre Bilanzen zu frisieren. Die Liste der Beschwerden ist sehr lang. Nun hat sich ein Derivatehändler geäußert. Bei Goldman Sachs herrsche eine »vergiftete und zerstörerische« Kultur. Es gehe nur noch um Profit: »Es macht mich krank, wie kaltschnäuzig die Leute darüber reden, ihre Kunden abzuzocken.« (*Wirtschaftswoche*, 23.03.2012) Man könnte durchaus vermuten, Goldman habe noch immer nichts aus der Finanzkrise gelernt. Kurzfristige Firmeninteressen gehen eindeutig über die Interessen der Eigentümer und Kunden. Warum soll man also mit dieser Bank zusammenarbeiten?

Nach dieser Veröffentlichung wurde »der Börsenwert des Instituts um mehr als zwei Milliarden Dollar rasiert und der Firmenchef zu einer Erklärung gezwungen«. (www.zeit.de, 15.03.2012) Es bleibt jedoch zu vermuten, dass es sich nur um eine kurzfristige Reaktion handelt. Dennoch heißt es für einen nachhaltigen Anleger: Hände weg von Goldman Sachs.

Auch die britische Barclays Bank setze ich auf meine schwarze Liste. Sie hat 2009 lediglich 113 Millionen Pfund an Unternehmenssteuern gezahlt bei einem Bruttogewinn von 11,6 Milliarden Pfund. Vielleicht war alles legal, aber dann war es eben eine legale Steuerhinterziehung.

> ❗ *Tipp*: Machen Sie sich auch Ihre schwarze Liste. Sammeln Sie Berichte über Banken und Unternehmen, mit denen Sie nie Geschäfte machen wollen.

Die Vorteile von Direktbanken

Was macht der Anleger, der selbstverantwortlich Geld anlegen will, der selbst Aktien, Fonds, Zertifikate auswählen will, der sich nicht auf die Dienste eines Bankmitarbeiters verlassen will? Er benötigt Informationen über Unternehmen, über den Markt, über die Trends. Er wird die Erkenntnisse von Ratingagenturen nutzen, aber er braucht natürlich eine Bank oder einen Broker, um an der Börse teilnehmen zu können. Hierfür bieten sich die Direktbroker an. Ein Direktbroker muss natürlich die gesamte Breite des Geschäfts anbieten, ungeachtet der Ausschluss- und der Positivkriterien. Der Kunde wählt je nach seinen Vorlieben aus. Die meisten Broker bieten Informationsplattformen, über die eine Vielzahl von Informationen abgerufen werden können. Allerdings vermisst man auf diesen Portalen Informationen über die Nachhaltigkeit. Diese sollte aber einen prominenten Stellenwert einnehmen.

Der Unterschied zwischen einer Direktbank und einer herkömmlichen Bank liegt vor allem darin, dass die Direktbank auf eigene Bankfilialen ganz oder teilweise verzichtet. Dadurch kann die Direktbank Kosten für Gebäude, Büroausstattung und Personal einsparen. Diese Kostenersparnis wird in der Regel von der Direktbank auf den Bankkunden umgeschlagen, denn sie kann ihre Produkte zu günstigeren Konditionen anbieten. Bei einer Direktbank bekommt man z. B. ein kostenloses Girokonto. Die Bank- und Börsengeschäfte werden in der Regel über das Internet abgewickelt.

Dies bringt mehrere Vorteile für den Bankkunden mit sich. Zeitaufwendige Wege zur Bankfiliale bleiben erspart. Der Bankkunde sitzt bequem zu Hause am Computer, kann rund um die Uhr auf sein Konto zugreifen und Bankgeschäfte tätigen. Die Vorteile von Onlinebanking und von Onlinebrokerage haben die herkömmlichen Banken mittlerweile erkannt und bieten dies ebenso an. Aber die Technik des Onlinebanking ist nicht alles. Es geht darum, wie viele Informationen ein Broker auf seiner Webseite hat, wie schnell der Zugriff ist, wie effizient man mit den Tools arbeiten kann. Die schnelle und unkomplizierte Verbindung zur Börse ist wichtig. Eine Direktbank ist heute immer noch für den Anleger empfehlenswert, der selbstständig an der Börse agieren möchte.

Mittlerweile bieten Direktbanken auch Beratung an. Besonders empfehlenswert ist die Honorarberatung. Der Bankvertreter erhält einen Stundensatz für seine Bemühungen und ist nicht mehr von den Provisionen abhängig.

Sind die Finanzberater besser als die Banken?

Auch Finanzberater brauchen Geld zum Leben. Also müssen sie Gewinn erwirtschaften. Entweder indem sie ihren Kunden Geldanlagen empfehlen, die ihnen hohe Provisionen einbringen, oder indem sie vom Kunden ein Honorar einstreichen. Ein guter Finanzberater ist in den meisten Fällen sein Geld wert, vor allem wenn die Beratung auf Honorarbasis erfolgt. Trotzdem ist sie in Deutschland noch ein Nischengeschäft. Die bekanntesten Finanzvertriebe sind AWD, MLP, die Deutsche Vermögensberatung (DVAG), Telis Finanz, Bonnfinanz und OVB. Sie haben, soweit man der Presse glauben darf, keinen besonders guten Ruf.

Nun hat eine Umfrage von *Focus-Money* (Nr. 26/2011) Klarheit gebracht: 600 Kunden haben sechs Finanzvertriebe beurteilt. Das oberste Kriterium war die Frage, wie fair verhalten sich die Finanzvertriebe gegenüber ihren Kunden. Als bester Finanzvertrieb wurde das Unternehmen Telis Finanz aus Regensburg gekürt, aber auch die anderen Institute bekamen durchaus gute Noten. Es wurden Kundenberatung, Kundenbetreuung, Kommunikation abgefragt. Es gab aber auch die Frage nach Nachhaltigkeit und Verantwortung. Hier schnitten die Unternehmen eher durchschnittlich ab. Dies zeigt, dass die Finanzvertriebe sich noch nicht auf diesen Trend eingestellt haben. Auch die Frage nach dem Preis-Leistungs-Verhältnis lässt aufhorchen. Die Finanzvertriebe bieten zwar die Produkte verschiedener Banken, Fondsgesellschaften und Versicherungen an. Doch Unabhängigkeit im Sinn einer Beratung, die sich nur am Interesse des Anlegers orientiert, sollte von ihnen nicht erwartet werden. Ein Berater vertritt die Interessen desjenigen, der ihm seinen Lohn zahlt. Bei Vertragsabschlüssen fließen Provisionen. Natürlich zahlt der Kunde die Beratung in Form höherer Nebenkosten und damit niedrigerer Renditen – der angeblich kostenlose Rat wird zum teuren Unterfangen. Wenn man als Anleger weiß, was man will, kann man etwa Investmentfonds bei Discountbrokern und Direktbanken mit hohen Rabatten auf den Ausgabeaufschlag kaufen, also seine Geldanlage durchaus günstiger abwickeln. Warum also nicht lieber einen Experten suchen, der auf Provisionen verzichtet und dafür wie ein Rechtsanwalt oder Steuerberater dem Anleger seine Zeit in Rechnung stellt? Die Vorteile: Lebt ein Berater vom Honorar seiner Kunden, kommt er nicht in Versuchung, ahnungslosen Anlegern die Produkte mit dem höchsten Provisionsertrag unterzujubeln. Der Anleger kann überdies erwarten, dass ihn der Berater über Anbieter wie die Bundeswertpapierverwaltung, Direktversicherungen oder Disocuntbroker informiert, die keine Vertriebsprovisionen zahlen und niedrige Gebühren verlangen.

Es gibt viele unabhängige Finanzberater. Aber wie findet man diese? Man könnte sich z.B im Internet auf der Webseite von WhoFinance auf die Suche machen. Angeblich kann man aus über 20000 Beratern auswählen. Wenn man jedoch die Suche auf Regionen einschränkt, wirkt die Zahl nicht mehr so erschreckend. Hilfreich sind auch die Bewertungen, denn sie verhelfen einem zu einer ersten Meinungsbildung. Der Star der Finanzberater ist laut eigenen Angaben von WhoFinance Ralf Kugler mit 225 Topbewertungen.

Wie findet man den besten Finanzberater? Folgt man den in Deutschland so beliebt gewordenen Rankingsystemen, so kann man im Internet unter »KennstDuEinen« suchen. Hier gibt es Empfehlungen und Bewertungen von Kunden.

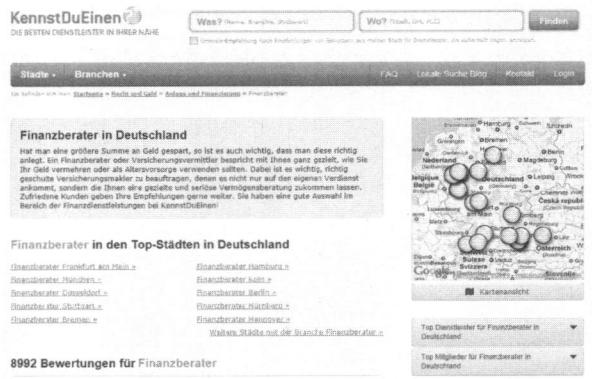

http://www.kennstdueinen.de/branche-finanzberater-430.html

Jeder kann sich den Finanzberater suchen, der ihm am besten zusagt. Frauen können sich an einen Frauenfinanzdienst wenden. Er behauptet, dass Frauen »ihre eigene Sicht auf die Welt der Finanzen, der Vermögensgestaltung und der persönlichen Absicherung haben«. Ob diese Sicht erfolgreicher oder nachhaltiger ist, mag dahingestellt bleiben.

Der Frauenfinanzdienst in Köln wurde von Heide Härtel-Herrmann 1986 gegründet und ist heute angeblich das älteste unabhängige Beratungs- und Vermittlungsbüro für Frauen. 2006 wurde die Gründerin mit dem Innovationspreis für Finanzwirtschaft ausgezeichnet.

Unter http://www.nfn.de/ kommt man zum »fairen Finanzberater« und unter http://www.mehrwert-finanzen.de zur Finanzberatung MehrWert mit dem Unternehmensmotto »Finanzen nachhaltig gestalten«. http://www.geldmitsinn.de leitet zu der gleichnamigen Finanzberatung.

Abschließend sei an dieser Stelle noch das VZ Vermögenszentrum genannt: http://www.vermoegenszentrum.de Auch die Finanzberater von VZ beraten unabhängig über nachhaltige Geldanlagen. Sie kümmern sich um vermögende Kunden. Ab 400 000 Euro wird ein individuelles, wenn gewünscht, auch nachhaltiges Portfolio zusammengestellt. VZ verwendet den Dow Jones Sustainability Index als Nachhaltigkeitsansatz. Der Anleger kann aus den Unternehmen, die in diesem Index gelistet sind, auswählen und sich ein individuelles Portfolio zurechtlegen. VZ ist behilflich dabei, die Wünsche und Bedürfnisse des Kunden (Branchen, Ergebnisvorgaben, Risikokriterien) zu berücksichtigen. Entsprechend werden für den Kunden Aktien (oder auch Anleihen und Zertifikate) gekauft. Die Vermögensverwaltung nimmt dem Anleger das kritische Follow-up ab und kauft oder verkauft nach der jeweiligen Marktlage. Der Anleger kann sicher sein, nachhaltig zu investieren und weiß, dass sein Investment marktnah überwacht und optimiert wird. Dieses Vorgehen ist vertrauenerweckend. Man könnte sagen, dass der Kunde einen maßgeschneiderten Fonds erhält.

Selbstverständlich ist es wichtig, dass man als Anleger zu seinem Anlageberater ein Vertrauensverhältnis entwickelt. Dennoch bleibt es niemandem verwehrt, wie auch beim Arzt, eine zweite Meinung einzuholen.

Checkliste für ein Gespräch mit dem Anlageberater

✓ Wie lange können Sie das Geld entbehren?
Wenn Sie es über einen längeren Zeitraum nicht benötigen, haben Sie mehr Freiheit bei der Anlage. Wenn Sie das Geld in ein paar Wochen wieder brauchen, können Sie nur kurzfristige Geschäfte tätigen. Wenn Sie auf das Geld nur im Notfall zurückgreifen müssen, achten Sie darauf,

dass das Produkt, das Sie kaufen, an der Börse gehandelt wird. Dann können Sie im Notfall immer verkaufen.

✓ Welche Renditeerwartung und welche Risikobereitschaft haben Sie?

Sie müssen grundsätzlich davon ausgehen, dass ethische Geldanlagen die gleichen Risikomerkmale aufweisen wie konventionelle Geldanlagen. Daher sollten Sie ein persönliches Risikoprofil erstellen. Es beinhaltet, wie viel Risiko (mit welchem Betrag) Sie bereit sind einzugehen. Davon abhängig ist die Zusammenstellung des Portfolios.

✓ Was sind für Sie die Kriterien für eine nachhaltige und ethische Geldanlage?

Die Banken haben Ausschluss- und Positivkriterien aufgestellt, nach denen sie Geldanlagen vorsortieren. Können Sie sich damit einverstanden erklären, oder wollen Sie andere Schwerpunkte setzen? Sie sollten sich darauf einstellen, etwas Kompromissbereitschaft mitzubringen, denn nicht für alle Wünsche und Wunschkombinationen gibt es ein Angebot. Sie sollten sich daher zwar im Voraus Gedanken machen, welche Kriterien Ihnen am Herzen liegen, aber auch offen für Alternativen sein.

✓ Wie viel Ethik steckt in einem Produkt?

Wenn Ihr Anlageberater Ihnen ein Produkt vorstellt, sollten Sie die Inhalte überprüfen. Sind z. B. in einem Fonds wirklich die Unternehmen ausgeschlossen, die Sie nicht mit aufnehmen möchten? Ist die Basis eines Zertifikats für Sie in Ordnung? Werden in dem Vorschlag, der Ihnen unterbreitet wird, die kulturellen, ökologischen, sozialen Kriterien berücksichtigt, an denen Ihnen liegt?

✓ Wer steckt hinter dem Produkt?

Wer hat das Produkt, also den Fonds etwa, generiert? Hat dieses Unternehmen Erfahrung mit nachhaltigen Produkten? Für nachhaltige Produkte gibt es ein Transparenzsiegel von Eurosif. Wenn das Produkt ein solches Siegel hat, können Sie davon ausgehen, dass es tatsächlich den Nachhaltigkeitskriterien entspricht.

✓ Wie werden Sie beraten?

Haben Sie den Eindruck, dass der Berater Ihr Anliegen verstanden hat? Kann er seine Vorschläge gut begründen, und zwar so, dass Sie es auch verstehen? Drängt er auf einen Abschluss, oder lässt er Ihnen ausreichend Zeit? Im Zweifelsfall unterbrechen Sie das Gespräch und führen es zu einem anderen Zeitpunkt fort. Nehmen Sie sich so viel Zeit, wie Sie benötigen.

✓ Gibt es noch weitere Informationen?

Sie können die Vorschläge des Anlegers im Internet überprüfen. Wenn Sie die WKN des Produkts haben, können Sie bei einem Onlinebroker viele Informationen abfragen. Machen Sie dies in aller Ruhe, so kommen Sie am besten zu einer eigenen, fundierten Meinung.

✓ Wer prüft die Einhaltung der Anlagegrundsätze?

Man kann bei einem Fonds oder bei einem Zertifikat natürlich schon die Basis überprüfen. Aber nicht immer wird man die Informationen detailliert genug erhalten. Dann ist es gut zu wissen, dass das Produkt z. B. von einer nachhaltigen Ratingagentur überprüft worden ist.

✓ Legen Sie Ihre Überlegungen schriftlich nieder.

Machen Sie sich Notizen. Notieren Sie die Aussagen und Ergebnisse des Anlageberaters sowie das, was Sie im Internet gelesen haben. Formulieren Sie zu guter Letzt Ihre Entscheidung.

Wenn Sie übrigens wissen möchten, was andere Menschen, Kunden über ihre Bank denken, loggen Sie sich ein unter http://www.gute-banken.de/. Hier finden Sie Artikel rund um Banken, Bewertungen, Kommentare. Die Kunden berichten über ihre Bank – natürlich auch Gutes.

Selbst ist der Mann oder die Frau

Braucht man einen Bankberater, einen Finanzberater? Wenn mir jemand sagen würde, welche Unternehmen, welche Länder »nachhaltig« sind, kann ich meine Anlageentscheidung auch selbst vornehmen. Gibt es Onlineplattformen auch für nachhaltige Geldanlagen?

Ja, es gibt sie, allerdings ist die Auswahl klein.

Die Plattform »Nachhaltiges Investment« gibt Auskunft über Nachhaltigkeit in Verbindung mit Fonds, Indizes und Aktien.

http://www.nachhaltiges-investment.org/Fonds.aspx

Broker oder Direktbanken haben mittlerweile so viele Informationen auf ihren Plattformen, dass dadurch auch die Suche nach nachhaltigen Geldanlagen erleichtert wird. Eine Studie (comdirect bank, durchgeführt von Forsa) besagt, dass fast doppelt so viele Direktbankkunden (13 Prozent) wie Kunden von Großbanken (7 Prozent) bereits in nachhaltige Geldanlagen investiert haben und dies auch weiterhin tun wollen.

Wie kann man als Anleger einen Direktbroker nutzen? Als Beispiel sei das Unternehmen Cortal Consors genannt. Auf der Webseite kann man nach nachhaltigen Fonds suchen, indem man auf der Maske Fondssuche Positiv- und Ausschlusskriterien angibt.

Das grüne Feri-Screening-Zeichen bedeutet, dass es sich um einen Fonds handelt, der zumindest ein Negativ- und ein Positivscreening beinhaltet.

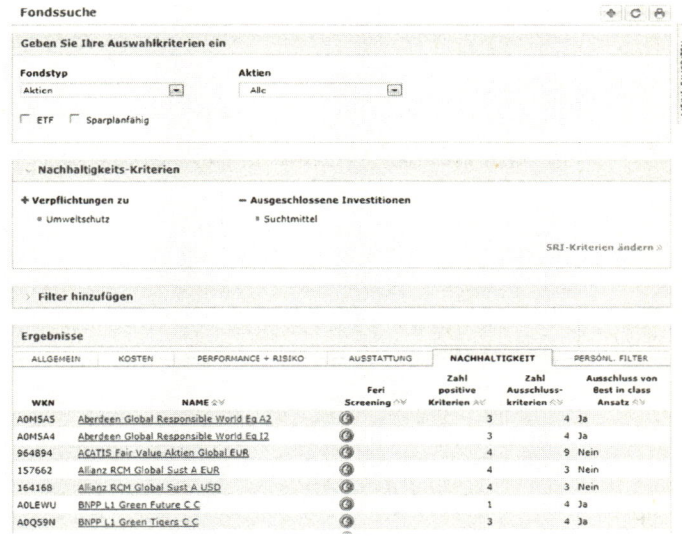

https://www.Cortal Consors.de/Kurse-Maerkte/Fonds/Fondssuche

Auch auf der Auswahlmaske von comdirekt kann man nach nachhaltigen Fonds suchen. Allerdings kann man im Fondsselektor nur unter Aktienfonds die Rubrik »Ethik, Nachhaltigkeit« einstellen. Eine weitere Differenzierung ist nicht möglich.

Das gleiche Auswahlverfahren hat maxblue.

Was stellen die Börsen selbst in dieser Hinsicht zur Verfügung? Eine Besonderheit bietet die Gruppe Deutsche Börse/Xetra. Hier gibt es eine eigene Sparte »Nachhaltige Wertpapiere«. Auf dieser Plattform kann man nach Aktien, Fonds und Zertifikaten nachhaltiger Art suchen.

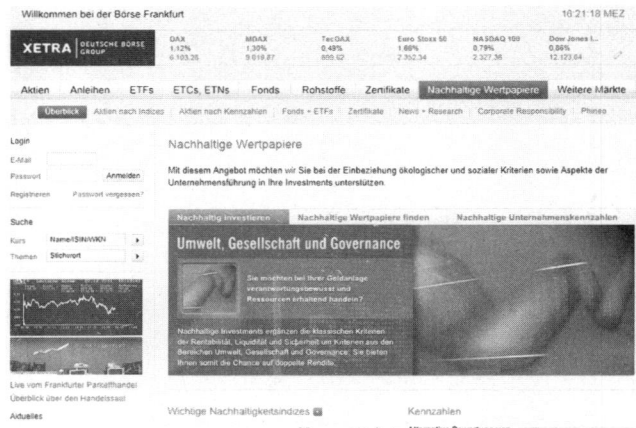

http://www.boerse-frankfurt.de/DE/index.aspx?pageID=299

Das Angebot der Deutschen Börse ist umfassend. Man kann nicht nur nach entsprechenden Fonds und Aktien suchen, sondern man erhält auch umfassende Informationen über viele nachhaltige Entwicklungen. Man kann sich selbst ein gutes Bild von nachhaltigen Geldanlagen machen.

Ratingagenturen in neuem Licht

Die Ratingagenturen, dein Freund und Helfer

Wenn man den Wirtschaftsteil der Zeitung und die Meldungen über Datenschutzverstöße, Schmiergeldzahlungen, Stellenabbau oder die aktuelle Finanzkrise liest, so kann man durchaus zu der Ansicht gelangen, dass Wirtschaftethik nicht viele überzeugte Anhänger hat.

Wenn ein Unternehmen mit Schlagzeilen wie »Spitzelskandale bei Bahn und Telekom« oder »Siemens versinkt im Korrup-tionssumpf« von sich reden macht, wird der öffentliche Ruf lauter, Manager in die gesellschaftliche Verantwortung zu nehmen. Auf der anderen Seite sehen viele Unternehmen dadurch ihre Attraktivität als Arbeitgeber gefährdet. Es ist verständlich, dass man in Krisenzeiten Schuldige sucht. Aber sind die Manager wirklich an allem schuld?

Die Manger genießen den Ruf, Ausbeuter zu sein, die als Angestellte selbst kein Risiko eingehen, aber gründlich absahnen. Der schlechte Ruf der Manager als Berufsgruppe fällt natürlich zurück auf die Unternehmen, für die sie verantwortlich sind. Viele Unternehmen versuchen allerdings, dies zu ändern, indem sie ein Wertemanagement einführen. Eigentlich keine große Neuerung oder Überraschung. Aber um welche Werte handelt es sich, und wie werden sie gelebt?

Was bei mittelständischen Unternehmen noch relativ einfach ist – der Chef und Eigentümer bestimmt die Werte –, ist bei Großunternehmen schwierig darzustellen. Wer ist in einem DAX-Unternehmen für die Werte zuständig? Große Konzerne kommen bei der praktischen Umsetzung ihrer Werte nicht weiter. Die Manager wissen nicht, wie sie jeden einzelnen Mitarbeiter erreichen können. Eine Antwort und eine Veränderung erwartet man sich vom neu geschaffenen Wertemanagement. Viele Unternehmen greifen auf externe Dienstleister zurück und bauen eine eigene Abteilung auf. Dennoch setzen viele Unternehmen noch nicht mit aller Überzeugung ein Wertemanagement um.

»Es ist naiv zu glauben, große Unternehmen würden sich freiwillig für die Umwelt oder die Interessen der betroffenen Menschen einsetzen. Hauptziel der Konzerne ist und bleibt die Profitmaximierung. Um Konzerne weltweit zu verantwortungsvollem Handeln zu bringen, braucht es daher international verbindliche Regeln«, sagte Miriam Behrens von Pro Natura auf der fünften »Public-Eye-on-Davos«-Konferenz im Jahr 2004.

Die Globalisierung der Märkte und die Organisation weltweiter Wertschöpfungsketten durch global agierende Unternehmen haben ganz neue, moralisch sensible Fragen aufgeworfen. Aus der Globalisierung der Arbeitsmärkte ergeben sich Fragen, die nicht mehr nur unternehmenspolitischer, sondern auch moralischer Natur sind. Welche Steuern bezahlt ein Unternehmen, und in welchem Land entrichtet es sie? In welchen Ländern und zu welchen Bedingungen lässt ein Unternehmen seine Produkte fertigen?

Viele Pressemeldungen und Diskussionen über die Habgier des Topmanagements oder die angebliche Notwendigkeit von Korruption belegen die Wertesensibilität in der Wirtschaft. Es besteht die Gefahr, dass ganze Branchen und Wirtschaftszweige ihre Glaubwürdigkeit verlieren. Seitdem negative Schlagzeilen die Medien bestimmen, stellt man in der Öffentlichkeit auch einen Meinungsumschwung fest. Werte haben wieder eine Bedeutung. Die Unternehmen versuchen sich darauf einzustellen. Dabei ist die Fähigkeit von Topmanagern und Mitarbeitern gefragt, mit Kooperation und Wettbewerb gleichzeitig umzugehen. So kann es vorkommen, dass zu einer bestimmten Zeit dieselbe Firma Lieferant, Partner und Wettbewerber ist, was ganz neue Verhaltensweisen erfordert. Ohne gelebte Werte wie Fairness, Verantwortung und Vertragstreue ist eine solche Situation nicht beherrschbar.

Wie aber kann man als Geldanleger wissen, welches Unternehmen ethisch handelt und welches nicht? Ethisches Handeln wird mittlerweile genauestens überprüft. Federführend sind sogenannte Ethikratingagenturen, die die Nachhaltigkeit von Unternehmen überprüfen. Wie kann der Geldanleger vom Wissen sowohl der Finanz- als auch der Ethikratingagenturen profitieren?

Das Finanzrating

Das Finanzrating stammt aus der Mitte des 19. Jahrhunderts. Der rasant gestiegene Finanzierungsbedarf in den USA und das damit zugleich gestiegene Risiko für die Investoren schufen einen Bedarf an Überwachung. So entstanden die ersten Ratingagenturen. Die älteste heute noch existierende Ratingagentur ist Moody's Corporation, die bereits 1900 gegründet wurde. Bis heute gehört Moody's zu den tonangebenden Ratingagenturen zusammen mit Standard & Poor's oder Fitch. Ihre Aufgabe ist es, die Bonität von Schuldnern – Unternehmen und Ländern – zu bewerten. Sie sind zuständig für das sogenannte externe Rating, das uns aus den Zeitungsmeldungen bekannt ist. Die meisten Banken nehmen aber auch interne Bewertungen, internes Rating, vor. Das externe Rating hat bisher in der Öffentlichkeit ein höheres Ansehen, da es objektiver zu sein scheint. Es bietet eine gewisse Übersichtlichkeit und bedient sich einer gleichbleibenden Systematik in den Bewertungen. Geldanleger können ohne großen Aufwand, und ohne selbst eine Bewertung vornehmen zu müssen, die von den Ratingagenturen veröffentlichte Bonität der einzelnen Wertpapieremittenten erkennen und mit anderen vergleichen. Damit leisten Ratingagenturen einen wichtigen Beitrag zur Transparenz an den Kapitalmärkten.

Dies ist richtig, solange die Ratings auch richtig sind. In der Vergangenheit ist dies aber vielfach angezweifelt worden. Wie man mittlerweile aus Presseberichten weiß, haben Ratingagenturen gerade Junk Bonds, an deren Herstellung sie beteiligt waren, mit Bestnoten bewertet. Zudem können die Beurteilungen der Ratingagenturen auch unterschiedlich ausfallen. Sie stellen nicht mehr als eine (durchaus unterschiedlich begründete) Meinung dar. Ihren schlechten Ruf in der Öffentlichkeit haben sich die Ratingagenturen aber durch ihre Länderbewertungen erworben. Ihnen wurde gar die Wahrnehmung US-amerikanischer Interessen unterstellt, was bis zu Aussagen über einen Finanzkrieg führte.

Die Macht der externen Ratingagenturen ergibt sich aus den Richtlinien, die institutionelle Investoren und Gesetzgeber in Leitlinien und Gesetzen vorgeschrieben haben. Aus Gründen der Sicherheit darf nur in Finanztitel mit einer gewissen Mindestbonität investiert werden. Der Maßstab dieser Mindestbonität wird definiert durch die Ratings der drei großen genannten Agenturen. Bei einer Veränderung des Ratings müssen Investoren – z. B. Pensionsfonds – agieren und die betroffenen Titel aus dem Portfolio entfernen. Was gut und vorausschauend gemeint war, hat den Ratingagenturen ein Monopol beschert, und nun beugen sich die Anleger ihrem Diktat. Für ein im Rating heruntergestuftes Unternehmen bedeutet dies augenblicklich, dass die Aufnahme von Fremdkapital schwieriger oder zumindest teurer geworden ist. Die Macht der Ratingagenturen ergibt sich aus der Bedeutung, die ihnen in erster Linie institutionelle Investoren beimessen.

Selbstverständlich verfügen Ratingagenturen über spezielles Fachwissen für Bewertungen. Mit zunehmender Bedeutung komplexer Finanzinstrumente wird die Arbeit der Ratingagenturen immer wichtiger. Denn bei ihrer Beurteilung benötigen die Anleger Hilfe.

In der Politik wird immer wieder die Forderung nach einer europäischen Ratingagentur laut. Dahinter verbirgt sich der Wunsch nach einer Agentur, die vermeintlich nicht so »amerikanisch« bewertet. Aber es gibt bereits eine ganze Reihe von alternativen Agenturen. Die Regierungen und institutionellen Anleger müssten ihnen einfach das gleiche Vertrauen und die gleiche Macht zubilligen wie den drei großen US-Agenturen.

Da gibt es beispielsweise die Agentur Weiss Ratings. Auch sie hat ihren Sitz in den USA, sie wendet aber andere Kriterien an und bewertet vollkommen anders. Die Bewertung ist von der Systematik ähnlich gestaltet – sie vergibt »Noten« zwischen A und E –, aber die Ergebnisse sind anders. Deutschland hat ein C+ erhalten, die Vereinigten Staaten ein C, Saudi-Arabien ein A –, China ein A – (weitere Informationen unter: http://www.weissinc.com/).

Darüber hinaus gibt es die kleine US-Ratingagentur Egan-Jones. Sie hat die Bonität Deutschlands auf AA- herabgestuft. Grund für den Schritt sind die möglichen Verbindlichkeiten, die auf Deutschland bei weiteren Rettungsvorhaben von krisengeschüttelten Euroländern zukommen, also eine ähnliche Begründung wie sie von den großen drei Ratingagenturen vorgebracht wird. Egan Jones gehört zwar nicht zu den bekanntesten Agenturen, genießt aber wegen ihrer Unabhängigkeit einen guten Ruf. Die USA hatte Egan-Jones einige Zeit vor den »großen Drei« auf AA+ herabgestuft.

In diesen Kontext gehört auch die chinesische Ratingagentur Dagong. Sie hatte bereits, als die großen US-Ratingagenturen die Bonität der USA noch auf dem Spitzenwert AAA beließen, die Bonität von A+ auf A gesenkt und die Note mit einer negativen Tendenz versehen.

Die Herabstufung geschah im Rahmen des Schuldenstreits in den USA zwischen Republikanern und Demokraten. Dagong drückte damit Unmut über die Umstände bei der Anhebung der Schuldenobergrenze aus. In einer Mitteilung der Analysten hieß es: Die unterschiedlichen politischen Weltanschauungen von Demokraten und Republikanern hätten sich negativ auf die »Entscheidungseffizienz« der US-Regierung ausgewirkt.

Die Ratingagenturen können also durchaus auch unterschiedliche Meinungen vertreten. Dies betrifft ebenfalls das Nachhaltigkeitsrating. Daher muss sich der Geldanleger unbedingt ein eigenes Urteil bilden.

Das Nachhaltigkeitsrating

Selbstverständlich ist die Frage der Bonität eines Landes oder Unternehmens für den Investor von großer Wichtigkeit, aber es drängen uns auch noch andere Fragen: Wer kann uns helfen, die Nachhaltigkeit von Unternehmen oder Staaten zu bewerten? Dafür gibt es Ratingagenturen, die sich auf das Thema Nachhaltigkeit spezialisiert haben.

Die wichtigsten Agenturen dieser Art im deutschsprachigen Raum sind:

imug Investment Research

Die Agentur hat ihren Sitz in Hannover und bietet Research und Bewertung von ungefähr 288 börsennotierten Unternehmen weltweit an. Neben Nachhaltigkeitsbewertungen von Aktien und Staatsanleihen bewertet imug auch Pfandbriefemittenten, Hypothekenbanken und supranationale Organisationen.
http://www.imug.de/

oekom research AG

oekom research ist in München angesiedelt und ist eine der weltweit führenden Ratingagenturen im nachhaltigen Anlagesegment und bewertet Unternehmen, Länder und supranationale Einrichtungen. Der Frankfurt-Hohenheimer Leitfaden bildet die Bewertungsgrundlage.
http://www.oekom-research.com/

Inrate

Inrate ist eine Schweizer Nachhaltigkeitsratingagentur, die Unternehmen, Länder und Institutionen bewertet und die Grundlage für die Zusammenstellung von Indizes schafft.
http://www.inrate.com/Site/Home.aspx

Sustainalytics

Sustainalytics ist eine unabhängige Ratingagentur im nachhaltigen Anlagesegment. Sie betreibt die Analyse und Bewertung der Nachhaltigkeitsleistungen von Unternehmen und Ländern und bietet zu mehr als 3000 Unternehmen Nachhaltigkeitsratings an.
http://www.sustainalytics.com/

Diese Ratingagenturen bieten ihre Tätigkeit jedoch nicht der Öffentlichkeit an, sondern nur finanzstarken Unternehmen, die für das Research zahlen können. Dieses Geschäftsmodell verhindert, dass ein Großteil der Erkenntnisse dieser Ratingagenturen dem Privatanleger offen steht. Banken und insbesondere Broker geben auf ihren Plattformen die Bewertungen der Finanzratings meistens an. Die Ergebnisse der Nachhaltigkeitsratings muss man dagegen noch intensiv suchen.

Diese Ratingagenturen unterstützen Banken, Fondsgesellschaften, institutionelle Investoren beim Aufbau einer nachhaltigen Struktur ihrer Geldanlage. Grundlage hierfür ist die Selektion von Unternehmen (Ausschlusskriterien), die Suche nach geeigneten Unternehmen (Positivkriterien) und die Bewertung von Unternehmen.

Aus diesen Erkenntnissen entwickeln Fondsgesellschaften nachhaltige Fonds, schaffen Banken entsprechende ETFs oder Zertifikate. Oder Finanzdienstleister geben die Empfehlung über besonders nachhaltige Unternehmen an ihre Klienten weiter. Diese können dann gezielt Aktien von solchen Unternehmen erwerben.

Der Frankfurt-Hohenheimer Leitfaden

Grundlage aller Nachhaltigkeitsstudien ist der Frankfurt-Hohenheimer Leitfaden. Bereits die Entwicklungsgeschichte ist sehr interessant. Eine Gruppe von Ökonomen, Philosophen, Ethikern und Theologen entschloss sich, Kriterien aufzustellen, um Nachhaltigkeit beschreiben zu können. Daraus ergab sich ein Bewertungskatalog, an dem nachhaltige Unternehmen gemessen werden können. Der Frankfurt-Hohenheimer Leitfaden zur ethischen Bewertung von Unternehmen wurde 1997 veröffentlicht. Er ist ein Fragebogen mit über 850 Bewertungskriterien und gilt als die umfassendste Kriteriensammlung für ethische Investments.

Die Ratingagenturen stellen auf der Grundlage dieses Werks einen eigenen selektiven Bewertungsbogen zusammen. Die Erarbeitung der Kriterien wurde nach der sogenannten Wertbaumanalyse vorgenommen. Werte sind dabei definiert als »Konzepte des Wünschenswerten«. Dabei haben sich folgende Hauptstränge herausgebildet:

Kulturverträglichkeit: Einklang von wirtschaftlichem Handeln und der kulturellen Entwicklung der Gesellschaft. Trotz des notwendigen Wettbewerbs sollen Rücksicht und Fairness gelten.

Sozialverträglichkeit: Arbeitsbedingungen, Sozialstandards und Menschenrechte. Um Sozialdumping und Menschenrechtsverletzungen zu vermeiden, sind weltweit geltende Rahmenbedingungen unerlässlich.

Naturverträglichkeit: Wie kann wirtschaftliches Handeln umweltverträglich gestaltet werden?

Die »Zehn Gebote« des Frankfurt-Hohenheimer Leitfadens

Einen guten Einblick in die Inhalte dieses Leitfadens bilden die folgenden »Zehn Gebote« (Quelle: http://www.cric-online.org). Es geht dabei um die »Nebenwirkungen« unternehmerischer Tätigkeit.

Du sollst die biokulturelle Grundnorm (Überlebenssicherheit) in allen Handlungskontexten einhalten!

✓ Werden Militärgüter produziert?
✓ Profitiert das Unternehmen von Hinrichtungen (z. B. Shell in Nigeria)?
✓ Wird die Dezimierung oder Ausrottung von Ethnien in Kauf genommen?
✓ Werden Strategien der Vermarktung praktiziert, die die Inkaufnahme von Todesfallrisiken mit sich bringen?

Du sollst keine Schmerzen verursachen!

✓ Werden Mädchen und Frauen zur Abtreibung oder Sterilisation gezwungen?
✓ Liefert das Unternehmen Produkte, die in einem Land als gesundheitlich bedenklich gelten oder verboten sind?
✓ Unterstützt das Unternehmen die Machthaber eines Landes, in welchem die Menschen gefoltert werden, durch Zusammenarbeit gleich welcher Art?
✓ Toleriert das Unternehmen schwere Kinderarbeit (moderne Sklaven)? Fördert das Unternehmen Maßnahmen, die die Notwendigkeit von Kinderarbeit beseitigen?

Du sollst niemanden unfähig machen!

✓ Werden lokale Produkte durch Export bzw. Verkauf der eigenen Produkte verdrängt (z. B. Kunststoffschwämme statt Lufa-Gurken)?
✓ Werden lokale handwerkliche (z. B. europäische Altkleider statt heimische Textilindustrie) bzw. bäuerliche Fähigkeiten verdrängt?
✓ Werden von dem Unternehmen Staaten (z. B. Rohstoffe) oder einzelne Menschen (Arbeitskraft) in einer Art und Weise ausgebeutet, dass diese sich nicht mehr regenerieren können?
✓ Gehen traditionelle Verhaltensweisen, Fertigkeiten (skills) der Menschen und auch der informelle Sektor verloren,

weil das Unternehmen ein verändertes Verhalten unterstützt und fordert?

Du sollst niemandem Freiheit oder Chancen entziehen!

✓ Kooperiert das Unternehmen mit Ländern (bzw. deren Führungselite), in denen systematisch ethnische, politische oder religiöse Minderheiten unterdrückt oder benachteiligt werden?

✓ Kooperiert das Unternehmen mit Ländern (bzw. deren Führungselite), in denen systematisch Frauen unterdrückt oder benachteiligt werden (z.B. islamische Länder, in denen Frauen keinen Anteil am öffentlichen Leben nehmen dürfen)?

✓ Versucht das Unternehmen in aggressiver Weise die eigenen Lebensformen und Wertvorstellungen auch anderen Menschen und Staaten aufzudrängen?

✓ Unterstützt das Unternehmen die Machthaber eines Landes, in welchem Menschen für geringe Delikte oder aus politischen Gründen zu unverhältnismäßig hohen Haftstrafen verurteilt werden, durch Zusammenarbeit gleich welcher Art?

✓ Versucht das Unternehmen für sich in einzelnen Ländern eine Monopolstellung einzurichten?

✓ Beansprucht das Unternehmen in einzelnen Ländern das alleinige Recht zum Abbau von Ressourcen, dem Vertrieb von bestimmten Produkten?

✓ Kauft ein Unternehmen Patente oder Warenzeichen auf, nicht um sie zu benutzen, sondern um Konkurrenten und Konkurrenzprodukte vom Markt fernzuhalten?

Du sollst niemandem seine Freude an etwas nehmen!

✓ Versucht das Unternehmen mit aggressiven Marketingmethoden, bisherige Lebensformen und bestehende Produkte verächtlich zu machen, sie »aus der Mode« zu bringen?

✓ Zeigt das Unternehmen Respekt vor einheimischen Traditionen, Riten, Festen?

✓ Versucht das Unternehmen in aggressiver Weise, den Leistungsgedanken bei Mitarbeitern im Sitzland und in eigenen Betrieben in anderen Ländern einzuführen, die dies nicht wollen und die daran leiden (Disziplinierungsstrategien)?

Du sollst nicht täuschen oder betrügen!

✓ Täuschen die Produkte eine höhere Qualität vor, als sie tatsächlich besitzen (z. B. geplante Obsoleszenz bei Gütern mit »credence quality«, Mogelpackungen)?

✓ Werden Politiker oder andere Entscheidungsträger bestochen?

✓ Beschränkt sich Werbung auf Produktinformation oder werden alle psychologischen Mittel und Tricks dazu eingesetzt, um die Konsumenten zum Kauf zu animieren?

Du sollst Deine Versprechen halten!

✓ Verfolgt das Unternehmen konsequent einmal anvisierte Ziele (z. B. Programme wie »Frauenförderung« oder »Humanisierung der Arbeit«)?

✓ Hält das Unternehmen Verträge und Zusagen auch gegenüber Ländern ein, welche vom Unternehmen in wirtschaftlicher Weise abhängen?

Du sollst fremdes Eigentum respektieren!

✓ Werden lokale Produkte bewusst verdrängt?

✓ Wird (Gift-)Müll exportiert?

✓ Wird die Biodiversität geschützt (z. B. kein Kahlschlag im Regenwald)?

✓ Wird das »natürliche Erbe« eines Landes anerkannt und respektiert (z. B. Patent auf indischen Lebensbaum als Pestizid)?

✓ Wird gewohnheitsrechtlicher Landbesitz respektiert (z. B. Indianer im brasilianischen Regenwald)? Werden Ethnien aus angestammten Territorien verdrängt?

✓ Wie verhält sich das Unternehmen bei Fragen des Eigentums von Menschen, welches früher von diesem Unternehmen oder Vorgängerunternehmen annektiert worden ist?

✓ Wie verhält sich das Unternehmen bei Fragen des Eigentums von Menschen, welches früher von einem Land annektiert und an das Unternehmen weitergegeben worden ist?

✓ Wird das geistige Eigentum von anderen Menschen (z. B. in Patenten) geachtet?

✓ Werden beim Erwerb von geistigem Eigentum anderer Menschen marktgerechte Preise bezahlt?

Du sollst dem Gesetz gehorchen!

✓ Werden Persönlichkeitsrechte geachtet (z. B. Datenschutzrechte)?

✓ Hält sich das Unternehmen an branchenübliche »Codes of ethic« (z. B. Davoser Manifest)?

✓ Wie häufig wurde gegen das Unternehmen wegen eines Verstoßes gegen ein Gesetz des Sitzlandes oder eines Landes, in welchem sich ein Betrieb des Unternehmens befindet, ermittelt? Wie häufig wurde Anklage erhoben? Wie häufig wurde das Unternehmen verurteilt? Handelte es sich um schwerwiegende Anschuldigungen oder Anklagen? Insbesondere solche, welche aufgrund von Gesetzen, die gegen die Menschenrechte verstoßen, erhoben wurden?

✓ Zeigte sich das Unternehmen bei den Ermittlungen kooperativ? Mit den Urteilen einverstanden?

✓ Gab es Reaktionen auf die Urteile, Veränderungen in der Geschäftspolitik des Unternehmens?

✓ In welcher Art und Weise ging das Unternehmen mit verurteilten Mitarbeitern um?

Du sollst niemanden über das Können hinaus sittlich bean-spruchen!

✓ Werden die besonderen Bedürfnisse schutzbedürftiger Arbeitnehmergruppen (z. B. Behinderte, Kranke, Kinder, Jugendliche, Frauen) auch in Ländern, in denen es keine entsprechende Gesetzgebung gibt, berücksichtigt (europäischer Standard als freiwilliger Weltstandard)?

✓ Werden durch die Unternehmensleitung von den Beschäftigten Einstellungen und/oder Verhaltensweisen erwartet, die diese aus moralischen Gründen nicht für vertretbar halten, z. B. gegenüber anderen Mitarbeitern/Mitarbeiterinnen etc.? Wird von Mitarbeitern und Mitarbeiterinnen eine Leistungsbereitschaft verlangt, die diese in der Wahrnehmung ihrer Verantwortung für ihre Familie, Freunde etc. beeinträchtigt und die ihnen eine angemessene Partizipation am gesellschaftlichen und kulturellen Leben sehr erschwert oder gar unmöglich macht?

✓ Wird von den Mitarbeitern/Mitarbeiterinnen das Verschweigen von betriebsinternen Fakten verlangt, die diese in der Wahrnehmung ihrer Verantwortung gegenüber der Belegschaft, gegenüber der Gesellschaft, gegenüber der Natur, gegenüber der Mitwelt etc. behindert und sie in ihrem Gewissen schwer belastet?

✓ Wird von Mitarbeitern/Mitarbeiterinnen in den Forschungsabteilungen von Unternehmen, von Universitäten und in den Forschungsanstalten des Bundes das Verschweigen von Forschungsergebnissen verlangt, die diese in der Wahrnehmung ihrer Verantwortung für die Gesellschaft, für die Natur, für die Mitwelt etc. behindert und sie in ihrem Gewissen belastet?

Wie arbeiten nachhaltige Ratingagenturen?

Der Frankfurt-Hohenheimer Leitfaden ist die Basis der Arbeit vieler nachhaltiger Ratingagenturen. Daran orientiert sich die Einteilung der Kriterien: Sozialverträglichkeit, Kulturverträglichkeit und Naturverträglichkeit. Bei der vorbildlich arbeitenden Agentur oekom research ist man davon ausgegangen, dass einzelne Branchen spezielle Anforderungen an die Nachhaltigkeit haben. Die Kriterien hat man je Segment auf hundert Indikatoren begrenzt. Sie bilden das jeweilige Bewertungsgerüst.

Die nachhaltigen Ratingagenturen bewerten nur die großen, relevanten Unternehmen und haben meistens eigene Ausschluss- bzw. Negativkriterien und Positivkriterien aufgestellt.

1. Ausschlusskriterien

Die Ausschlusskriterien besagen, dass Unternehmen, auf die sie zutreffen, nicht ausgewählt werden. Sie beschreiben die Weltanschauung bezogen auf die Nachhaltigkeit des Anlegers. Die Researchunternehmen berücksichtigen natürlich auch die Wünsche ihrer Kunden. So ist es durchaus denkbar, dass die katholische Kirche als Auftraggeber Unternehmen ausschließt, die mit der Herstellung von Verhütungsmitteln befasst sind. Andere Auftraggeber könnten gerade das Thema Verhütungsmittel als Positivkriterium aufnehmen. Dieses Beispiel zeigt, dass moralische Kriterien nie eindeutig sein können.

Je konsequenter die Anwendung von Ausschlusskriterien gehandhabt wird, desto schneller werden Unternehmen ausgeschlossen, die man eigentlich gern im Portfolio haben möchte. Wählt man als Ausschlusskriterium Waffenproduzenten, wird auch das Unternehmen ausgeschlossen, das elektronische Zielsysteme herstellt. Jeder Anleger muss seine persönlichen Ausschlusskriterien zusammenstellen und mit denen der ausgewählten Finanzprodukte vergleichen. Dies stößt in der Praxis

auf Schwierigkeiten, weil nicht alle Emittenten die Ausschlusskriterien detailliert benennen.

Aus diesem Grund hat der Dachverband für nachhaltige
Geldanlagen, Eurosif, ein Transparenzlogo entwickelt. Wer mit
diesem Logo wirbt, hat sich verpflichtet, »offen und aktuell angemessene« Informationen über seine Anlageprojekte bereitzustellen. (Hierzu gibt es eine Transparenzleitlinie, in der die Inhalte näher beschrieben werden.) Gegenwärtig tragen ungefähr
230 Fonds das Transparenzlogo. Das sind knapp über 25 Prozent der nachhaltigen Fonds.

Manche Ratingagenturen wenden darüber hinaus auch den
»Best-in-Class«-Ansatz an. Diesen kann man unterschiedlich
auslegen. Er könnte bedeuten, dass man gar keine Ausschlusskriterien zugrunde legt, sondern in jeder Branche die Unternehmen auswählt, die die beste Nachhaltigkeit aufweisen. Oder
man nimmt die durch Ausschlusskriterien bereinigte Unterneh-
mensliste und bildet eine Rangliste. Die Unternehmen mit den
besten Nachhaltigkeitswerten werden vorgezogen. Und schließlich kann man »Best in Class« auch als ergebnisorientiertes
Kriterium verstehen. Man wählt aus der bereinigten Zahl von
Unternehmen die mit der besten Performance aus.

Das Grundverständnis beispielsweise von oekom research
lässt sich in den auf der Webseite veröffentlichten Ausschlusskriterien erkennen. Für oekom research bedeutet dies: Wenn ein

Unternehmen in diesen Geschäftsfeldern tätig ist, wird es nicht in die Bewertung aufgenommen:

- Abtreibung
- Alkohol
- Atomenergie
- Biozide
- Chlororganische Massenprodukte
- Embryonenforschung
- Glücksspiel
- Grüne Gentechnik
- Pelze
- Pornografie
- Rüstung
- Tabak

Ausschlusskriterien gelten auch für die folgenden Geschäftspraktiken:

- Arbeitsrechtsverletzungen
- Kinderarbeit
- Kontroverses Umweltverhalten
- Kontroverse Wirtschaftspraktiken
- Menschenrechtsverletzungen
- Tierversuche

Die Ausschlusskriterien sind bei allen Ratingagenturen ähnlich. Trotzdem sollte man überprüfen, ob sie auch der eigenen Anschauung entsprechen. Die Zürcher Kantonalbank hat das System von Ausschlusskriterien folgendermaßen gestaltet:

Globales Risiko	Ausschlusskriterien
Klimawandel	Förderung fossiler Energieträger
	Betrieb fossiler Kraftwerke
	Herstellung von Autos und Flugzeugen
Abbau Ozonschicht	Herstellung ozonabbauender Substanzen
Rückgang Artenvielfalt	Herstellung von langlebigen organischen Substanzen (POP)
	Forstwirtschaft ohne FSC-Zertifikation
	Fischerei ohne MSC-Label
Kernenergie	Kernkraftwerke und atomare Endlager
	Hersteller von Kernreaktoren
Gentechnik	Freisetzung gentechnisch veränderter Organismen
Soziale Probleme	Herstellung von Waffen
	Herstellung von Tabak und Rauchwaren

2. *Positivkriterien*

Die Positivkriterien haben den Zweck, möglichst attraktive Unternehmen zu finden. In Marktrecherchen wird nach Unternehmen gesucht, die eine besondere soziale und ökologische Leistung aufweisen. Hierfür wurden folgende Bereiche definiert:

- Mitarbeiter und Zulieferer
- Gesellschaft und Produktverantwortung
- Corporate Governance und Wirtschaftsethik
- Umweltmanagement
- Produkte und Dienstleistungen
- Ökoeffizienz

Die Anwendung der Positivkriterien wird bei der Zürcher Kantonalbank als »Suche nach den Branchenleadern und den Innovatoren« beschrieben. Branchenleader sind die Großunternehmen pro Branche und Weltregion, die eine Signalwirkung haben, indem sie ihre Verantwortung in den Bereichen Umweltschutz und Soziales unter all ihren Mitbewerbern am besten wahrnehmen. Die Innovatoren sind dagegen kleinere Unternehmen, die besonders innovative Produkte und Dienstleistungen anbieten, die zur Lösung von Umwelt- und Sozialproblemen substanziell beitragen.

Der Ratingprozess

Nachdem man Unternehmen entweder ausgeschlossen oder über die Positivliste bewusst ausgewählt hat, kann man den eigentlichen Ratingprozess beginnen.

An erster Stelle stehen zunächst eigene Analysen. In dieser Phase werden die Geschäftsberichte, Nachhaltigkeitsberichte, Bilanzen und andere offizielle Veröffentlichungen der Unternehmen genau analysiert. Ferner recherchiert man Pressemeldungen, die das Unternehmen betreffen. Anschließend erhält das Unternehmen einen Fragebogen zur Selbstauskunft. Das Ergebnis des Fragebogens und die eigenen Analysen ergeben eine erste Expertise. Die Rohexpertise wird mit der Unternehmensleitung vor Ort durchgesprochen. Bei dieser Gelegenheit werden auch die Indikatoren und ihre Bewertung mit den Mitarbeitern diskutiert. In der abschließenden Phase werden die Ergebnisse mit externen Experten aus den unterschiedlichen Bereichen von Nachhaltigkeit, Menschen- und Arbeitsrecht und Verbraucherschutz verifiziert.

Natürlich muss man mit allen (insbesondere externen) Informationen behutsam umgehen. Es stellt sich immer die Frage, inwieweit man einer Quelle vertrauen kann, die etwa von Arbeitsrechtsverletzungen im Urwald von Indonesien berichtet. Es ist kaum möglich, solche Informationen selbst zu überprüfen. Daher sollte man versuchen, mit dem Unternehmen Rücksprache zu halten, um sie zu verifizieren.

Bei oekom research geht man davon aus, dass jede Branche aufgrund unterschiedlicher Produkte und Dienstleistungen unterschiedlichen sozialen und ökologischen Herausforderungen gegenübersteht, die gegebenenfalls auch unterschiedliche Konzepte erfordern. Daher ist ein Teil der Kriterien bewusst auf die jeweilige Branche ausgerichtet. Alle Kriterien werden einzeln gewichtet und bewertet. Schließlich wird daraus die Gesamtnote erarbeitet. Die Unternehmen werden in einer Rangliste je Branche geordnet. Daraus ergeben sich die Vorreiter einer Branche. Die Bewertung erfolgt auf einer zwölfstufigen Skala von A+ (das Unternehmen zeigt außergewöhnliche Leistungen) bis D– (das Unternehmen zeigt kaum Engagement). Die Unternehmen, die im Rahmen des Oekom-Corporate-Ratings zu den führenden Unternehmen ihrer Branche zählen und die branchenspezifischen Mindestanforderungen erfüllen, werden von oekom research mit dem oekom Prime Status ausgezeichnet.

Beispiel für ein Oekom-Corporate-Rating

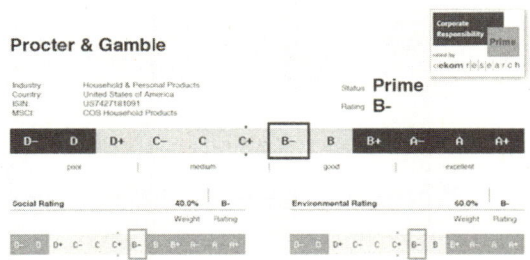

Es werden nicht nur große Aktiengesellschaften bewertet, sondern insbesondere auch kleinere Unternehmen mit Zukunftspotenzial (Positivkriterien). Gerade solche Unternehmen konnten in der Vergangenheit erstaunliche Wachstumsraten aufweisen. Hohes Innovationspotenzial sowie zukunftweisende Konzepte und Technologien machen viele dieser Unternehmen zu einer lukrativen nachhaltigen Kapitalanlage. Ein Unternehmen gilt als zukünftiger Potenzialträger, wenn nachhaltige Produkte und Dienstleistungen mindestens 50 Prozent des Gesamtumsatzes ausmachen.

Laut *oekom Corporate Responsibility Review* 2011 erreicht nur jedes sechste Unternehmen den oekom Prime Status. Der Grund liegt darin, dass sich immer noch viel zu viele Unternehmen Skandale leisten wie beispielsweise im Jahr 2010 der Untergang der BP-Ölplattform Deepwater Horizon oder die Selbstmorde zahlreicher Arbeitnehmer des taiwanesischen Elektronikzulieferers Foxconn und verschiedene Korruptionsaffären in deutschen Unternehmen. Über solche Skandale wird in der Presse ausführlich berichtet. Das beschert den betroffenen Unternehmen ein negatives Image, und die Öffentlichkeit wird stark sensibilisiert. Dadurch wird aber auch eine weitere Nachfrage nach nachhaltigen Geldanlagen geschaffen.

Oekom research hat im Jahr 2011 3 100 Unternehmen aus 45 Branchen bewertet. Mehr als die Hälfte (57 Prozent) ist von einer nachhaltigen Wirtschaftsweise weit entfernt. Gut ein Viertel der Unternehmen hat zumindest die Basis für ein systematisches Nachhaltigkeitsmanagement gelegt. Unter den insgesamt 543 Unternehmen (17,1 Prozent) mit oekom Prime Status sind rund 200 kleine und hoch spezialisierte Unternehmen aus Branchen der Nachhaltigkeit wie beispielsweise erneuerbare Energien oder Wasseraufbereitung. Unter den DAX-30-Unternehmen führen SAP mit einer Bewertung von 67,0 von 100 möglichen Punkten, Henkel (65,4) und BMW (64,9) die Rangliste an. Auch die Deutsche Telekom (61,8) schlug sich gut.

Interessant sind auch die Erkenntnisse, die oekom research von Unternehmen aus den MSCI Emerging Markets gewonnen hat. Einige der darin enthaltenen Unternehmen haben sich sehr gut behauptet: Der indische IT-Dienstleister Wipro (72,3) und der brasilianische Kosmetikhersteller Natura Cosméticos (63,1) haben eine Topbewertung erhalten. Allerdings haben bisher lediglich rund 2 Prozent der analysierten Unternehmen in Schwellenländern den oekom Prime Status (Quelle: oekom research).

Solche Bewertungen decken auf, dass Verstöße gegen Sozial- und Wirtschaftsstandards noch weit verbreitet sind. Übermäßig viele Überstunden, schlechte Bezahlung, mangelhafte Arbeitssicherheit, massive Einschränkungen der Vereinigungsfreiheit – um die Rechte der Arbeitnehmer ist es häufig schlecht bestellt.

Unternehmen, die im Zuge der Globalisierung mit Zulieferern aus Schwellenländern zusammenarbeiten, achten zu wenig darauf, dass ihre Partner nachhaltig und ethisch einwandfrei arbeiten. Gemäß oekom research verstoßen rund 50 Prozent der Hersteller von Unterhaltungselektronik und Computern selbst oder in der Zuliefererkette gegen die Rechte der Arbeitnehmer. Menschenrechtsverletzungen finden bei 40 Prozent der von oekom research bewerteten Unternehmen der Bergbaubranche statt. Kartellrechtsverstöße waren bei 75 Prozent der Hersteller von Unterhaltungselektronik nachzuweisen.

Auch die Ratingagentur Sustainalytics untersucht die Nachhaltigkeitsleistung der DAX-30-Unternehmen – und zwar alle zwei Jahre. Dabei hat man festgestellt, dass das Nachhaltigkeitsrating der DAX-30-Unternehmen ein sehr positives Bild ergibt. Die Mehrheit der deutschen Großunternehmen verfügt über eine solide Nachhaltigkeitsleistung. Auf einer Skala von 0 bis 100 Punkten erreichen insgesamt 27 Unternehmen eine Gesamtnote von mehr als 50 Punkten. Positiv sticht vor allem die große Anzahl von Unternehmen hervor, deren Gesamtnote sich im guten Mittelfeld bewegt. Die Spitzengruppe mit einem Rating von über 70 Punkten ist demgegenüber auf drei Unternehmen begrenzt, ebenso die Gruppe der Nachzügler.

Die beste Nachhaltigkeitsbewertung erhält der Automobilhersteller BMW mit 74,3 Punkten. Vor allem die hohen Umwelt- und Sozialstandards für Zulieferer, klare Richtlinien für die Mitarbeiter und das gesellschaftliche Engagement zeichnen BMW in Sachen Nachhaltigkeit aus. Mit geringem Punkteabstand folgen auf den Plätzen 2 und 3 Henkel (73,3) und die Deutsche Telekom (71,4).

Es ist durchaus erfreulich, dass die einzelnen Ratingagenturen auf ähnliche Ergebnisse kommen.

Viele Unternehmen veröffentlichen Nachhaltigkeitsberichte, in denen sie über die sozialen und ökologischen Folgen der Geschäftstätigkeit informieren. Das Institut für ökologische Wirtschaftsforschung (IÖW) und der »Wirtschaftsverein Future – Verantwortung Unternehmen« brachten zum achten Mal eine Analyse der Nachhaltigkeitsberichte der 150 größten deutschen Unternehmen heraus. Ferner wurden Mittelständler bewertet. Von den insgesamt 41 kleinen und mittleren Unternehmen wurde der Bericht der Biobrauerei Neumarkter Lammsbräu am besten beurteilt. Auf den Plätzen 2 und 3 folgten der Büroversandhändler Memo und die Bremer Straßenbahn AG. Unter den Großunternehmen schnitten BMW, Siemens und BASF am besten ab. In den meisten Berichten wurden zwar der betriebliche Klima- und Umweltschutz und die Entwicklung nachhaltiger Produkte überzeugend dargestellt, aber häufig fehlten klare Strategien und Ziele für nachhaltiges Wirtschaften.

Rund ein Viertel der Großunternehmen – in erster Linie Logistikunternehmen und Händler – veröffentlichen keinen Nachhaltigkeitsbericht. Offenbar sind sie der Meinung, dass in ihren Branchen Nachhaltigkeit keine Rolle spielt. Bei den Themen Arbeitnehmerrechte, Arbeitszeitgestaltung und Chancengleichheit haben also noch viele Unternehmen etwas nachzuholen.

Die Bewertung von Ländern

Oekom research bewertet nicht nur Unternehmen, sondern auch Länder. Das Länderrating besteht aus 150 Indikatoren. Mit ihrer Hilfe werden die institutionellen Rahmenbedingungen und die Performance eines Landes in sechs sozialen und ökologischen Bereichen bewertet. Über die Kriterien informiert die Homepage von oekom research.

Ein Beispiel für ein Länderrating ist Norwegen.

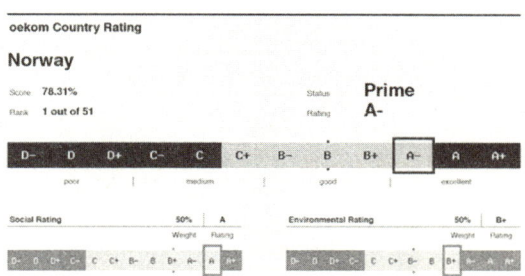

Ähnlich ist das Länderrating der Zürcher Kantonalbank. Die Länder werden einem Umwelt- und einem Sozialrating unterzogen.

Beim Umweltrating werden folgende Kriterien beachtet:

Energie	Energieverbrauch
	Energiemix
Wasser	Wasserqualität
	Wasserverbrauch
Ressourcen	Ressourcen
	Abfall

Treibhauseffekt	CO_2-Emissionen
	Treibhausgasemissionen
	Distanz zu Kyoto-Ziel
Luftqualität	Stickstoffoxid (NOx)-Emissionen
	Schwefeldioxid (SO_2)-Emissionen
	Emissionen flüchtiger organischer Verbindungen (VOC)
	Feinstaubemissionen
Biodiversität	Naturschutz
	Biolandwirtschaft
	Konventionelle Landwirtschaft
	Forstwirtschaft
Mobilität	Motorfahrzeuge
	Öffentlicher Verkehr und Fracht
	Flugverkehr
Umweltpolitik	Internationale Umweltpolitik
	Nationale Umweltpolitik
	Umweltpolitik in Unternehmen

Das Sozialrating wird nach folgenden Kriterien durchgeführt:

Sicherheit und Stabilität	Korruption
	Kriminalität
	Bürgerrechte
	Wahlbeteiligung
Menschenrechte	Todesstrafe
	Internationale Verträge
	Menschenrechtsverstöße

Lebensstandard	Einkommensverteilung
	Arbeitslosigkeit
	Sozialausgaben
	Geburten
	Lebenszufriedenheit
Gesundheit	Gesundheitswesen
	Lebenserwartung
	Ernährung
	Tabak und Alkohol
Bildung und Kultur	Bildungsinvestitionen
	Bildungsqualität
	Kultur
Fortschritt	Forschungsinvestitionen
	Patente/Lizenzen
	Internet
	Rahmenbedingungen für Unternehmen
	Kultur
Gleichberechtigung	Umsetzung der Geschlechter-gleichberechtigung
	Voraussetzungen für Geschlechter-gleichberechtigung
Internationales Engagement	Internationale Zusammenarbeit
	Flüchtlinge
	Rüstung

Das Ergebnis ist interessant und überraschend zugleich. Unter den 30 OECD-Ländern nehmen Schweden (9,6), Schweiz (9,0) und Norwegen (8,5) die ersten Plätze ein. Mexiko (4,7), Türkei (4,1) und USA (2,5) nehmen die letzten Plätze ein.

Die Bewertung von Rohstoffen

Da Rohstoffe eine große Bedeutung in unserem Wirtschafts-
leben und bei Investoren haben, ist es interessant, den Gewin-
nungsprozess von Rohstoffen auf ihre Nachhaltigkeit hin zu
überprüfen.

Eine fundierte Grundlage für die Beurteilung und Auswahl
von Rohstoffen unter sozialen und umweltbezogenen Gesichts-
punkten bietet das oekom Commodities ESG Screening (OCES).
Im Rahmen von OCES werden zum einen die Unternehmen bewertet, die die jeweiligen Rohstoffe abbauen oder produzieren,
zum anderen umfasst die Analyse die soziale und ökologische
Situation in den jeweils wichtigsten Ab- oder Anbauländern des
Rohstoffs. Hintergrundinformationen zu den spezifischen sozialen und umweltbezogenen Herausforderungen bei der Gewinnung der Rohstoffe ergänzen die Unternehmens- und Län-
deranalyse.

Leider gibt es kein Rating, das dem nachhaltigen Geldanleger
Hinweise gibt, in welchen Rohstoff er mit gutem Gewissen investieren soll.

Allerdings gibt es Unternehmen im Rohstoffgeschäft, die sich
um Nachhaltigkeit bemühen. Dazu gehört eine Mine im Süden
Perus. Am Eingang zur Goldmine Santa Filomena ist ein Holz-
schild angebracht, auf dem steht: »Das Bergwerk mit menschli-
chem Antlitz«. Es ist die erste Mine in Peru, die von der internationalen Zertifizierungsgesellschaft für fairen Handel Flo-Cert
das Fair-Trade-Label bekommen hat. Die Gesellschaft verleiht
das Siegel nicht nur für den Anbau von Kaffee oder Baumwolle,
sondern nun auch für Gold. An die 200 Kriterien muss ein Unternehmen erfüllen, um das Siegel tragen zu dürfen. Zu diesen
Kriterien gehören: gerechte Bezahlung der Mitarbeiter, Umweltschutz, angemessene Entrichtung von Steuern.

Ob damit der Goldabbau gerechter und fairer wird? Es ist
jedenfalls ein Anfang gemacht.

Die Erkenntnisse von oekom research könnten für Geldanleger mit dem Ziel Nachhaltigkeit von großer Bedeutung sein. Leider werden sie nicht veröffentlicht, sodass man als Individualanleger davon nicht profitieren kann. Das liegt in erster Linie am Geschäftsmodell. Anders als konventionelle Ratingagenturen wie Standard & Poors wird oekom research nicht von den Wertpapieremittenten, das heißt von den Unternehmen bzw. Staaten, die Aktien oder Anleihen emittieren, bezahlt, sondern von den Nutzern der Ratings. Zu diesen Kunden gehören aktuell über 70 institutionelle Investoren wie Stiftungen, Kirchen und Versicherungen sowie Banken, die entweder ihre eigenen Kapitalanlagen nachhaltig ausrichten oder entsprechende Produkte anbieten. Dieses Modell sichert den Ratingagenturen eine höchstmögliche Unabhängigkeit gegenüber den bewerteten Emittenten. Gleichzeitig bedingt dies aber, dass der Privatanleger nicht auf diese Ratings zurückgreifen kann.

Trotzdem kann man von den Erkenntnissen der Ratingagenturen profitieren: Am einfachsten ist es, sich von einem Bankberater, der Zugang zu den Daten hat, informieren zu lassen. Eine Alternative dazu wäre die Zeichnung von Fonds oder Zertifikaten, die ihr Finanzprodukt nach den Richtlinien der Ratingagenturen gestaltet haben. Und schließlich kann man – was noch einfacher ist – googeln. Google vermittelt viele Informationen, Zeitungsartikel, Pressemeldungen, die über die Tätigkeit der Ratingagenturen berichten.

Bei oekom research gibt es noch eine Besonderheit. Die Gesellschaft pflegt einen Index, den Global Challenges Index (WKN A0MEN3). Auf http://www.gc-index.com wird genauer über den Index informiert. Hier sind auch die Unternehmen gelistet, die im Index enthalten sind. Man kann bei den einzelnen Unternehmen die jeweilige Expertise von oekom research einsehen, wie das Unternehmen beurteilt wird und welches Ranking es erhalten hat.

Das Rating der Gruppe Deutsche Börse/Xetra

Die Deutsche Börse/Xetra veröffentlicht auf ihrer Plattform für die einzelnen Unternehmen Kennzahlen zur Nachhaltigkeit, die von Sustainalytics erstellt wurden. Die Analysen erfolgen nach dem sogenannten ESG-Ansatz – in den Themen Umwelt (E für den englischen Begriff Environment), gesellschaftliche Verantwortung (S für Social) und Unternehmensführung (G für Governance). Insgesamt erhebt Sustainalytics rund 100 Indikatoren. Die Kriterien werden von Deutscher Börse/Xetra folgendermaßen beschrieben: Im Bereich Umwelt werden Unternehmen in Bezug auf ihren ökologischen Fußabdruck hin untersucht, beispielsweise ob ökologische Faktoren bei der Entwicklung von Produkten und Dienstleistungen einbezogen werden oder ob die Beschaffung nachhaltig ist. Der Themenkomplex Soziales bezieht sich auf die Beziehung des Unternehmens zu seinen Kunden, Zulieferern, Mitarbeitern und zur Gesellschaft im Allgemeinen. Auch das philanthropische und gesellschaftliche Engagement der Unternehmen wird hier berücksichtigt. Bei der Unternehmensführung geht es um die Einhaltung der Corporate Governance, der Geschäftsethik und Transparenz in der Kommunikation. Zusätzlich beobachtet Sustainalytics, ob Unternehmen in Kontroversen und Skandale verwickelt sind. In Bezug auf die Umwelt kann es sich um ökologische Schäden durch den eigenen Betrieb, innerhalb der Zuliefererkette oder durch Produkte und Dienstleistungen handeln. Im Bereich Soziales wird geprüft, ob die Unternehmen gegen Arbeitnehmerrechte verstoßen, Kinder- oder Zwangsarbeit tolerieren, Kartelle bilden, Preisabsprachen treffen, Qualitätsstandards verletzen oder negativ auf ihre direkte Umwelt wirken. Hinsichtlich der Unternehmensführung schlagen sich Bestechung, Korruption oder mangelnde Transparenz negativ auf das Rating nieder.

Auch Sustainalytics erstellt zu jedem Unternehmen ein Rating der Nachhaltigkeitsperformance. Zu jedem untersuchten

Indikator wird ein Wert zwischen 0 als minimal möglichem und 100 als maximal möglichem Ergebnis ermittelt. Diese Werte werden in weiteren Schritten branchen- und themenspezifisch gewichtet. Die abschließende Bewertung, der ESG-Wert eines Unternehmens, reicht dabei von 0 (keinerlei Nachhaltigkeitsaktivitäten) bis 100 (umfassende Nachhaltigkeitsaktivitäten). Diese Werte findet man auf der Xetra-Plattform. Sie sind ein gutes Indiz für die Einschätzung der Nachhaltigkeit des jeweiligen Unternehmens.

Auf Basis dieser Untersuchungen wurden auch die STOXX ESG Leaders Indizes entwickelt und zusammengestellt (siehe S. 118 ff.).

Ertragskraftrating: der Blick in die Zukunft

Natürlich kann man auch aus dem Finanz- und dem Nachhaltigkeitsrating einen Rückschluss auf die Ertragskraft wagen. Je besser diese Ratings, desto höher dürfte im Allgemeinen die Ertragskraft sein. Dennoch sagt das Nachhaltigkeitsrating explizit nichts über die Ertragsstärke der Unternehmen aus.

Ein Anleger möchte natürlich gern wissen, wie man die Ergebnissituation von Unternehmen zu bewerten hat. Bei einzelnen Aktien kann man die Ertragskraft aus der Fundamentalanalyse ableiten. Die meisten Broker geben online Informationen über die Ergebnisse der Fundamentalanalyse zu den wichtigsten Unternehmen. Jedoch muss man diese Informationen lesen können. Dabei helfen zahlreiche Bücher zur technischen Analyse. Für vorbildlich, weil leicht erfassbar, halte ich die Darstellung (AktienInspektor) bei Cortal Consors.

AktienInspektor

Das Unternehmen Cortal Consors verwendet ein Tool namens AktienInspektor, das die Informationen der technischen Analyse, der Fundamentalanalyse und die Analystenmeinungen zu einem klar verständlichen Rating kombiniert. Es sollen die Chancen und die Risiken einer Aktie dargestellt werden. Die Chancen einer Aktie werden mit 4 Sternen bewertet (4 Sterne = sehr hohe Chancen, 1 Stern = sehr geringe Chancen).

Das Risiko einer Aktie wird anhand der angezeigten Farbe bewertet: Es gibt drei Kategorien: geringes, mittleres und hohes Risiko.

Chancen und Risiko werden im jeweiligen Snapshot eines Aktienwertes dargestellt. Darunter sind noch weitere Analysepunkte der Fundamentalanalyse aufgeführt, mit denen man sich natürlich ebenfalls auseinandersetzen sollte.

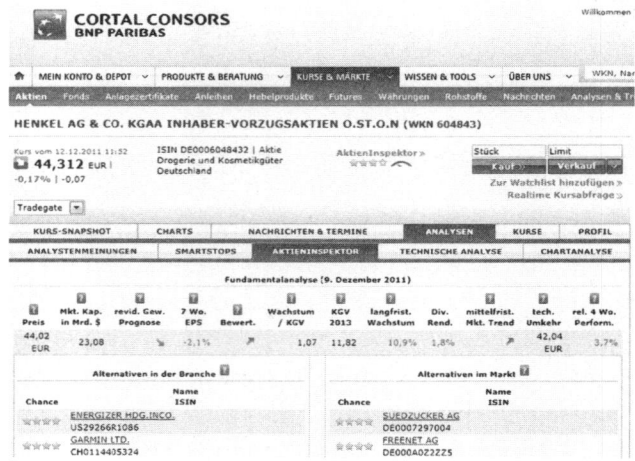

Bedenken muss man, dass Sternchen, Punkte und ähnliche Symbole eine Prognosesicherheit widerspiegeln, die es nicht gibt. Die Verantwortung bleibt also beim Anleger. (Bei Cortal

Consors gibt es neben dem AktienInspektor auch die technische Analyse und die Chartanalyse. Man kann sich also noch detaillierter informieren.)

Eine ganz andere Systematik der Bewertung erfordern Investmentfonds. Es gibt eine ganze Reihe von Ratinginstituten, die sich damit beschäftigen:

Lipper-Rating für Investmentfonds

Das Lipper Leaders Rating System für Investmentfonds erfasst die Kriterien Gesamtertrag, konstanter Ertrag, Kapitalerhalt und Kosten und ist in fünf Stufen aufgebaut.

Die Struktur wird auf der Webseite von Lipper folgendermaßen beschrieben: »Jeder Fonds wird gegenüber seinen Wettbewerbern, bezogen auf das gewählte Kriterium (z.B. konsistenter Ertrag oder Kosten) beurteilt. Die besten 20 Prozent der Fonds einer Vergleichsgruppe werden als ›Lipper Leaders‹ ausgezeichnet, die nächsten 20 Prozent werden mit 4, die mittleren 20 Prozent mit 3, die folgenden 20 Prozent mit 2 und die letzten

20 Prozent mit einer 1 beurteilt.« Natürlich ist dieses Rating kein Prognoseinstrument, da es nur die Renditeentwicklung in der Vergangenheit abbildet. Aber man kann es dennoch als Richtschnur für die Auswahl von Fonds benutzen. Lipper berücksichtigt keine Nachhaltigkeitskriterien. Daher kann man dieses Renditerating nur als Ergänzung zu einem Nachhaltigkeitsrating sehen. Insbesondere die Lipper Leaders für Gesamtertrag können eine Entscheidungshilfe für den Geldanleger darstellen. Der Gesamtertrag ist der Ertrag nach Kosten, ohne Berücksichtigung von Agios (Aufschlägen bei der Ausgabe von Wertpapieren), aber mit der Wiederanlage von Ausschüttungen.

Einen Blick kann man auch noch auf die Lipper Leaders für Kapitalerhalt werfen. Es wird die historische Verlustvermeidung eines Fonds relativ zu anderen Fonds der gleichen Anlageklasse (Aktien, Anleihen, gemischte Portfolios) angezeigt.

Die Lipper-Bewertung für Kapitalerhalt ist somit eine Kennziffer für die Fähigkeiten eines Fonds bei der Vermeidung von absoluten Verlusten.

Das Lipper-Rating wird von Deutsche Börse/Xetra verwendet. Ein Beispiel:

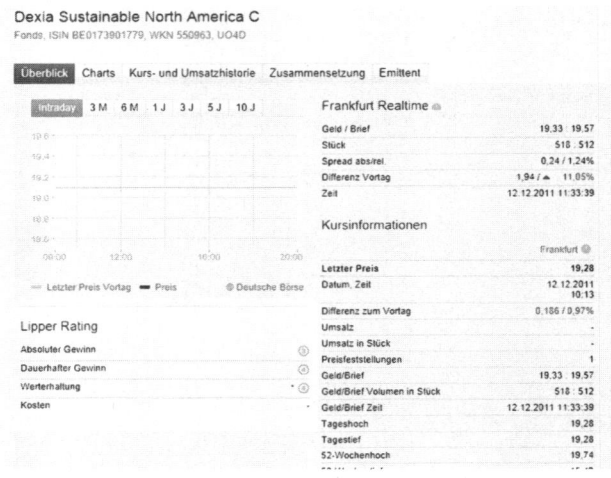

Morningstar-Rating

Ein weiteres ergebnisorientiertes Rating ist das Morningstar-Rating für Investmentfonds unter Berücksichtigung von Kosten und Risiken. Die Fonds werden europaweit verglichen und in Kategorien, bestimmt durch die Anlageziele, aufgeteilt. Das Morningstar-Rating wird in Sternen ausgedrückt. Die Sterne werden je Kategorie wie folgt vergeben: Top 10 Prozent, folgende 22,5 Prozent, mittlere 35 Prozent, folgende 22,5 Prozent, Flop 10 Prozent. Diese Berechnungen werden jeden Monat durchgeführt und erfassen auch die Schwankungen, die die relative Wertentwicklung der Fonds aufweist.

Cortal Consors nutzt z. B. das Morningstar-Rating. Es wird folgendermaßen ausgedrückt:

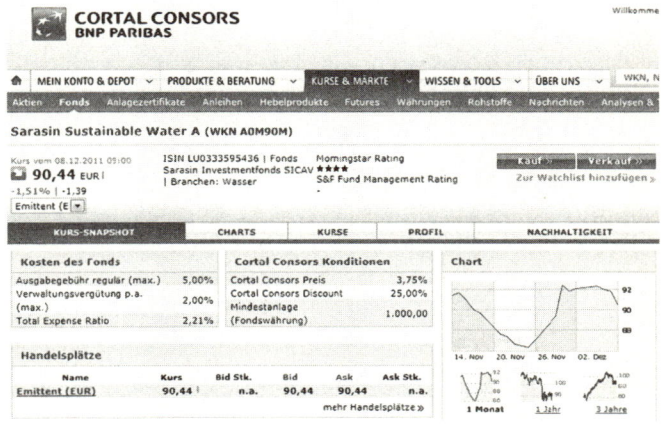

Feri-Rating

Auch das Feri-Rating bewertet die Qualität von Investmentfonds innerhalb seiner Vergleichsgruppe. Es ordnet den Fonds im Ergebnis einer von fünf Ratingklassen zu: A – sehr gut, B – gut, C – durchschnittlich, D – unterdurchschnittlich, E – schwach. Die Bewertung eines sogenannten Top-Fonds, also ein mit A oder B bewerteter Fonds, drückt aus, dass der entsprechende Fonds über einen mittleren Zeithorizont eine stabile überdurchschnittliche Performance mit relativ niedrigem Risiko aufweist. Grundlage des Ratings ist ein mehrdimensionales Bewertungsmodell, in das sowohl Performance- als auch Risikoindikatoren einfließen. Während der Performanceindikator (70 Prozent Gewichtung) die relative Performance, die langfristige Ertragskraft und die Stabilität der Fondsperformance bewertet, werden im Risikoindikator (30 Prozent Gewichtung) das Timing-, das Verlust- und das Verhaltensrisiko bewertet.

Ein Beispiel ist die Anwendung bei comdirect. Der Fonds Fondak P Eur hat sowohl ein Morningstar-Rating als auch ein Feri-Rating. Während Morningstar vier Sterne vergibt, ist der Fonds Fondak P Eur nach Meinung von Feri »unterdurchschnittlich«. Dieses Beispiel zeigt die Grenzen solcher Ratings auf. Man sollte daher Entscheidungen nur aufgrund von Ratings meiden und sich unbedingt selbst eine Meinung bilden.

> **!** *Tipp*: Die Arbeit der Ratingagenturen ist äußerst sinnvoll, aber auch sehr komplex. Vier Gründe erschweren die Interpretation:
> ✓ Um ein Gesamtbild zu erhalten, muss man alle drei Ratingarten berücksichtigen.
> ✓ Die Ansätze der einzelnen Ratingagenturen sind unterschiedlich. Die Bewertungen der Unternehmen (oder der Länder) können darum sehr unterschiedlich ausfallen.

✓ Keines dieser Ratings erklärt sich von selbst. Man muss immer nachprüfen, wie der Prozess der Ratingagenturen ist, wie man die zugrunde gelegten Kriterien verstehen soll.

✓ Insbesondere das Nachhaltigkeitsrating wird nicht so publiziert, dass man sofort zugreifen kann. Man muss die Schleichwege durch das WWW kennen, um zu den richtigen Informationen zu gelangen.

Bewusstes Geldanlegen nimmt viel Zeit in Anspruch. Aber eine größere Geldanlage ist auf jeden Fall einen größeren Zeiteinsatz wert.

Der DAX und die großen Indizes

Was hat ein Index mit Geldanlage zu tun?

Finanzprofis weisen immer darauf hin, dass man die Wahl hat, auf ein einziges Unternehmen oder auf einen gesamten Markt zu setzen, wobei unter Markt der Index zu verstehen ist. Die Finanzprofis meinen also, man kann entweder eine Aktie kaufen oder in einen Index investieren. Aber wie kauft man einen Index?

Nach dem *Aspect Online Lexikon Banken und Finanzen* ist ein Index eine Mess- oder Kennziffer, mit deren Hilfe Veränderungen bestimmter Größen (z. B. Preise), insbesondere im Zeitablauf, ausgedrückt werden können. Die in der Öffentlichkeit am stärksten beachteten Indizes sind: der Lebenshaltungsindex, der die Wertveränderung eines bestimmten, für den Normalhaushalt typischen Warenkorbs anzeigt (Geldwert), und verschiedene Börsenindizes (Aktien-, Rentenindex), die die Kursentwicklung von Wertpapieren widerspiegeln und einen längerfristigen Vergleich ermöglichen. Ein Index ist also ein Maßstab.

Uns interessiert vor allem der Aktienindex. Er ist eine Kennziffer, die börsentäglich die Veränderungen von Aktienkursen der Unternehmen meldet, die in dem Index gelistet sind. Aktienindizes können den gesamten Markt (Gesamtindex) oder lediglich einzelne Branchen (Branchenindex) oder Regionen erfassen. Mittlerweile gibt es auch Indizes mit »nachhaltigen« Unternehmen. Der bekannteste deutsche Aktienindex ist der DAX, der Deutsche Aktienindex.

Es gibt eine Vielzahl von Indizes – allein die Deutsche Börse berechnet und veröffentlicht über 2000 Indizes. Das bedeutet für den Anwender, dass er sich Gedanken darüber machen sollte, welchen Index er als Basis für »seinen« Markt verwenden will. Die vielen Indizes kann man mithilfe von zwei Kriterien stark einschränken: Wo wird der Index veröffentlicht, und wie schnell kann man auf ihn zugreifen? In den größten Tageszeitungen und auf den wichtigsten Onlineplattformen sind nur wenige Indizes an prominenter Stelle zu finden.

Noch immer stehen an erster Stelle die Indizes von DAX bis STOXX und Dow Jones. Erst am Schluss folgen einige Nachhaltigkeitsindizes. Aber auch davon gibt es indessen so viele, dass die Auswahl schwerfällt.

Wie kann man in einen Markt investieren? Wie kann man einen Index kaufen? Man kann natürlich nicht einen Index kaufen. Aber man kann Fonds, Zertifikate, ETFs kaufen, die einen Index abbilden.

Auf Tuchfühlung mit den Nachhaltigkeitsindizes

Was sind nun Nachhaltigkeitsindizes? Sie beinhalten eine Auflistung von Unternehmen, die nach unterschiedlichen Systemen und unterschiedlich gewichteten Kriterien auf Nachhaltigkeit untersucht und für nachhaltig befunden wurden, wobei die Nachhaltigkeitsinhalte durchaus variieren können.

Um sich eine Vorstellung von den Indizes machen zu können, werden wir im Folgenden einige von ihnen, ihre Konzeption und ihren Aufbau etwas näher beschreiben. Es gibt keine »öffentliche« Bewertung, wie nachhaltig ein Index ist. Will man ein Gefühl dafür entwickeln, so muss man etwas intensiver nachforschen und sich mit den Details des Index beschäftigen.

Auf der Xetra-Plattform der Deutschen Börse findet man unter der Rubrik »nachhaltige Wertpapiere« 15 Indizes. Von der entsprechenden Webseite aus kann man über den Link, der mit dem Namen verknüpft ist, noch mehr Informationen abfragen.

Name ISIN	Letzter Stand	Differenz Vortag	Datum Zeit	Umsatz in €	Letzter Stand Vortag	Hoch/Tief 52 Wochen	Akt Jahr
DAXglobal Sarasin Sustainability Germany Index EUR (Kurs) DE000A0QY147	1.125,63	1,64 0,16%	18.01. 13:38		1.123,79	1.302,02 957,48	1.132,23 1.050,12
DAXglobal Sarasin Sustainability Germany Index EUR (Performance) DE000A0QY139	1.389,61	12,74 0,93%	17.01. 17:45		1.376,87	1.640,81 1.201,04	1.389,61 1.321,92
DAXglobal Sarasin Sustainability Switzerland Index EUR (Kurs) DE000A0QY162	1.809,43	4,30 0,24%	18.01. 13:36		1.805,13	2.101,32 1.456,33	1.813,29 1.734,03
EURO STOXX Sustainability 40(Price) CH0022259680	050,71	3,04 0,39%	18.01. 13:38		047,37	1.035,33 766,39	057,60 812,29
EURO STOXX Sustainability Index ex Alcohol, Gambling, Tobacco, Armaments & Firearms(Price) CH0012766447	66,96	0,11 0,16%	18.01. 13:36		66,85	86,66 56,49	57,51 53,80
EURO STOXX Sustainability Index ex Alcohol, Gambling, Tobacco, Armaments & Firearms, Adult Entertain CH0030846924	78,21	0,13 0,17%	18.01. 13:36		78,08	101,35 65,98	78,85 74,52
EURO STOXX Sustainability Index (Price) CH0012766264	70,49	0,12 0,17%	18.01. 13:36		70,37	89,88 59,52	71,06 57,16
STOXX Europe Sustainability 40(Price) CH0022259391	853,30	-0,95 -0,11%	18.01. 13:36		854,25	973,49 765,86	858,52 832,63
STOXX Europe Sustainability Index ex Alcohol, Gambling, Tobacco, Armaments & Firearms(Price) CH0012767023	79,16	0,05 0,06%	18.01. 13:36		79,11	93,39 66,68	79,51 76,99
STOXX Europe Sustainability Index ex Alcohol, Gambling, Tobacco, Armaments & Firearms, Adult Enterta CH0030846817	82,09	0,05 0,06%	18.01. 13:36		82,04	96,86 69,15	92,45 79,84

1. DAXglobal Sarasin Sustainability Germany Index (WKN A0QY14)

Es handelt sich um den ersten Index auf der obigen Liste. Wie man aus dem Namen bereits ersehen kann, werden die Kriterien und die Bewertung dieses Index vom Bankunternehmen Sarasin verantwortet, einer 100-prozentigen Tochter der Bank Sarasin & Cie AG. Sie ist eine Schweizer Privatbank, die Nachhaltigkeit zu ihrer Unternehmensphilosophie gemacht und unter anderem den Nachhaltigkeitsindex entwickelt hat. Die tägliche Berechnung und Berichterstattung des Index erfolgt durch die Deutsche Börse. Dieser Index enthält die 100 größten und liquidesten deutschen Werte. Bedingung ist, dass jedes Unternehmen über die letzten sechs Monate mindestens ein durchschnittliches tägliches Handelsvolumen von einer Million Euro aufweisen konnte. Damit ist sichergestellt, dass die Aktien dieser Unternehmen jederzeit handelbar sind. Diese Unternehmen werden von Sarasin gemäß der Sarasin Sustainability Matrix auf ihre Nachhaltigkeit hin geprüft und bewertet. Dieser Matrix liegen zwei Kriterien zugrunde: die Nachhaltigkeit des Unternehmens und die Nachhaltigkeit der Branche.

Die Nachhaltigkeit selbst wird mit dem ökologischen und sozialen Erscheinungsbild beschrieben. Das ökologische Kriterium beinhaltet, wie ökologisch die Produktion des Unternehmens ist, inwieweit die angebotenen Produkte und Dienstleistungen die Umwelt fördern und ob das Unternehmen eine Umweltstrategie und -politik, ein Umweltmanagementsystem hat. Zu den sozialen Kriterien gehören die Beziehungen des Unternehmens zu seinen Stakeholders, also zu den Lieferanten, Kapitalgebern, Mitarbeitern, Kunden und Konkurrenten.

Auf der Webseite von Sarasin gibt es viele Informationen, wie die Bewertung, das Rating, erfolgt. Für jedes Unternehmen wird eine Bewertung erstellt. In den Index werden nur die Unternehmen aufgenommen, die ein positives Rating aufweisen. Zweimal im Jahr, am 31.7. und am 31.1. wird die Zusammenstellung des Index überprüft.

Was bedeutet aber positives Rating? Es wird nicht dargelegt, was als positiv gilt. Sieht man sich die Zusammenstellung des Index an, so findet man dort die wichtigsten Werte der deutschen Börsenwelt vertreten. Von Adidas über Allianz, Commerzbank, Deutsche Bank, Deutsche Post, Deutsche Telekom, Drägerwerk, Fielmann, Fresenius, Hannover Rückversicherung, Krones, Linde, Merck, Metro, Münchner Rück, Ruma, Siemens, SAP, Tui, Vossloh bis Wincor-Nixdorf. Es sind viele Unternehmen gelistet, die in anderen Nachhaltigkeitsindizes herausgefiltert werden. Wir können daher feststellen, dass dieser Index nur »leicht« nachhaltig ist. Vergleicht man nämlich diesen Index mit den Ansprüchen, die beispielsweise die EthikBank zugrunde legt, schneidet der DAXglobal Sarasin Sustainability Germany Index schlecht ab.

2. STOXX Global ESG Leaders Indizes

Auf der Xetra-Seite der Deutschen Börse findet man unter anderem Indizes aus der STOXX-Global-ESG-Leaders-Familie. Verantwortlich für dieses Konzept ist das Unternehmen STOXX, eine Tochter der Deutschen Börse AG und der Schweizer SIX Group AG. Die Bewertung erfolgt nach der Researchmethodik von Sustainalytics. STOXX berechnet auf dieser Basis die Indizes, und die Deutsche Börse veröffentlicht sie auf dem Informationsportal für nachhaltige Wertpapiere.

Im Namen sind bereits die Bewertungskriterien verankert: Umwelt (Environment), gesellschaftliche Verantwortung (Social Responsibility) und Unternehmensführung (Governance).

Um die STOXX Global ESG Leaders Indizes zu erstellen, arbeiten STOXX und Sustainalytics zusammen. Es ist eines der bekannten und führenden Analyseunternehmen, das sich besonders auf Nachhaltigkeitsbewertung spezialisiert hat. Die Indexmanager nehmen als Basis den STOXX Global 1800 Index. Die Unternehmen, die in diesem Index vertreten sind, werden nach Nachhaltigkeitskriterien bewertet. Dies erfolgt in drei Schritten:

a) Ausschlusskriterien

»Zunächst werden jene Firmen ausgeschlossen, die für die Nachhaltigkeitsindizes nicht in Frage kommen. Das sind Unternehmen, die mehr als 20 Prozent ihres Umsatzes mit Tretminen, Streubomben oder mit biologischen, chemischen oder atomaren Waffen erwirtschaften. Auch Unternehmen, die in erheblichem Maße gegen die Global Compact Compliance Principles der Vereinten Nationen verstoßen, und solche, die mehr als 5 Prozent ihres Umsatzes mit Tabak erzielen, fallen heraus.« (Webseite der Börse Frankfurt a. M.)

Als Anleger muss man diese Aussage kritisch hinterfragen. Ist es ausreichend, wenn Unternehmen mit 19,99 Prozent Geschäftsumsatz mit Tretminen in einem solchen Index vertreten sind? Dann muss man sich fragen: Was sind Aktionen, die

»in erheblichem Maße« den Prinzipien der Global Compact Compliance widersprechen? Auch dieser Index ist also ein eher »leichter« Nachhaltigkeitsindex.

Ferner muss gewährleistet sein, dass die Aktie eine entsprechende Mindestliquidität aufweist. Voraussetzung ist ein durchschnittlicher täglicher Handelsumsatz in Höhe von zwei Millionen US-Dollar im Zeitraum von drei Monaten.

b) Bewertung nach transparentem Punktesystem

Daraufhin erfolgt eine Bewertung nach drei Kriterien: Umwelt (Environment), gesellschaftliche Verantwortung (Social Responsibility) und Unternehmensführung (Governance). Basis für diese Bewertung sind 128 Kennzahlen, die der Systematik von Sustainalytics entnommen sind. Die Skalierung der Bewertungspunktzahl ist standardisiert, eine Punktzahl von über 50 bedeutet, dass die Firma besser abschneidet als der Durchschnitt. Eine Punktzahl von 75 bedeutet, dass das Unternehmen in dem jeweiligen Bereich zu den 25 Prozent der nachhaltigsten Unternehmen des Anlageuniversums zählt.

c) Bildung von Subindizes

Aus den verbleibenden Werten werden drei Subindizes gebildet: der STOXX Global Environmental Leaders Index, der STOXX Global Social Leaders Index und der STOXX Global Governmental Leaders Index.

Die Unternehmen werden in die einzelnen Subindizes aufgenommen, wenn sie in allen drei Bereichen eine Punktzahl von mindestens 50 erhalten und zudem in einem der drei Bereiche zu den besten 25 Prozent gehören. Die drei Subindizes fließen dann zu je einem Drittel in den breiten Marktindex STOXX Global ESG Leaders Index ein. Dabei können einzelne Unternehmen eine höhere Gewichtung aufweisen, wenn sie in mehr als einem Subindex enthalten sind.

Ein Beispiel: Das Unternehmen ABB erhielt für Environmental 67,10 Punkte, für Social 76,80 und für Governmental 65,80 Punkte. Das Unternehmen hat in allen Bereichen jeweils über 50 Punkte erreicht. Im Bereich Governmental ist das Unternehmen anscheinend unter den 25 Prozent der Besten. Daher erscheint ABB im STOXX Global ESG Leaders Index und im STOXX Global Governmental Leaders Index.

Es gibt leider keine ausführliche Begründung über die Bewertung, die man einsehen könnte. Vergleicht man Unternehmen und ihre Bewertungen, können durchaus Zweifel aufkommen. Wenn man die drei Unternehmen ABB, General Electric und Siemens vergleicht, stellt man fest, dass General Electric mit den Punkten 75,0 – 80,4 – 75,6 der Spitzenreiter ist, gefolgt von ABB mit 67,1 – 76,8 – 65,8 Punkten. Siemens schneidet am schlechtesten ab mit 79,6 – 59,9 – 44,2. Dies wäre nicht auffallend, wenn nicht gerade im September 2011 die Meldung durch die Presse gegangen wäre, dass Siemens »erneut die Nummer eins bei Nachhaltigkeit im Dow Jones Sustainability Index« geworden sei. Das lässt natürlich ein wenig an der Logik der Bewertung zweifeln. (Nach ausführlichen Diskussionen mit den »Machern« der ESG Leaders kommt man zu dem Schluss, dass die einzelnen Institute unterschiedliche Bewertungsmethoden anwenden und daher durchaus auch Widersprüchliches offenbar wird.)

Von der Methodik her ist die Konsequenz klar: Das Unternehmen Siemens erhielt für Environmental 79,60 Punkte, für Social 59,90 und für Governmental 44,20 Punkte. Das Unternehmen hat damit in einem Bereich weniger als 50 Punkte erreicht. Damit erscheint es in keinem Index.

Das Konzept mag auf den ersten Blick einleuchten, jedoch wird nicht jeder Anleger mit den Ausschlusskriterien einverstanden sein. Nimmt man einen Vergleich der Bewertungen von einzelnen Unternehmen vor (z. B. ABB und Siemens), so mag sich Zweifel einschleichen. Die Bewertungen werden nur einmal im Jahr geändert, und zwar im September. Es gibt jedoch eine Fast-Exit-Regel, die bei groben Verstößen sofort greift. Leider ist dies nicht transparent nachvollziehbar. Schade ist auch, dass man die detaillierten und begründeten Bewertungen der Unternehmen nicht einsehen kann. Einblick in die Liste der Unternehmen und ihre numerische Bewertung bietet http://www.stoxx.com/indices/types/esgdesc.html unter dem Link »STOXX ESG Leaders Selection List«. Dennoch muss man anmerken, dass dieses System das zurzeit für einen Privatanleger am besten umsetzbare Konzept ist.

3. ÖkoDAX (WKN A0MEU4)

Einer der ältesten nachhaltigen Indizes ist der ÖkoDAX. Er besteht aus den zehn liquidesten Unternehmen aus dem Prime IG Renewable Energy Index, der den Industriebereich der erneuerbaren Energien repräsentiert. Die Unternehmen werden aus der Industriegruppe der erneuerbaren Energien nach der höchsten Marktkapitalisierung ausgewählt und gleich gewichtet in das Indexportfolio aufgenommen.

Die Entwicklung dieses Index ist sehr interessant: Seine Geburtsstunde liegt im Jahr 2002. Bis 2005 entwickelte er sich ähnlich wie der Dax. Dann konnte er sich positiv absetzen und erreichte 2007 über 800 Prozent Zuwachs, während der DAX sich nur verdreifachte. Im Jahr 2008 erfolgte jedoch der spektakuläre Rückfall. Während der DAX »nur« auf die Hälfte zurückfiel, wurde der Kurs des ÖkoDAX geviertelt. Begründet wird dies durch die Krise der Solarindustrie. Nun befindet er sich wieder auf dem Ausgangsniveau des Jahrs 2002. Ein solcher Nachhaltigkeitsindex dient eher der Geldvernichtung, als dass er dem Anleger eine Unterstützung bietet. Offensichtliche Schlussfolgerung: Der Anleger muss sich unbedingt mit den Inhalten eines Index auseinandersetzen und prüfen, wie sich das Marktumfeld verändert.

4. Global Challenges Index – konsequent nachhaltig investieren (WKN A0MEN3)

Ein sehr interessanter Index ist der Global Challenges Index. Er beeindruckt sowohl im Anspruch als auch in der Zusammenstellung und Performance. Er wird in Zusammenarbeit der BÖAG Börsen AG (die Wertpapierbörsen in Hamburg und Hannover) und oekom research erstellt.

Dieser Index soll eine politische und ökonomische Botschaft darstellen. Die Macher des Index haben sieben globale Herausforderungen für dieses Jahrtausend definiert. Die Auswahl der in den Index aufzunehmenden Unternehmen orientiert sich an Themenfeldern, die den Herausforderungen zugeordnet sind:

- Bekämpfung der Ursachen und Folgen des Klimawandels
- Sicherstellung einer ausreichenden Versorgung mit Trinkwasser
- Beendigung der Entwaldung und Förderung nachhaltiger Waldwirtschaft
- Erhalt der Artenvielfalt
- Umgang mit der Bevölkerungsentwicklung
- Bekämpfung der Armut
- Unterstützung verantwortungsvoller Führungsstrukturen (Governance)

Diese Themenfelder orientieren sich an den Millennium Development Goals der Vereinten Nationen, der Nachhaltigkeitsstrategie der Europäischen Union, dem Global Environmental Outlook des Umweltprogramms der Vereinten Nationen (UNEP) sowie an den zehn Prinzipien des UN Global Compact.

Einige Stichworte zu den Handlungsfeldern (Quelle: www.gcindex.com):

- Klimawandel: Das IPCC prognostiziert einen Anstieg der globalen Durchschnittstemperatur um 1,8 bis 4,0 Grad C bis 2100, wenn keine gegensteuernden Maßnahmen ergriffen werden. Der *Stern*-Report prognostiziert eine deutliche Zunahme der Kosten des Klimawandels: Bis Mitte dieses Jahrhunderts beziffert sich der jährliche Verlust auf mindestens 5 Prozent des weltweiten Bruttosozialprodukts, aktuell errechnen sich daraus rund 2200 Milliarden US-Dollar.

- Trinkwasser: Das ist eine knappe Ressource: Nur 1 Prozent der weltweiten Wasservorkommen steht als Trinkwasser zur Verfügung. Nach Schätzungen der UN haben 1,1 Milliarden Menschen keinen Zugang zu sauberem Trinkwasser. Krankheiten, die durch verschmutztes Wasser verursacht werden, kosten täglich etwa 6000 Kindern das Leben.

- Entwaldung: Die weltweite jährliche Entwaldungsrate beträgt 13 Millionen Hektar, hauptsächlich durch Umwandlung in Agrarflächen (FAO, 2005). 36 Prozent aller Wälder sind Urwälder – 6 Millionen Hektar werden jährlich zerstört oder umgewandelt (FAO, 2005). Pro Jahr gehen 0,5 bis 1 Prozent des tropischen Regenwalds verloren.

- Biodiversität: Der Roten Liste bedrohter Arten zufolge, die die Weltnaturschutzunion IUCN 2006 veröffentlicht hat, sind ca. 15500 Arten weltweit vom Aussterben bedroht, darunter 23 Prozent aller Säugetiere, 12 Prozent der Vögel und 31 Prozent der Amphibien. Die Gesamtzahl der Arten hat zwischen 1970 und 2000 um 40 Prozent abgenommen.

- Bevölkerungsentwicklung: Pro Minute werden mehr als 150 Menschen geboren – vor allem in den Entwicklungs- und Schwellenländern. Zu den heute etwa 6,4 Milliarden Menschen werden nach Prognosen der UN in den nächsten vier Jahrzehnten noch einmal knapp 3 Milliarden hinzukommen. Den Industrieländern droht hingegen die Überalterung. So werden nach UN-Prognosen im Jahr 2050 8 Millionen Deutsche (11 Prozent der Bevölkerung) über 80 Jahre alt sein.

- Armut: Weltweit leben etwa 1,2 Milliarden Menschen in extremer Armut. Darunter fallen nach der Definition der Weltbank Personen, die weniger als einen Dollar pro Tag zur Verfügung haben. Damit eng verbunden sind eine schlechte Gesundheitsvorsorge, hohe Kindersterblichkeit und Analphabetentum.

- Governance: Nach den Ergebnissen des von Transparency International im Dezember 2010 veröffentlichten »Korruptionsbarometers 2010« hat jeder vierte Bürger weltweit in den vergangenen zwölf Monaten Bestechungsgelder an Behörden oder Institutionen gezahlt. 60 Prozent der Befragten sind der Meinung, dass Korruption im eigenen Land in den vergangenen drei Jahren zugenommen hat. Die Aufklärungsquote von Korruptionsfällen liegt nach Schätzungen von Experten bei lediglich 5 bis 20 Prozent.

Aufgrund dieser eher philosophischen Ausrichtung erfolgt die Auswahl der Unternehmen für den Global Challenges Index in mehreren Stufen: Als Grundlage dienen die Ausschlusskriterien, die bei oekom research ohnehin berücksichtigt werden. Oekom research prüft im Rahmen seines Corporate Responsibility Ratings die Einhaltung von sozialen und ökologischen Standards durch die Unternehmen. Anschließend erfolgt ein Ranking der Unternehmen nach dem »Best-in-Class«-Ansatz, also nach der Frage, welche Unternehmen am »nachhaltigsten« sind. Schließlich werden durch die Positivkriterien diejenigen Unternehmen herausgefiltert, die mit ihren Produkten, Dienstleistungen und ihrer Unternehmensphilosophie wichtige Beiträge zur Bewältigung der genannten Herausforderungen bieten. Es handelt sich um Unternehmen, die sich für die Reinheit des Wassers engagieren, die dichte Wasserleitungen verlegen; Unternehmen der Forstwirtschaft, die darauf achten, dass die Ressourcen nicht zerstört, sondern wieder aufgeforstet werden; Unternehmen, die Autos mit besonders niedrigen Schadstoffwerten bauen; Unternehmen, die Haushaltsgeräte mit einem sehr niedrigen Energieverbrauch anbieten, sowie Unternehmen, die innovativ auf dem Markt der erneuerbaren Energien tätig sind.

Der Index wird halbjährlich per Ende März und Ende September im Hinblick auf seine Zusammensetzung überprüft. Unternehmen, die den Anforderungen nicht mehr genügen, werden zu diesen Terminen aus dem Index entfernt.

Der Index enthält 50 weltweit tätige Großunternehmen, aber auch durch die Positivauswahl eine Reihe kleinerer und mittlerer Unternehmen, die durch ihren Unternehmenszweck die Nachhaltigkeit fördern. In der Tat haben gerade starke nachhaltige Unternehmen aus der zweiten Reihe die Entwicklung des GCX geprägt. Beispiele dafür sind Svenska Cellulosa und Aurubis mit ihren zukunftsfähigen, ressourcenschonenden Geschäftsmodellen.

Das schwedische Unternehmen Svenska Cellulosa hat ein Programm installiert, das die Beschaffung von Holz aus verbotenen Quellen verhindert. Das wird auch von den Anlegern belohnt: In den vergangenen drei Jahren hat die Aktie des Unternehmens ein Plus von 57,9 Prozent verzeichnet.

Aurubis ist im Recycling von Kupfer weltweit führend und leistet damit einen besonderen Beitrag zur Schonung von Ressourcen. Innerhalb von drei Jahren hat dieser Titel eine Performance von rund 44,9 Prozent erzielt.

Letztendlich orientiert sich die gesamte Auswahl am Prozess des Oekom-Ratings. Die Unternehmen müssen den Prime Status von oekom research erreichen. Dieser Index kann also durchaus als »stark« nachhaltig eingeschätzt werden. Auf der Webseite http://www.gc-index.com wird genauer über den Index informiert. Hier sind auch die Unternehmen gelistet, die im Index enthalten sind. Bei den einzelnen Unternehmen kann man ferner eine Expertise einsehen, die Aufschluss darüber gibt, wie das Unternehmen beurteilt wird und welches Ranking es erhalten hat.

5. Dow Jones Sustainability Index World (DJSI) (W1SGI)

Der Dow Jones Sustainability Index (DJSI) gilt als der weltweit wichtigste Index. Trotzdem kann man ihn auf deutschen Finanzplattformen nur schwer finden. Er wurde 1999 ins Leben gerufen und umfasst eine komplette Nachhaltigkeitsindexfamilie. Im Laufe der Jahre hat sich der Index als Gütesiegel entwickelt. Die Unternehmen legen großen Wert darauf, in ihm gelistet zu sein.

Die Bewertung wird von der Schweizer Sustainable Asset Management Group (SAM) vorgenommen. Sie beruht auf dem »Best-in-Class«-Prinzip, das heißt, man versucht von den 2500 weltgrößten, nach Branchen geordneten Konzernen die Unternehmen mit den besten Nachhaltigkeitsleistungen herauszufiltern. Die Bewertung der Unternehmen erfolgt nach ökonomischen, ökologischen und sozialen Kriterien. Sie konzentriert sich unter anderem auf die Frage, was Nachhaltigkeit dem Unternehmen bringt und ob sie die Wettbewerbsfähigkeit künftig erhöht. Der DJSI World berücksichtigt die besten 10 Prozent Unternehmen aus allen Branchen, der DJSI Stoxx die 20 Prozent Branchenbesten. Allerdings beschränkt sich der DJSI nur auf Großkonzerne.

Man kann durchaus Kritik an diesem Index üben. So gibt es keine Ausschlusskriterien, wie sie in den meisten anderen Indizes üblich sind. Das bedeutet, dass beim DJSI Öl-, Tabak- und Rüstungskonzerne enthalten sein können.

Bekannt ist insbesondere die Tatsache, dass der Index im Jahr 2010 den Ölkonzern BP als Branchenbesten notiert hatte, obwohl er in jenem Jahr im Golf von Mexiko eine riesige Ölpest mit verursacht hatte. Erst nach dem Absturz der Aktie wurde das Unternehmen aus dem Index entfernt und durch das Unternehmen Halliburton ersetzt, das mit dieser Katastrophe ebenfalls im Zusammenhang stand.

Ferner ist negativ anzumerken, dass auch keine Positivselektion stattfindet. Kleinere innovative und besonders nachhaltige

Unternehmen werden in den Index nicht aufgenommen. Auch die Kursberichterstattung ist auf den deutschen Finanzplätzen nicht einfach zu verfolgen. Aus diesem Grund fehlt der Fonds in der nachfolgenden Ergebnisaufstellung.

6. HVB Nachhaltigkeitsindex (WKN A0G83G)

Im HVB Nachhaltigkeitsindex befinden sich die 16 größten und liquidesten Unternehmen mit der höchsten Dividendenrendite. Sie wurden nach den Kriterien von oekom research bestimmt.

Zurzeit besteht der Index aus folgenden Unternehmen:

ALLIANZ SE	5,79 %	NATIONAL GRID	7,27 %
ASTRAZENECA	6,77 %	NOVARTIS N	7,10 %
AXA	5,54 %	PHILIPS KON	5,96 %
BBVA	5,85 %	ROCHE HOLDING AG	7,19 %
DNB	5,13 %	SOCIETE GENERALE	3,48 %
GLAXOSMITHKLINE	7,14 %	TELIASONERA	6,48 %
INTESA SANPAOLO	5,31 %	UNILEVER CERT	7,60 %
MUENCH. RUECK N	6,24 %	VODAFONE GROUP	7,12 %

Auch dieser Index wird nicht auf der Xetra-Plattform geführt, sodass er nicht in die Ergebnisliste aufgenommen wurde.

Die Performance der Nachhaltigkeitsindizes

In der Indexdatenbank von »Nachhaltiges Investment« (http://www.nachhaltiges-investment.org/Indizes/Datenbank.aspx#G) werden 27 Indizes aufgeführt. Einige davon haben mehrere Untergliederungen. Natürlich muss man die einzelnen Indizes genauer prüfen und sich eine eigene Meinung bilden.

Es ist selbstverständlich legitim, auch bei nachhaltigen Indizes die Performance nachzufragen in der Hoffnung, dass nachhaltige Unternehmen sich in der Wirtschaftswelt besser behaupten können. Zu einem bestimmten Zeitpunkt habe ich die Ergebnisse der besprochenen Indizes verglichen und als Benchmarks DAX und EuroSTOXX 50 aufgenommen.

Performancevergleich der Indizes

Name	1 Monat in %	3 Monate in %	6 Monate in %	1 Jahr in %	2 Jahre in %	3 Jahre in %
DAXglobal Sarasin Sustainability Germany Index. (WKN A0QY14)	10,98	5,72	− 9,98	−12,91	− 3,31	47,72
STOXX Global ESG Leaders (WKN A1KP3E)	8,45	6,80	− 5,71			
STOXX Global ESG Environmental Leaders (WKN A1KP3F)	8,26	6,55	− 6,06			
STOXX Global ESG Governance Leaders (WKN A1KP3H)	7,81	6,56	− 5,33			
STOXX Global ESG Social Leaders (WKN A1KP3G)	9,29	7,27	− 5,74			
Global Challenges Index (WKN A0MEN3)	9,09	8,98	− 0,65	−10,20	6,87	43,43
ÖkoDAX (WKN A0MEU4)	7,90	− 3,46	−40,41	−48,55	−66,99	−53,66
EURO STOXX Sustainability 40(Price) (WKN A0G9AQ)	7,89	2,70	− 4,87	−14,77	−11,26	12,80

STOXX Europe Sustainability Index(Price) (WKN 792363)	7,09	6,03	− 3,37	−12,60	− 3,85	29,74
Zum Vergleich						
DAX (WKN 846900)	11,07	7,75	−10,90	−11,35	7,00	45,04
Euro Stoxx 50 (WKN 965814)	8,80	3,89	− 8,61	−18,64	−18,97	5,05

Der Vergleich fällt durchaus differenziert aus. Der Global Challenges Index hat am besten abgeschlossen. Der DAX und der DAXglobal Sarasin Sustainability Germany Index haben eine sehr ähnliche Performance gezeigt, was nicht überrascht, da die gelisteten Unternehmen weitgehend die gleichen sind. Auch die STOXX-Global-ESG-Leaders-Familie hat sich ganz gut geschlagen. Der Index befindet sich noch nicht so lange auf dem Markt, dass man einen längerfristigen Vergleich anstellen könnte. Am schlechtesten performte der ÖkoDAX. Das liegt an seiner starken Betonung von Solarwerten. Man kann durchaus schlussfolgern, dass auch Nachhaltigkeit nicht vor Verlusten schützt, wenn man den Markt falsch eingeschätzt hat.

Interessant ist eine Studie des Kasseler Wirtschaftsforschers Andreas Ziegler. Sie bestätigt den Verdacht, dass Nachhaltigkeitsinvestments nicht naturgegeben zu mehr Rendite führen. Ziegler hat die Entwicklung des Börsenwerts von 51 deutschen Unternehmen untersucht, die vor zehn Jahren in den Dow Jones Sustainability Index (DJSI) aufgenommen wurden. Eine höhere Aktienrendite ergab sich durch die Aufnahme in den Index nicht. Im Gegenteil: Die Aktien von Unternehmen, die im DJSI World gelistet sind, verloren nach der Aufnahme in diesen Aktienindex durchschnittlich 4 Prozent ihres Wertes. Erst in der weiteren Zeit konnten sie sich wieder erholen. Eine Erklärung für dieses Phänomen hat man bisher nicht.

Ganz anders das Ergebnis einer Studie der Harvard Business School: Beim Vergleich von 180 Unternehmen kam man zu dem Ergebnis, dass die Rendite von Nachhaltigkeitsaktien höher ist als die von weniger nachhaltigen Aktien.

Die einzelnen Studien sind wohl nicht ganz vergleichbar. Es gibt keinen wissenschaftlichen Beweis für die eine oder andere Annahme. Nachhaltigkeit allein ist jedenfalls kein Renditeturbo. Eine geschickte Unternehmensführung gehört auf jeden Fall dazu.

Wie nachhaltig ist China?

Diese Frage beschäftigt viele Menschen. Auf der einen Seite liest man in vielen Zeitungsmeldungen über gravierende Umweltverschmutzungen. Auf der anderen Seite bestätigen Fachleute, dass die Umweltstandards in China fast als vorbildlich bezeichnet werden müssen. Wie bringt man die beiden Aussagen miteinander in Einklang? Es liegt an der Umsetzung. Die Regionen sind sehr unabhängig, und vieles, was in Peking verkündet wird, findet seinen Weg nicht in die Provinz.

Umso mehr überrascht es, dass 2010 von der Hang Seng Company, dem Betreiber von Chinas führendem Aktienindex Hang Seng, ein chinesischer Nachhaltigkeitsindex aufgelegt wurde, um das Bewusstsein für unternehmerische Verantwortung in China zu steigern. Aber natürlich gibt es auch einen geschäftlichen Hintergrund. Chinesische Unternehmen sollen damit für die Ansprüche internationaler Investoren fit gemacht werden.

Die Chinesen haben mittlerweile das veränderte Anlegerverhalten vieler Marktteilnehmer erkannt. Der Hang Seng Corporate Sustainability Index besteht nach Angaben seines Anbieters aus drei Einzelindizes: Einer umfasst 30 an der Hongkonger Börse gelistete Unternehmen, ein zweiter 15 Unternehmen, die auf dem Festland gehandelt werden. Beide Subindizes werden zusammengeführt zum Hang Seng Corporate Sustainability Index. Zum Start Ende Juli 2010 umfasste der Index 39 chinesische Unternehmen.

Die Entwicklung wird vor allem von der chinesischen Regierung vorangetrieben. Neben Gesetzen und CSR-Richtlinien setzt Peking auch auf die Börse als Treiber. Die Nachhaltigkeitsüberprüfung der für den Index ausgewählten Unternehmen erfolgt durch die Ratingagentur RepuTex aus Hongkong. Die abgefragten Kriterien umfassen unter anderem Umwelt- und Sozialfragen, Aspekte der Corporate Governance sowie Informationen über die Arbeitsplatzbedingungen. Eine inhaltliche Nachprüfung ist für den Privatanleger jedoch kaum möglich. Ich konnte nicht herausfinden, welche Unternehmen aktuell im Index enthalten sind. Auch Aussagen über die Nachhaltigkeit des Unternehmens sind nicht abrufbar. Es ist dennoch sicherlich die richtige Entwicklung, dass Nachhaltigkeitsgesichtspunkte auch an den Börsen Chinas eine gewisse Bedeutung erlangen. Die Risiken für einen Geldanleger sind nach wie vor hoch.

Die Welt der Indizes

Ist nicht das Investment in Wein die absolut beste nachhaltige Geldanlage? Auf der Webseite http://www.liv-ex.com wird der interessierte Anleger über die Weinbörse »London International Vintage Exchange« (Liv-ex) informiert. Es ist eine1999 gegründete, internetbasierte Handelsplattform für hochwertigen Wein (»fine wine«), die die 100 größtenteils französischen Topweine berücksichtigt. Für die Indexzusammensetzung und die Berechnung gibt es feste Bewertungskriterien. So muss ein Wein im Index mindestens 95 Bewertungspunkte vom führenden Weinkritiker Robert Parker haben. Von den 100 Spitzenweinen sind über 90 Prozent Bordeaux-Weine. Der Rest verteilt sich auf

Burgund, die Champagne, die Rhône-Gegend und einige Weine aus Italien.

Leider steht diese Handelsplattform nur professionellen Weinhandelshäusern und Weinfonds zur Verfügung. Aber als Privatanleger kann man sich in einen Weinfonds einkaufen oder ein Weinzertifikat erstehen.

Für viele Investments ist ein Vergleich mit anderen Anlageklassen wenig hilfreich. Wer vergleicht schon den Wert eines Aktienengagements mit dem Wertzuwachs eines Grundstücks oder Waldes? Und trotzdem kann man den Vergleich ziehen. Ich habe eine sehr eindrucksvolle Vergleichsliste beim »Anlegerportal« gefunden: http://www.das-anlegerportal.de/der-liv-ex–100-index-im-vergleich-p410.htm

Vergleich Indexstände erster Handelstag jeweils im Januar							
	2004	2005	2006	2007	2008	2009	Performance
Liv-ex 100	100	98	118	175	241	207	107%
Dax	100	106,82	135,64	166,28	197,83	123,77	24%
Dow Jones	100	101,39	104,79	118,55	120,54	82,22	-18%
EuroStoxx	100	106,15	128,81	149,46	155,08	90,64	-9%
Nikkei	100	106,42	151,13	160,18	135,71	83,54	-16%
Gold	100	103,37	128,67	153,25	206,51	213,49	113%
Öl	100	136,67	193,33	200,00	326,67	156,67	57%
Quelle: eigene Berechnungen "Das Anlegerportal"							

Wie auch immer man zu solchen Vergleichen steht – Wein hat sich fast so gut entwickelt wie Gold. Vielleicht spielt der eine oder andere nun doch mit dem Gedanken, in Wein zu investieren: Die Raiffeisen Centrobank (RCB) hat ein Anlagezertifikat herausgebracht. Es bildet nicht gerade den Liv-ex 100 ab, sondern beruht auf einem Raiffeisen-Weinbasket, der sich aus 13 Unternehmen der (Wein)-Branche zusammensetzt.

Die Empfehlung, auf den Weinindex zu setzen, halte ich eher für eine lustige Variante der Geldanlage. Es ist ein Nischengeschäft, und ich bin mir auch nicht sicher, wer an einer solchen Weinspekulation verdient und wie nachhaltig ein solches Investment sein kann. Zutreffend ist jedoch, dass die Fantasie der Menschen und der Banker unbegrenzt zu sein scheint. Man kann aus allem ein Geschäft machen.

Wie kann man von einer Indexentwicklung profitieren?

Indizes können reine Benchmarks sein, also nur dem Vergleich dienen, oder die Basis für Fonds, Zertifikate und ETFs bilden.

Wie findet man Informationen hierüber? Beim HVB Nachhaltigkeitsindex (WKN A0G83G) ist es relativ einfach. Man informiert sich auf der Internetseite der HVB über den Index. Dort findet man auch eine Aufstellung von Zertifikaten, die diesen Index als Grundlage haben.

Aus der Übersicht ist ersichtlich, dass auf Basis dieses Index eine ganze Reihe von Zertifikaten geschaffen wurden. Diese Zertifikate kann man an der Börse jederzeit kaufen und damit an der Entwicklung des Index partizipieren.

Die beste Auskunft bieten die jeweiligen Indexprovider. Man sucht auf der entsprechenden Webseite unter dem Stichwort »Lizenzen«.

Ein Beispiel: Für den Global Challenges Index haben zwei Unternehmen Lizenzen gekauft. Das sind das Bankhaus Schelhammer & Schattera und die NORD/LB Kapitalanlagegesellschaft. Sie haben jeweils einen Fonds aufgelegt, den Superior 6 Global Challenges Fonds (WKN A0Q7EL) und den NORD/LB

AM Global Challenges Index Fonds (WKN A0LGNP). Sieht man sich die Performance der beiden Fonds an, so stellt man gravierende Unterschiede fest, was auf unterschiedlichen Konzepten beruht. Der Nord/LB-Fonds ist ein passiv gemanagter Indexfonds, der den GCX im Hinblick auf Zusammensetzung und Gewichtung eins zu eins abbildet. Der Fonds von Schelhammer & Schattera ist ein aktiv gemanagter Fonds, der in Aktien aus dem GCX-Index investiert, diesen aber nicht eins zu eins abbildet. Daraus erklärt sich auch die unterschiedliche Bewertung. Der passiv gemanagte Fonds ist eindeutig vorzuziehen und kann auf jeden Fall empfohlen werden.

Checkliste: Wie nutzt man (nachhaltige) Indizes?

✓ Nachhaltigkeitsindizes aufspüren. Dazu kann man z. B. die Plattform »Nachhaltige Investments« nutzen. Eine weitere Möglichkeit ist die Plattform von Deutsche Börse/Xetra. Wichtig: Sobald man einen Index gefunden hat, zur eindeutigen Identifizierung immer die WKN notieren.

✓ Eine Indexanalyse vornehmen: Welche Unternehmen befinden sich im Index? Nach welchen Kriterien wurden sie ausgewählt? Wenn nicht genügend Informationen vorliegen, auf eine weitere Bearbeitung des Index verzichten.

✓ Wie ist die Performance des Index? Vergleich mit anderen Indizes. Wie hat er die Krisen im Vergleich zum DAX überstanden?

✓ Nur Indizes nutzen, die auch eine akzeptable Performance aufgezeigt haben.

✓ Welche Produkte gibt es, die diesen Index abbilden? Dies sind Fonds, ETFs und Zertifikate. Wenn man im Internet bei den Indexmachern keine Informationen findet, kann man diese anschreiben.

Wie bilden die gefundenen Produkte den Index ab? Wird der Index eins zu eins abgebildet, oder dient der Index nur zum Vergleich?

✓ Performance überprüfen. Bestehen große Unterschiede zum Index? Warum?

✓ Kosten: Ein Fonds kann durch einen hohen Ausgabeaufschlag teuer werden. Man muss sich informieren, wie hoch die einmaligen und jährlichen Kosten sind. Dies trifft auch auf ETFs und Zertifikate zu, wobei die Kosten wesentlich geringer sind als bei Fonds.

Spekulation – der Traum vom schnellen Reichtum

Im Deutschen werden die Ausdrücke »Spekulation« und »Spekulant« häufig mit verantwortungslosem Handeln gleichgesetzt, das nur die Gewinnmaximierung zum Ziel hat und für die Armut vieler Menschen in Ländern der Dritten Welt verantwortlich ist. Darf man sich überhaupt als Spekulant betätigen, wenn man für nachhaltige Geldanlagen eintritt?

Vor allem Agrarspekulationen sind heute sehr umstritten, weil die Spekulanten mit ihren Aktionen nicht das Wohl der Menschen im Auge haben, sondern fast ausschließlich ihren Profit. Eine gewisse Aufklärung leistet der Report »Die Hungermacher« von foodwatch 2011. Ihm sind viele Informationen zu verdanken, die den folgenden Ausführungen zugrunde liegen.

Es ist erwiesen, dass viele Menschen in der Dritten Welt 80 Prozent und mehr ihres Einkommens für Lebensmittel ausgeben müssen. In den »entwickelten Industrieländern« gibt man hingegen nur 10 bis 20 Prozent für Lebensmittel aus. Da macht es nicht so viel aus, wenn das Brot ein paar Cent teurer wird. Für die Menschen aus den Entwicklungsländern stellt aber schon ein relativ geringer Preisanstieg eine existenzielle Bedrohung dar. Der Foodwatch-Bericht führt aus, dass 2011 die Preise für Weizen, Mais und Reis im weltweiten Durchschnitt nach Abzug der Inflation 150 Prozent teurer waren als im Jahr 2000. Allein 2010 sollen durch höhere Nahrungsmittelpreise 40 Millionen Menschen zusätzlich unter Hunger gelitten haben und in Armut geraten sein. Die Spekulationen mit Lebensmitteln werden für diese Preissteigerungen verantwortlich gemacht.

Banken und Versicherungen weisen das allerdings zurück. Darum muss man diese Behauptungen kritisch hinterfragen.

Um die Jahrtausendwende begannen die Anleger die Rohstoffmärkte zu entdecken. Sie investierten nicht nur in Metalle, sondern auch in Rohöl, Weizen, Mais und Soja. Die Grundüberlegung war durchaus logisch: Eine wachsende Weltbevölkerung und die weltweite wirtschaftliche Expansion würden zu einer vermehrten Nachfrage nach Rohstoffen führen, von der man als Anleger profitieren könnte. Dies ist in der Tat auch so eingetreten und hat dazu geführt, dass Pensionsfonds, Versicherungen, Stiftungen und eine große Zahl von Privatanlegern mehr als 600 Milliarden Dollar an den Rohstoffbörsen anlegten. Dabei handelte es sich nicht um die Beteiligung an Rohstoffunternehmen oder Agrarbetrieben, sondern die Investoren kauften entweder Rohstoffe physisch (z. B. Gold und Silber), oder sie investierten in die an den Rohstoffbörsen gehandelten sogenannten Futures, also in Vereinbarungen über zukünftige Rohstoffkäufe oder -verkäufe.

Besonders mit den Futures kann man gut spekulieren. Dabei war die ursprüngliche Idee der Futures sehr vernünftig: Die Börse fungierte als Sachverwalter für die Vertragspartner. Bezogen auf Agrarrohstoffe sollten die Futures wilde Preisschwankungen zwischen dem Überfluss nach der Ernte im Herbst und dem Mangel im Frühjahr vermeiden helfen. Dazu richteten die Börsenbetreiber große Lagerhäuser ein, in denen sie die in den Futures gehandelten Waren lagern konnten. Wer einen Vertrag schloss, bekam im Fall eines Kaufs das Recht, die entsprechende Menge an Weizen oder Mais zum vereinbarten Termin und Preis aus diesen Lagerhäusern zu beziehen. Wer verkaufte, musste bis zum selben Zeitpunkt die vereinbarte Menge dort anliefern oder aus den Beständen kaufen. Das gilt im Prinzip auch heute noch und dient den Interessen beider Seiten. Die Farmer wissen schon vor der Aussaat, welche Menge an Getreide sie zu welchem Preis verkaufen können, und sind in der Lage, ihre Planung darauf einzustellen.

Bald stellte man fest, dass eine physische Lieferung gar nicht nötig war. Die Futureverträge konnten ausschließlich finanziell abgewickelt werden. Natürlich gehen bei einem solchen Geschäft beide Partner ein Risiko ein, denn zwischen Abschluss des Vertrags und der tatsächlichen Lieferung oder Fälligkeit wird sich der Preis verändern. Wenn er steigt, erleidet man als Verkäufer einen Verlust, wenn er fällt, hat der Käufer den Schaden. Dieser Nachteil wurde aber mehr als ausgeglichen durch die Planungssicherheit der Vertragspartner. Somit war der Futurehandel eigentlich so etwas wie eine Versicherung gegen Preisschwankungen, in der Händlersprache »Hedging« genannt.

In der Abwicklung gab es aber verschiedene Probleme. Es kam vor, dass es für manche Produkte nicht genügend Akteure gab und somit keine Geschäfte getätigt wurden. Diese Rolle übernahmen zunächst die Futureemittenten, die ein Interesse daran hatten, dass die Verträge geschlossen wurden. Sie waren darum die Spekulanten. Aber in diesem Sinn waren die Spekulanten unverzichtbar. Nur dank ihres Einsatzes funktionierten die Börsen. Diese Entwicklung führte aber zu Preismanipulationen und Skandalen. Daher richtete die Regierung des US-Präsidenten Franklin D. Roosevelt in den 1930er-Jahren eine Aufsicht ein: Für jeden Spekulanten bzw. jede Handelsfirma wurde ein Höchstvolumen für Futureverträge festgelegt. Keiner durfte mehr als 500 Standardkontrakte pro Getreideart erwerben. Das System war ausgesprochen effizient und unterband für viele Jahrzehnte eine ausufernde Spekulation.

Dieses System wurde übrigens auch auf andere Arten von Rohstoffen erfolgreich angewendet. Aber die beteiligten Finanzkonzerne setzten gegen Ende des 20. Jahrhunderts durch, dass die Beschränkungen aufgehoben wurden. Alle Regulierungen wurden als schädlich betrachtet, die wirtschaftliche Freiheit in den Vordergrund gestellt. Die Finanzwirtschaft verstand es, den amerikanischen Kongress dahingehend zu beeinflussen, dass 2005 schließlich alle Regeln aufgehoben wurden. Das Ergebnis zeigte sich bald: Der Anteil des rein spekulativen Handels am

Gesamtmarkt für Rohstofffutures stieg von ehemals rund 30 auf etwa 80 Prozent.

Die technische Voraussetzung dafür schuf einer der umstrittensten Akteure der Finanzwirtschaft, Goldman Sachs, mit dem Goldman-Sachs-Commodity-Index (GSCI). Er bildet die Futurepreise von 25 Rohstoffen von Aluminium bis Zucker ab. Damit konnten nun alle Anleger – Pensionskassen, Bausparkassen, Lebensversicherer, aber auch Privatpersonen – ihr Geld relativ leicht in Futures investieren. Diese Aktivitäten hatten an den Börsen unübersehbare Auswirkungen. Es bildete sich eine scheinbar über längere Zeiträume andauernde zusätzliche Nachfrage. Der Börsenpreis bestimmte schließlich den Handelspreis. Nicht mehr Angebot und Nachfrage waren entscheidend für die Preisentwicklung, sondern die Entwicklung der Finanzmärkte. Zudem gab es gerade auf dem Agrarsektor auch noch andere Einflussfaktoren wie Missernten und einen steigenden Rohstoffbedarf für die Erzeugung von Biotreibstoffen. Diese Konstellation ließ die Agrarpreise in die Höhe schnellen. Obwohl die Futurepreise eigentlich nur zukünftige Preise sind, bestimmen sie auch die aktuellen Preise. Für einen Getreideproduzenten wäre es ökonomisch unsinnig, Ware billiger anzubieten als zum Preis der Futures, die ihm die Börsenhändler für einen Zeitraum von einem oder zwei Monaten im Voraus garantieren.

Nun könnte man denken, dass Futures an den Rohstoffbörsen nur Wetten sind, die sich wieder verflüchtigen. Dies mag richtig sein, wenn sich die Futures nach der tatsächlichen Entwicklung von Angebot und Nachfrage für Rohstoffe auf dem physischen Markt richten. Wenn aber Anleger, die aufgrund ihrer Strategie über lange Zeiträume kaufen und nicht verkaufen, verteuern sich auch die Preise auf dem Spotmarkt.

Studien haben gezeigt, dass aufgrund dieser Entwicklung, Getreide, Speiseöl und Benzin (und auch viele andere Produkte) sich um bis zu 25 Prozent verteuerten. Die Folge: Die Armen dieser Welt können Lebensmittel nicht mehr bezahlen und hungern.

Wie funktioniert die Spekulation mit Agrarstoffen? In Deutschland sind mittlerweile unzählige Zertifikate mit dem Basiswert Weizen erhältlich. Es gibt Varianten mit Hebel, mit Währungssicherung, als Bonuspapier usw. Der Emittent, der die Scheine verkauft, sichert sich ab über Weizenfutures. Somit ist er mehr oder weniger neutral positioniert. Ihm ist es egal, wie sich der Weizenpreis entwickelt. Wenn viele Menschen schlagartig Weizenzertifikate kaufen, dann hat der Emittent das Risiko, dass der Weizenpreis steigt und seine Zertifikate im Kurs steigen. Wenn alle Käufer verkaufen würden, hätte er einen Verlust. Er sichert sich ab, indem er in Chicago Weizenfutures kauft und profitiert damit auch am Anstieg des Preises für Weizen. So ist er wieder neutral gestellt. Wenn die Preise sinken, hat er keinen Verlust, weil auch die Kurse des von ihm ausgegebenen Zertifikats sinken.

Wenn also viele Käufer diese Zertifikate erstehen, kann man davon ausgehen, dass die Weizenpreise steigen. Solange es sich dabei um physische Geschäfte handelt, ist dies eben Angebot und Nachfrage, schlagen eben schlechte Ernten auf den Preis durch. Das passiert aber nicht, wenn die Spekulanten einsteigen. Die Börsen in den USA veröffentlichen Statistiken, wer bei den Futures wie positioniert ist. Da wird unterschieden zwischen Händlern und Spekulanten. Je geringer der Anteil der Händler ist, desto größer ist der Einfluss der Spekulation. Der Anteil der Spekulanten an den Futurekäufen nimmt nachweislich zu. Das bedeutet, dass auch gierige Kleinanleger indirekt den Weizenpreis hochtreiben können, und das spüren die Hungernden auf der Welt. Teilweise, so muss man jedoch hinzufügen, profitieren aber auch die Bauern von der Erhöhung des Weizenpreises. Die Zusammenhänge sind überaus komplex.

Die Amerikaner versuchten, das Finanzsystem mit immer mehr Geld vor dem Kollaps zu bewahren. Aber dieses Geld wanderte leider in die Spekulation. Immer mehr Großinvestoren setzten auf Rohstoffe und entfachten einen erneuten Preisschub. Dies konnte man gut beobachten, als die Federal Reserve ab August 2010 mit weiteren 600 Milliarden Dollar den Markt flutete. Es kam zu einer weiteren Preisexplosion im Agrarbereich. Erst mit dem absehbaren Ende der Dollarflut brachen die Preise ab Mai 2011 wieder ein. Es ist darum dringend geboten, dass Regierungen und Aufsichtsbehörden gegen den Missbrauch der Warenterminbörsen durch Kapitalanleger vorgehen und die Spekulation eingrenzen. Doch die Finanzlobby ist dagegen – und sie ist sehr mächtig.

Spekulation ist an sich nicht verwerflich, nur ein Zuviel an Spekulation ist schädlich. Schon seit einigen Jahren überlegt man, wie man Spekulation in die Schranken weisen kann, allerdings bisher mit nicht allzu großem Erfolg. Nun haben sich die Chinesen zu Wort gemeldet. Sie wollen mehr Spekulation, denn sie sehen darin auch einen großen Nutzen. Sie betonen dabei die andere, die »gesunde« Seite der Spekulation. Bekanntermaßen fallen bei uns Leerverkäufe unter den Begriff Spekulation. Die Anleger wetten auf fallende Kurse. Das kann aus vielen Gründen sinnvoll sein. Einer davon ist die Absicherung von Investments. Noch bis vor Kurzem konnten Investoren in China dies nicht tun. Wenn sie einen Abschwung befürchteten, konnten sie nur ihre Aktien verkaufen – eine teure Art der Absicherung. Zudem förderte dies die Volatilität an den Finanzmärkten. Nun dürfen die Chinesen auch ihre Positionen »hedgen«. Diese vermeintliche Professionalisierung der chinesischen Kapitalmärkte soll dem Land neue Finanzierungsmöglichkeiten eröffnen. Vermutlich weiß die chinesische Regierung sehr wohl um die Risiken von Leerverkäufen. Deshalb soll der dafür geplante Handelsplatz CLSE stark kontrolliert werden. Vielleicht entpuppen sich die Chinesen eines Tages als die besseren Kapitalisten.

Strategien zu einer nachhaltigen Geldanlage

Auch eine Bank benötigt Hilfe

Wie entwickeln wir unsere persönliche Strategie? Am besten lernen wir von den Banken – vor allem von den Nachhaltigkeitsbanken – und überlegen, welche Kriterien wir uns als Privatanleger zunutze machen können.

Nehmen wir uns als Beispiel und Vorbild die EthikBank vor. Auch ein auf Nachhaltigkeit spezialisiertes Institut wie die 2006 von der Oskar-Patzelt-Stiftung als »Bank des Jahres« mit dem Großen Preis des Mittelstandes ausgezeichnete EthikBank kann die Bewertung von Unternehmen und Anlageinstrumenten nicht allein vornehmen. Ein umfassendes Research ist hierfür notwendig. Aus diesem Grund arbeitet die EthikBank mit anderen Institutionen zusammen. Die Bewertung der Unternehmen aus dem DAX und dem MDAX übernimmt imug, eine »Beratungsgesellschaft für sozial-ökologische Innovationen«, eine SRI-Ratingagentur.

Die EthikBank verwendet als zentralen Index den Natur-Aktien-Index (NAI). Dieser muss gepflegt werden. Die Aufgabe, die Notierungen laufend zu aktualisieren und zu veröffentlichen, liegt beim Unternehmen Securvita.

Da die Bank auch Staatsanleihen im Portfolio hat, übernimmt die Zürcher Kantonalbank, eine Schweizer Universalbank mit AAA-Rating, die Bewertung aller OECD-Staaten hinsichtlich ihrer sozialökologischen Qualität.

Und schließlich arbeitet die EthikBank noch mit Freedom House zusammen, einer Nichtregierungsorganisation in den USA. Sie klassifiziert alle Länder der Erde nach ihrem Freiheitsstatus.

Transparenz ist das A und O

Für den Anleger ist es besonders wichtig, möglichst viele Informationen zu seiner Geldanlagestrategie zu erhalten. Darum sind Banken und Broker gut beraten, wenn sie ihren Kunden das notwendige Entscheidungsmaterial übersichtlich aufbereitet zur Verfügung stellen. Transparenz erschöpft sich nicht in einem Geschäftsbericht und in Hochglanzbroschüren, sondern muss für den Kunden und den Geldanleger nachprüfbar sein. Die Webseite muss bereits aussagefähige Informationen enthalten. Transparenz ist eine Philosophie.

Die EthikBank hat dies konsequent umgesetzt. Sie veröffentlicht nicht nur die Daten, die für ihre Strategieentwicklung verwendet wurden, sondern legt lückenlos Kundenkredite (gewerbliche Kredite und Ökokredite), eigene Wertpapiere (Kapitalmarkt) und Beteiligungen offen.

Weil Transparenz ein Markenzeichen der EthikBank ist, lässt sich die Bank selbst testieren. Das Testat kann man auf der Webseite einsehen.

Da die EthikBank meines Erachtens vorbildlichen Charakter hat, lege ich der Beschreibung des prinzipiellen Strategieprozesses die Überlegungen dieses Bankinstituts zugrunde, soweit auf der Webseite ersichtlich. Das ist nur als Beispiel gedacht. Der eigene Strategieprozess muss natürlich durch die individuellen Überlegungen und Überzeugungen ergänzt werden.

Die vier großen Strategieansätze

Es gibt die folgenden grundsätzlichen Strategieansätze:

Strategie	Definition
Negativscreening	Unternehmen mit Eigenschaften, die zu den Negativkriterien (oder Ausschlusskriterien) gehören, werden nicht ausgewählt und nicht berücksichtigt. Die entsprechenden Kriterien werden anfangs festgelegt und stimmen mit der Wertephilosophie des Geldanlegers überein.
Positivscreening	Unternehmen, die nicht durch Negativkriterien ausgesondert wurden, werden anhand von Positivkriterien identifiziert. Dies sind Unternehmen, die in besonderer Weise (vorbildlich) ökologisch, ökonomisch oder/und sozial tätig sind.
»Best-in-Class«-Ansatz	Die Unternehmen, die aufgrund Negativ- und Positivkriterien ausgewählt worden sind, werden bewertet und nach ihrem Bewertungsabschluss sortiert. Dies führt dazu, dass in einem bestimmten Segment die »Besten« (was aber definiert werden muss) herausgefiltert werden.
Engagement	Konzept einer aktiven Aktionärspolitik in Form von Ausüben von Stimmrechten, Dialog mit dem Management (z. B. anlässlich der HV). Dieser Ansatz kann eigenständig sein, ist aber auch additiv zu sehen.

Die vier Strategieansätze können sowohl einzeln als auch additiv (was zu empfehlen ist) angewendet werden. Sie sind ein integraler Bestandteil des gesamten Anlageprozesses.

1. Schritt: Ausschlusskriterien für Unternehmen, in die man keinesfalls investieren will

Als Anleger überlege ich mir als Erstes die Kriterien, die für meine Geldanlage auf keinen Fall infrage kommen. Das hat viel mit der eigenen Weltanschauung zu tun. Relativ häufig will der Anleger nicht in Unternehmen investieren, die Waffen produzieren. Wenn man wissen will, welche Unternehmen ihr Geld mit Waffen verdienen, muss man entweder einen Blick in den Geschäftsbericht werfen oder im Internet suchen. Selbstverständlich findet man eine Liste mit den zehn größten Rüstungsfirmen der Welt. Das sind (Werte von 2010 in Milliarden US-Dollar): Lockheed Martin (USA) 35,73, BAE Systems (UK) 32,88, Boeing (USA) 31,36, NorthropGrumman (USA) 28,15, General Dynamics (USA) 23,94, Raytheon (USA) 22,98, EADS (EU) 16,36, Finmeccanica (I), L3Communications (USA), Thales (F). In diese Unternehmen will ich also nicht investieren. Schwieriger ist es, ein Unternehmen daraufhin zu überprüfen, ob es teilweise (auch nur zu einem geringen Teil) Waffen produziert oder exportiert. Man kann davon ausgehen, dass dies auch in Deutschland eine ganze Reihe von Unternehmen sind. Da hilft nichts anderes, als sich intensiv mit dem Geschäftsbericht auseinanderzusetzen.

Je detaillierter meine Vorstellungen sind, desto schwieriger ist es, die notwendigen Informationen zu finden. Wenn jemand als Ausschlusskriterium formuliert »Waffenfabrikanten, ausgenommen Defensivwaffen« oder »Alle Hersteller von Waffen, inklusive elektronischer Systeme, die für die Bedienung von Waffen notwendig sind«, wird es schwierig. Wenn man solche Informationen weder den Geschäftsberichten noch dem Internet entnehmen kann, bleibt einem nichts anderes übrig, als die Pressestelle des Unternehmens anzuschreiben (auf der Homepage nach »Investor Relations« suchen). Als Investor hat man das Recht auf Auskunft. Aber die Recherche überfordert manchmal eine Privatperson.

Ein Beispiel für die Schwierigkeit der Auswahl: Sollte man Autohersteller ausschließen? Schließlich sind diese Unternehmen durch ihre Produkte für den CO_2-Ausstoß verantwortlich. Es stellt sich aber die Frage, wie sinnvoll dies ist, darauf hinzuwirken, dass es auf der Welt nur noch einen stark eingeschränkten Autoverkehr geben soll. Überdies sollte man Ausschlusskriterien nur formulieren, wenn sie mit dem eigenen Lebensstil harmonieren. Wenn jemand jeden Tag mit dem Auto ins Büro fährt, ist es inkonsequent, als Ausschlusskriterium »Autohersteller« zu wählen. Man sollte sich auch dessen bewusst sein: Je mehr Ausschlusskriterien man formuliert, desto weniger Anlagemöglichkeiten gibt es.

Arbeitet man als Anleger mit der EthikBank zusammen, muss man natürlich die Kriterien dieser Bank akzeptieren. Sie hat die Definitionen der einzelnen Ausschlussfelder sehr genau gefasst. Dies kann insbesondere bei Mischkonzernen zu Problemen führen. Es bedeutet außerdem einen hohen Anspruch an das Research. Die beiden ersten Ausschlusskriterien der EthikBank werden im Folgenden ausführlich vorgestellt (Quelle: EthikBank), die weiteren Ausschlussfelder lediglich benannt.

• Militärwaffen herstellen oder vertreiben
Unter Militärwaffen versteht die EthikBank Waffen, Waffensysteme, atomare Waffensysteme und Streubomben. Zu den Waffen zählt diese Bank allerdings auch »strategische EDV- und Kommunikationsservices« sowie alle Endprodukte, die hergestellt werden, um zu töten, zu verstümmeln oder zu zerstören, und die an militärische Nutzer verkauft werden. Diese können unterseeische Torpedos, Bomben und Fernlenkgeschosse sein. Außerdem gehören dazu Waffen und Plattformen, von denen aus Waffen eingesetzt werden kön-

nen. Die Produktion von Waffensystemen beinhaltet auch die Umrüstung derartiger Systeme. Geächtet sind Waffensysteme, die Atomwaffen beinhalten oder die atomtauglich sind. Dazu gehört auch Uran als strategisches Produkt für Atomwaffen, wenn es an ein Land verkauft wird, von dem bekannt ist, dass es Atomwaffen besitzt.

- Atomkraftwerke besitzen oder betreiben
Es werden alle Unternehmen ausgeschlossen, die Atomkraftwerke besitzen oder betreiben, sowie Unternehmen, die mehr als 5 Prozent ihres Umsatzes in einem der folgenden drei Bereiche erwirtschaften: Besitz oder Betrieb von Atomkraftwerken, Vertrieb von Atomenergie oder bedeutende Dienstleistungen für Atomkraftwerke. Unter diese Rubrik fallen IT-Produkte und Dienstleistungen, die zentral für den Betrieb von Atomkraftwerken sind.

Weitere Ausschlusskriterien sind:
- Pflanzen oder Saatgut gentechnisch verändern
- ozonzerstörende Chemikalien herstellen oder vertreiben
- Kinderarbeit zulassen
- Tierversuche bei Kosmetika durchführen
- eklatante Bestechungs- und Korruptionsfälle
Hinsichtlich Bestechung und Korruption sowie deren Bekämpfung hat die EthikBank folgende Richtlinien aufgestellt: »Es gibt klare Leitlinien für Mitarbeiter und das Management, die die Forderung beinhalten, keine Form von korrupten Praktiken im Unternehmen zu dulden oder selbst durchzuführen. Diese Leitlinien sind intern oder extern veröffentlicht und an die Mitarbeiter und auch Stakeholder, verteilt. Zudem sollte das Unternehmen ein System implementiert haben, das die Einhaltung der Leitlinien überwacht und die Nicht-Einhaltung behebt. Bei eklatanten, wiederholten oder mehrjährigen Bestechungs- und Korruptionsvorfällen

(z. B. über 10 Millionen Euro, Verwicklung des obersten Managements, Verurteilung zu hohen Strafen oder politische Skandale), wird geprüft, ob die Unternehmen adäquat auf diese Vorstöße reagieren. Ist dies nicht der Fall oder nur in einem sehr beschränkten Maße, führt das zum Ausschluss des Unternehmens.«

In dieser Definition wird nicht der Sachverhalt der Korruption beschrieben, sondern berücksichtigt, wie ein Unternehmen systematisch mit diesem Tatbestand umgeht.

- Eklatante Verstöße im Umgang mit Menschenrechten
  Hier geht es vor allem um Unternehmensaktivitäten in Ländern, in denen Menschenrechtsverletzungen geschehen. Unternehmen werden anhand von drei Elementen bewertet: Einbeziehung von Menschenrechtsfragen in die Risikobewertung und Analyse, Kommunikation und Mitarbeitertraining bei Menschenrechtsthemen sowie die Implementierung der Menschenrechtspolitik und ihrer Kontrolle (Monitoring). Bei eklatanten, wiederholten oder mehrjährigen Verstößen gegen die Menschenrechte (z. B. durch bewaffnete Sicherheitskräfte des Unternehmens oder durch Gewalteinsatz bei Standortverlagerungen) wird geprüft, ob die Unternehmen adäquat auf diese Vorstöße reagieren. Ist dies nicht der Fall oder nur in einem sehr beschränkten Maße, führt das zum Ausschluss des Unternehmens.

Als Privatanleger kann man derart differenzierte Ausschlusskriterien nicht überprüfen. Man muss sich auf die Empfehlungen von Banken und Bewertungsgesellschaften verlassen. Die Ethik Bank hat die »akzeptierten« (oder ausgewählten) Unternehmen auf ihrer Homepage gelistet. Somit kann jemand, der sich seine eigene Strategie erarbeiten will, auf diese Ergebnisse zugreifen und diese Unternehmen, je nach der individuellen Zielrichtung, ins eigene Strategiekonzept aufnehmen.

Wenn man sich für nachhaltige Fonds interessiert (leider gibt es noch kein ähnliches Angebot bezogen auf Aktien oder Unternehmen) wird man auch beim Onlinebroker Cortal Consors fündig. Er hat auf seiner Internetseite unter Fondssuche solche Ausschlusskriterien aufgeführt. Es ist jedoch nicht detailliert beschrieben, wie die einzelnen Schlagworte definiert sind. Wenn man die gewünschten Ausschlusskriterien ankreuzt, erhält man aus der Masse der zur Verfügung stehenden Fonds diejenigen mit dem gewünschten Profil aufgelistet. Beispiel: Bei Cortal Consors sind insgesamt 5902 Aktienfonds gelistet. Schränkt man die Auswahl durch das Ausschlusskriterium Rüstung/Waffen ein, schrumpft die Auswahl auf 141 Fonds zusammen. Wählt man nun zusätzlich das Ausschlusskriterium Kernkraft, werden nur noch 84 Fonds genannt. Dies bedeutet jedoch nicht, dass alle anderen Fonds in Unternehmen investieren, die als Geschäftsfelder Rüstung, Waffen und Kernkraft enthalten. Es bedeutet nur, dass 84 Fonds die Ausschlusskriterien ausgewiesen haben und entsprechend zertifiziert worden sind.

Mit jedem weiteren Ausschlusskriterium verringert sich die Zahl der Fonds. Nimmt man noch das Ausschlusskriterium Pornografie hinzu, kommt man lediglich auf 50 Fonds. Ergänzt man »Verletzung der Arbeitsrechte« und »Verletzung der Menschenrechte«, kommt man auf 17 Fonds. Weiter eingeschränkt durch Gentechnik und Suchtmittel bleiben 14 Fonds zur Auswahl. Fügt man als weiteres Ausschlusskriterium »Luftfahrt« hinzu, verbleiben nur noch zwei: ACATIS Fair Value Aktien Global Eur (WKN 964894) und SEB Ökolux A (WKN 971898).

2. Schritt: Positivkriterien: Wahl der Unternehmen, die sich zu den sogenannten Positivkriterien bekennen

Die Suche nach den besonders positiv agierenden Unternehmen bezeichnet man als Positivscreening. Diese Anlagestrategie hat sich im Zuge eines Umdenkens in ökologischen Fragen herausgebildet. Unternehmen (und ganze Branchen) werden aufgrund ihrer sozial und ökologisch orientierten Geschäftsführung für das Portfolio qualifiziert. Die Anlagepolitik auf Basis positiver Kriterien setzt beispielsweise auf Titel von Unternehmen, die sich im Bereich Umwelt- und Klimaschutz engagieren oder sich durch eine intensive Stakeholder-Orientierung auszeichnen, also nicht nur Rücksicht auf die Aktionäre nehmen, sondern auch auf Mitarbeiter, Kunden, Lieferanten und allen am Produktionsprozess Beteiligten.

Bei Cortal Consors gehört die »Verpflichtung zu ethischen und sozialen Werten« zu den Positivkriterien. Von allen gelisteten Fonds haben sich 105 dazu verpflichtet, in solche Unternehmen zu investieren. Kreuzt man alle Positivkriterien bei Cortal Consors an (Umweltschutz, Alternativenergie, ethische/soziale Werte, nachhaltiges Wirtschaften), dann bleiben noch 50 Fonds übrig. (Wenn man übrigens alle Ausschluss- und alle Positivkriterien kombiniert, bleiben nur die beiden oben angeführten Fonds übrig.)

Leider sind bei Cortal Consors auch die Positivkriterien nicht näher definiert. Will man mehr darüber wissen, wie dies in einem der ausgewählten Fonds umgesetzt wird, muss man die Prospekte des Investmentfonds studieren.

Bei der EthikBank werden die Positivkriterien sehr genau definiert. Dabei geht es nicht nur um die Produktion, sondern auch um das Unternehmen selbst. Als unkundiger Geldanleger nimmt man vielleicht an, dass ein Unternehmen, das Umwelttechnik verkauft, auch vorbildlich im eigenen Umgang mit der Umwelt ist. Aber das ist nicht zwangsläufig so. Ein Kontrollblick ist sicherlich angebracht.

Positivkriterien, die für die EthikBank maßgebend sind:

• Umweltpolitik, Umweltmanagementsysteme und Leistungen im Umweltbereich
  Die Unternehmen müssen eine aktive Umweltpolitik betreiben. Dazu gehört ein Umweltbericht, der auch im Geschäftsbericht enthalten sein kann. Zur Umweltpolitik gehört ein

Bezug zu allen wichtigen Umweltthemen, klare Verantwortlichkeiten für den Umweltbereich, Verpflichtung zu Zielen, zur Überwachung und zum kontinuierlichen Audit, zur öffentlichen Berichterstattung, zur Einbeziehung relevanter Anspruchsgruppen, Einhaltung weltweiter Standards. Ferner muss es ein Managementsystem geben, das das Ziel hat, die Umweltauswirkungen des Unternehmens zu begrenzen und kontinuierlich zu überwachen. Und schließlich werden auch die Umweltleistungen des Unternehmens betrachtet. Es geht dabei um die tatsächlichen Verbesserungen im Ressourcenverbrauch, bei den Emissionen sowie bei Abfall und Recycling.

• Geschäftspolitik unter Beachtung der Menschenrechte
• Förderung, Gleichberechtigung und Vielfalt der Mitarbeiter
• Dialog mit Mitarbeitern, Kunden und Lieferanten
• Weiterbildung und Personalentwicklung
• Schaffung und Erhalt von Arbeitsplätzen
• Vorsorgemaßnahmen, um Korruption und Bestechung zu verhindern

Auch diese Kriterien sind genau definiert und können auf der Homepage der EthikBank eingesehen werden. Die Verantwortung für die gründliche und verantwortliche Erhebung dieser Ergebnisse liegt bei der Ratingagentur imug.

3. Schritt: »Best-in-Class«-Ansatz – nur die Besten
werden berücksichtigt
Der Schwerpunkt liegt auf der relativen Performance eines Unternehmens. Gemeint ist in erster Linie die Nachhaltigkeitsperformance. Im Rahmen dieses Ansatzes werden Unternehmen hinsichtlich ihrer Umwelt- und Sozialperformance am Branchenstandard gemessen und nur die jeweils besten ihrer Klasse in das Portfolio aufgenommen.

Der »Best-in-Class«-Ansatz kann als eigenständige Strategie verstanden werden. Ungeachtet der guten Noten kann das relativ beste Unternehmen einer Branche aus der Perspektive eines verantwortungsbewussten Investors zuweilen immer noch umstritten sein. So kann es vorkommen, dass auch die besten ESG-Unternehmen in den Branchen Gentechnik oder Atomindustrie als »Best in Class« aufgenommen werden. Dies geschieht nicht, wenn der »Best-in-Class«-Ansatz additiv angewandt wird, also erst nach den Arbeitsschritten Ausschluss- und Positivkriterien zum Einsatz kommt.

4. Schritt: Stimmt bei den »guten« Unternehmen auch die Performance?

Unter »Best in Class« kann man natürlich auch die Ergebnisentwicklung verstehen. Das bedeutet, die (in der Vergangenheit) erfolgreichsten Firmen oder Konzerne aus den bereits selektierten Unternehmen (nach dem Negativ- und Positivscreening) herauszusuchen.

Es ist legitim, dass man sich auch als nachhaltiger Geldanleger um die Performance seiner Anlage kümmert. So sollte man nun in dieser Hinsicht die besten Unternehmen aussuchen. Vielfach besteht die Meinung, dass ethische Geldanlagen einen Renditenachteil gegenüber konventionellen Kapitalanlagen aufweisen. Empirisch lässt sich diese Behauptung in den meisten Fällen jedoch nicht belegen. Eine Reihe von Studien hat sogar ergeben, dass ethische Geldanlagen in der Ertragsperformance besser abschneiden, wobei die Studien sich jedoch in ihrer Methodik unterscheiden. Daher sind die unterschiedlichen Rahmenbedingungen ein Grund für die teilweise widersprüchlichen Ergebnisse. Fest steht jedoch, dass in den Studien kein systematischer Renditenachteil nachhaltiger Kapitalanlagen festgestellt wurde.

5. Schritt: Wie sieht das Ergebnis des Auswahlprozesses aus?

Aufgrund ihres Auswahlprozesses hat die EthikBank folgende Unternehmen herausgefiltert:

- Münchner Rück, Versicherung
- Deutsche Börse, Finanzdienstleister
- BMW, Automobil
- ElringKlinger, Automobil
- Aurubis, Grundstoffe
- Heidelberger Druck, Industrie
- Salzgitter, Grundstoffe
- Rhön-Klinikum, Gesundheit
- Hannover Rück, Versicherung
- Hamburger Hafen- und Logistik, Transportdienstleister
- Krones, Industrie
- Wincor Nixdorf, Industrie
- Fresenius, Gesundheit
- Fresenius Medical Care, Gesundheit

Für jedes Unternehmen wird die Auswahl ausführlich begründet.

Nicht empfohlen werden (mit der entsprechenden Begründung) folgende Unternehmen:

- Adidas: Tierversuche für Kosmetika
- BASF: grüne Gentechnik, Tierversuche für Kosmetika
- Bayer: grüne Gentechnik
- Beiersdorf: Tierversuche für Kosmetika
- Celesio: Tierversuche für Kosmetika
- Commerzbank: Militärwaffen
- Continental: Militärwaffen
- Daimler: Militärwaffen
- Deutsche Bank: Militärwaffen
- Deutsche Lufthansa: Militärwaffen

- Deutsche Post DHL: Militärwaffen
- Deutsche Telekom: Militärwaffen
- Deutz: Militärwaffen
- Douglas Holding: Tierversuche für Kosmetika
- EADS: Militärwaffen
- Eon: Atomkraft
- Fuchs Petrolub: Militärwaffen
- GEA Group: Militärwaffen
- Gildemeister: Militärwaffen
- Henkel: Militärwaffen, Tierversuche für Kosmetika
- Hochtief: Militärwaffen
- Hugo Boss: Tierversuche für Kosmetika
- KUKA: Militärwaffen
- Lanxess: Tierversuche bei Kosmetika (inkl. Zwischen-produkten)
- Leoni: Militärwaffen
- Linde: Ozon zerstörende Chemikalien
- MAN: Militärwaffen
- Merck: ozonzerstörende Chemikalien
- METRO Group: Tierversuche für Kosmetika
- MTU Aero Engines: Militärwaffen
- Rheinmetall: Militärwaffen
- RWE: Atomkraft
- SAP: Militärwaffen
- SGL Carbon: Militärwaffen
- Siemens: Militärwaffen
- Stada Arzneimittel: Tierversuche für Kosmetika
- Symrise: Tierversuche für Kosmetika
- ThyssenKrupp: Militärwaffen
- TUI: Militärwaffen
- Volkswagen: Militärwaffen

Untersucht man schließlich die Performance, so kommt man unwillkürlich in die Versuchung, zu überprüfen, ob die »guten«

Unternehmen besser abschließen als die »schlechten«. Das führt aber nicht zu signifikanten Ergebnissen. Zu vielfältig sind die Einflussfaktoren. So steht der erfolgreichste DAX-Wert auf der »guten« Seite: BMW mit 10,1 Prozent in fünf Jahren. Der zweitbeste Wert steht aber auf der anderen Seite: Siemens mit 9,8 Prozent. Umgekehrt steht der schlechteste Wert auf der Seite der abgelehnten Unternehmen: Commerzbank mit –10,7 Prozent in fünf Jahren. Der nicht viel bessere Wert Münchner Rück mit –10,6 Prozent steht dafür auf der »guten« Seite.

Die Manager der EthikBank haben einige Unternehmen auf einer »Watchliste« und beobachten sie permanent. Es handelt sich um solche, die zwar alle Kriterien erfüllt haben, aber den einen oder anderen Zweifel aufwerfen. Interessant ist die Begründung, die selbstverständlich veröffentlicht wird. Einige Beispiele in der folgenden Liste. Auf der Webseite wird auch das Datum aufgeführt, auf das sich dieser Kommentar bezieht.

Land/Unternehmen	Kontroverse
Allianz	Minderheitsbeteiligung von 0,75 Prozent an der EADS (Rüstung). Der Ausschluss ist das Ergebnis einer Kundenumfrage. Mit 61 Prozent plädierte eine große Mehrheit dafür, die Allianz von der Positivliste zu nehmen.
Deutsche Postbank	Mehrheitsbeteiligung durch Deutsche Bank. Die Mutter Deutsche Bank wird auf der Negativliste geführt (Rüstung).
HeidelbergCement	Neben dem Umstand, dass die Herstellung von Zement sehr energieintensiv ist, wird zudem die Beteiligung von Töchterunternehmen am Abbau von Kohle kontrovers diskutiert. Anfang

	2008 wurde eine Schadenersatzklage gegen sechs Unternehmen – darunter HeidelbergCement – wegen kartellbedingt überhöhter Preise in der Zeit zwischen 1993 und 2002 eingereicht.
K+S	Geplante Verlegung einer mehr als 60 Kilometer langen Rohrleitung von Neudorf bei Fulda bis zu den Kaliwerken bei Unterbreizbach. Umweltverbände fürchten, dass der Konzern auf diese Weise jährlich mehr als 500 000 Kubikmeter Salzlauge zusätzlich in die ohnehin stark verschmutzte Werra pumpen wird.

Aus der Begründung ist zu entnehmen, dass die Auslegung der Kriterien sehr eng gefasst ist. Nicht jeder Anleger wird dem zustimmen. Ich halte es schon für übertrieben korrekt, das Unternehmen Allianz nicht aufzunehmen mit der Begründung einer Beteiligung von 0,75 Prozent an EADS. Auf der anderen Seite ist das Vorgehen in seiner Konsequenz auch zu bewundern.

6. Schritt: Wie man die richtigen Einzeltitel findet

Die Auswahlstrategie führt also zu Einzelwerten, in die man investieren, deren Aktien man kaufen kann. Dabei wird der grundlegende Prozess immer dadurch bestimmt, wie man über nachvollziehbare und akzeptierte Kriterien aus der Menge an Unternehmen auf der Welt zu den individuell passenden gelangt. Der Prozess, wie wir ihn am Beispiel der EthikBank gesehen haben ist einwandfrei, vorbildlich, aber für einen Privatanleger aus eigenem Wissen kaum umsetzbar. Er muss sich auf veröffentlichte Empfehlungen verlassen.

Es gibt noch andere Möglichkeiten, sich bei der Auswahl von
Einzeltiteln helfen zu lassen. Dazu wählt man bei Deutsche Bör-
se/Xetra unter »Nachhaltige Wertpapiere« die Rubrik »Aktien
nach Kennzahlen«. Die Unternehmen sind nach ökologischer
und sozialer Verträglichkeit sowie nach Unternehmensführung
gewichtet. Die Höchstpunktzahl beträgt jeweils 100 Punkte. Angegeben ist auch noch das KGV. In unserem Beispiel ist der Spitzenreiter das Unternehmen BMW

Ergebnis

|◄ ◄ | **1** 2 3 4 5 6 7 8 9 10 | ► ►| ►|

Name ISIN	Ökologische Verträglichkeit	Soziale Verträglichkeit	Unternehmens -führung	Land	Sektor	KGV
BMW AG St DE0005190003	92,00	103,00	59,00	Deutschland	Automobil	11,3
ATLANTIA S.P.A. EO 1 IT0003506190	83,00	99,90	62,60	Italien	Eisenbahn und Straße	
KINROSS GOLD CORP. CA4969024047	62,90	99,80	90,20	Kanada	Edelmetalle	
Fiat S.p.A. St IT0001976403	98,10	99,80	97,30	Italien	Automobil	9,5
SKF AKTIEB.B(FRIA)SK0,625 SE0000108227	80,00	99,70	97,80	Schweden	Maschinenbau	
GPE EUROTUNNEL SA EO - 40 FR0010533075	95,10	99,60	97,50	Frankreich	Sonstige	

Welche Strategieformulierung kann man als Privatanleger daraus ableiten? Man könnte die Unternehmen auswählen, die in
einer der ESG-Klassen Spitzenreiter sind (z. B. über 80 Punkte
haben) oder die in allen drei Kategorien überdurchschnittlich
gut sind (etwa in jeder Kategorie über 65 Prozent). Man muss
natürlich den Zahlen vertrauen. Es gibt leider keine ausführliche Begründung über die Bewertung, die man einsehen könnte.
Die Veröffentlichungen auf der Deutsche Börse/Xetra-Plattform
sind die einzigen frei zugänglichen Nachhaltigkeits-Punkt-Be-

wertungen, die man als Privatanleger nutzen kann – allerdings mit der gebotenen Vorsicht.

> **!** *Tipp*: Man wählt die Unternehmen mit den besten ESG-Punkten aus und investiert in diese.

Auswahlstrategie, um den geeigneten Index zu finden

Ein Index stellt im Prinzip eine Strategie dar. Will man nicht auf ein einziges (oder einige wenige) Unternehmen setzen, so kann man auch einen – natürlich nachhaltigen – Index zur Grundlage der Anlagestrategie machen.

1. Schritt: Wo findet man einen Index?

Die erste Frage, mit der man sich auseinandersetzen muss, ist die nach dem richtigen Index. Bleiben wir beim Beispiel der EthikBank. Sie empfiehlt den Natur-Aktien-Index, NAI. Es gibt noch eine ganze Reihe von Nachhaltigkeitsindizes, die auch einer Betrachtung wert oder vielleicht sogar besser geeignet sind. Auf der Plattform »Nachhaltiges Investment« findet man eine Indexdatenbank, in der viele nachhaltige Indizes gelistet sind.

2 Schritt: Welche Auswahlkriterien berücksichtigt der Index?

Auch beim Index ist zu prüfen, nach welchen Kriterien (Negativ- und Positivscreening) er aufgebaut wurde. Wer hat die Auswahl der Unternehmen vorgenommen?

Der NAI-Index ist zweifelsohne ein nachhaltiger Index. Der NAI setzt sich zurzeit aus 25 Werten zusammen, die nach Ländern und Branchen gestreut sind, als langfristig ertragreich eingeschätzt werden und als erfolgreiche Ökovorreiter gelten. Mindestens 75 Prozent der Unternehmen erwirtschaften jeweils mehr als 100 Millionen US-Dollar Jahresumsatz. Bis zu 25 Prozent der NAI-Werte sind kleinere und mittlere Unternehmen mit hoher Innovationskraft, die die Entwicklung ökologischer Produkte vorantreiben. Der NAI-Index wurde 1997 von dem Indexprovider Securvita entwickelt und gilt als Orientierung für »grüne Geldanlagen«.

Für die Auswahl der Indexunternehmen gelten die bereits bekannten Ausschlusskriterien wie Atomenergie, Waffenproduktion, Diskriminierung von Frauen, Diskriminierung von sozialen oder ethnischen Minderheiten, Kinderarbeit, Tierversuche, Gentechnik in der Lebensmittelproduktion, Erzeugung von ausgesprochen umwelt- oder gesundheitsschädlichen Produkten.

Interessant sind aber die Positivkriterien. Die Unternehmen im NAI-Index müssen – nach eigenen Angaben des Indexproviders – mindestens zwei der folgenden vier Forderungen erfüllen:

1. Das Unternehmen bietet Produkte oder Dienstleistungen an, die einen wesentlichen Beitrag zur ökologisch und sozial nachhaltigen Lösung zentraler Menschheitsprobleme leisten wie z. B. regenerative Energieerzeugung, biologische Landwirtschaft, effiziente Wassertechnik, sozialökologisch orientierte Forschung, Finanzierung und Beratung, Armutsbekämpfung.

2. Das Unternehmen ist Branchenvorreiter im Hinblick auf die Produktgestaltung wie z. B. Lebensdauer und Nutzungseffizienz, Produktsicherheit, Recyclingfähigkeit, Ersatz gefährlicher Stoffe.

3. Das Unternehmen ist Branchenvorreiter im Hinblick auf die technische Gestaltung des Produktions- und Absatzprozesses wie z. B. Minimierung des Energie- und Rohstoffverbrauchs, Umweltverträglichkeit als Unternehmenspolitik, ständige und nachhaltige Verbesserung der Umweltleistungen.

4. Das Unternehmen ist Branchenvorreiter im Hinblick auf die soziale Gestaltung des Produktions- und Absatzprozesses

wie z. B. Schaffung von Ausbildungs- und Arbeitsplätzen, Sicherheit und Gesundheitsschutz am Arbeitsplatz, überdurchschnittliche Weiterbildungsmöglichkeiten, besondere Sozialleistungen, Förderung von Frauen, ethnischen Minderheiten und sozialen Minderheiten.

3. Schritt: Wie sieht die Performance aus?

Interessant ist auch die Frage nach der Performance. Was ist wichtig bei einem Performancevergleich? Man sollte grundsätzlich auf die Vergleichbarkeit achten. Der Zeitpunkt muss identisch sein. Möchte man kurzfristig anlegen, sollte man entsprechend eine kurzfristige Zeitspanne von vielleicht einem Monat ansetzen. Will man langfristig anlegen, so sollte man einen längerfristigen Vergleichshorizont wählen, also ein oder drei Jahre. Die Vergleichszahlen sollte man immer aus der gleichen Publikation, Internetquelle, Bank verwenden, denn es ist nicht sichergestellt, dass alle veröffentlichten Vergleichswerte den gleichen Ausgangspunkt haben.

4. Schritt: Wie kann man in einen Index investieren?

Privatanleger können selbstverständlich nicht in einen Index investieren. Der Index ist nur das Gerüst oder die Benchmark. Nach diesem Index haben aber Finanzdienstleister Fonds oder Zertifikate entworfen, die den Index mehr oder weniger direkt abbilden. Ein Fonds bildet z. B. den NAI komplett ab: GreenEffects NAI-Wertefonds (WKN 580265) Dieser Fonds hat im Verhältnis eins zu eins in die Unternehmen des Index investiert. Wenn man Anteile dieses Fonds kauft, beteiligt man sich indirekt an den Unternehmen des NAI.

Die Deutsche Bank hat auch ein Zertifikat auf den NAI herausgebracht. Es nennt sich: Open End x-pert Zertifikat auf solactive NAI Top Select Total Return Index (EUR) (WKN DB2NA1). Es ist ein Indexzertifikat, das den Index eins zu eins abbildet.

Tipp: Will man in einen nachhaltigen Index investieren, muss man einen Fonds oder ein Zertifikat auswählen, das den Index entsprechend abbildet.

Auswahlstrategie, um den geeigneten Staat zu finden

Das genannte und beschriebene Auswahlverfahren betraf bisher Unternehmen. Da man bei der Geldanlage natürlich auch Staatsanleihen wählen kann, muss man auch bei Staaten eine ähnliche Auswahl treffen.

1. Schritt: Wie kann man Länder beurteilen?
Oberstes Gebot für die EthikBank ist es, nur in Staaten zu investieren, in denen keine Menschenrechte verletzt werden. Die EthikBank vertraut hierbei dem Nachhaltigkeitsrating für Staaten der Zürcher Kantonalbank. Daraus resultiert auch die strategische Behauptung der EthikBank, in »überdurchschnittlich gute OECD-Staaten (einschließlich Bundesländern, Provinzen und Kommunen) zu investieren«. Darüber hinaus arbeitet die EthikBank auch noch mit zwei anderen Institutionen (Freedom House und Transparency International) zusammen, die sich um Menschenrechte und Korruptionsvorsorge kümmern.

Die US-amerikanische Nichtregierungsorganisation Freedom House beurteilt jedes Land hinsichtlich der Gewährung von Menschenrechten. Maßstab der Bewertung sind Einräumung politischer Rechte, zivile Grundfreiheiten und die Achtung der Menschenrechte, die auf einer Skala von 1,0 (bester Wert) bis 7,0 eingeordnet werden. Der Investitionsgrundsatz der EthikBank heißt: Es wird nur in freie Länder (Rating 1,0 – 2,5) investiert.

Es gibt noch andere Institutionen, die ein solches Ranking vornehmen, etwa das Democracy Ranking (http://www.democracyranking.org/). Dieser Index wird auf der Basis von politischen und sozioökonomischen Faktoren für 100 Länder erstellt. Weitere Rankinginformationen gibt es auf der Webseite democracybarometer (http://www.democracybarometer.org/linksde.html).

Der Korruptionsindex von Transparency International wird für jedes Land aufgestellt und variiert von 0 (extreme Korruption) bis 10 (keine Korruption). Der Investitionsgrundsatz der EthikBank lautet: Es wird nur in Länder, die weitgehend frei sind von Korruption (Indexwert ab 6,1), investiert.

Sehr gut kann man sich auf der Webseite von Transparency International informieren (http://www.laenderdaten.de/indizes/cpi.aspx). Auf einer farbigen Landkarte wird der Stand der Korruption in den einzelnen Ländern gezeigt.

2. Schritt: Wie sieht das Ergebnis aus?

Daraus ergibt sich (nach den Kriterien der EthikBank) folgende Positivliste der Staaten (Stand: 22.11.2011)

	Nach-haltigkeit	Menschen-rechte	Korrup-tion	Investition
Belgien	Über Durch-schnitt	Frei (1,0)	Mäßig (7,1)	• Ja
Dänemark	Über Durch-schnitt	Frei (1,0)	Keine (9,3)	• Ja
Deutsch-land	Über Durch-schnitt	Frei (1,0)	Mäßig (7,9)	• Ja
Finnland	Über Durch-schnitt	Frei (1,0)	Keine (9,2)	• Ja

	Nach- haltigkeit	Menschen- rechte	Korrup- tion	Investition
Groß- britannien	Über Durch- schnitt	Frei (1,0)	Mäßig (7,6)	• Ja
Irland	Über Durch- schnitt	Frei (1,0)	Mäßig (8,0)	• Ja
Norwegen	Über Durch- schnitt	Frei (1,0)	Mäßig (8,6)	• Ja
Nieder- lande	Über Durch- schnitt	Frei (1,0)	Keine (8,8)	• Ja
Österreich	Über Durch- schnitt	Frei (1,0)	Mäßig (7,9)	• Ja
Schweiz	Über Durch- schnitt	Frei (1,0)	Keine (8,7)	• Ja

Die Liste der Negativländer (ebenfalls auf der Webseite der EthikBank) ist wesentlich länger. In diese Länder wird nicht investiert.

Vielfach wird in Finanzkreisen eine Anlage in den BRIC-Ländern empfohlen (Brasilien, Russland, Indien, China). Wie man der Positivliste der EthikBank entnehmen kann, wäre eine solche Anlage für die nachhaltigen Banker keine Alternative. Diese Länder werden nicht hinreichend gut bewertet.

Auch in Länder der Watchliste, also in solche, die unter Beobachtung stehen, sollte man nicht investieren.

Die EthikBank investiert nur in Länder der Positivliste. Neben Staatsanleihen sind auch Pfandbriefe akzeptiert oder Wertpapiere mit festgelegter ethisch-ökologischer Zweckbindung sowie Wertpapiere staatlicher Förderbanken.

Die Strategie der Länderauswahl kann man als Privatanleger ohne Probleme nachvollziehen. Es gibt genügend Informationen über einzelne Länder im Internet. Auch die Bewertungen findet man leicht. Es wird regelmäßig in der Presse darüber berichtet. Der Privatanleger kann sich eine eigene Meinung bilden.

> **!** *Tipp*: Staatsanleihen nachhaltiger Länder kann man an der Börse erstehen.

3. Schritt: Wie investiert man in ein Land?

Will man nicht direkt in ein Land investieren (also in Anleihen des betreffenden Landes), sondern über einen Fonds, stellt man fest, dass die meisten Fonds nicht nur in ein Land investieren, sondern in mehrere Länder. In diesem Fall muss man sich den Verkaufsprospekt ansehen. In ihm ist beschrieben, welche Anleihen der Fonds in seinem Portfolio führt.

Ein Beispiel: Ich stoße auf den Fonds FT Europazins (WKN 971218). In seinem Verkaufsprospekt steht, dass er Anleihen von Deutschland, Belgien, Großbritannien, Österreich, Schweden und Belgien im Portfolio führt, aber auch Anleihen aus Polen, der Slowakei, Tschechien und Zypern und sogar aus den sogenannten PIIGS-Staaten Portugal, Italien, Irland, Griechenland und Spanien. In diesem Fall komme ich zu dem Schluss, nicht in diesen Fonds zu investieren.

Checkliste: Die Grundlagen für die Anlagestrategie

1. Was will ich? Meine Strategie grob aufschreiben.
2. Was sind meine Ausschlusskriterien? In welche Unternehmen, welche Branchen will ich auf keinen Fall investieren? Gibt es eine Bank, eine Ratingagentur, einen Finanzdienstleister, dessen Ausschlussliste ich übernehmen kann? In diesem Fall kann ich mir weitere eigenständige Recherchen sparen.
3. Was sind meine Positivkriterien? In welche Unternehmen, welche Branchen möchte ich vorrangig investieren? Gibt es eine Bank, eine Ratingagentur, einen Finanzdienstleister, dessen Positivkriterien ich übernehmen kann? In diesem Fall kann ich mir weitere eigenständige Recherchen sparen.
4. Finde ich Unternehmen, die sich aus dem Negativ- und Positivscreening ergeben haben?
5. Wenn man keine gefunden hat oder nicht ausreichend Unternehmen gefunden hat, muss man unbedingt die Kriterien für das Negativ- und Positivscreening überprüfen.
6. Wenn ich mehrere Unternehmen gefunden habe: Kann ich eine Rangfolge bezüglich der Nachhaltigkeit aufstellen?
7. Wie sieht die Performance der ausgewählten Unternehmen aus? Wie schneiden sie gegenüber dem DAX ab?
8. Gibt es einen Index als Wertmaßstab, als Benchmark? Dieser Index muss natürlich meinen Ausschlusskriterien und Positivkriterien entsprechen.
9. Wie ist die Performance dieses Index? Wie kann sich die Branche, die ich favorisiere, am Markt behaupten? Ist das Ergebnis so tragfähig, dass es Sinn macht, in diese Branche zu investieren?

10. Gibt es einen Fonds oder ein Zertifikat, das den ausgewählten Index abbildet? Wie ist der Fonds, der Index beschrieben? (Das Kleingedruckte lesen!) Wie hoch sind die Kosten? Wie hoch war das Ergebnis in der Vergangenheit? Wie hat sich die Performance gegenüber Vergleichswerten entwickelt?
11. Ergebnis: Wenn man mit den Recherchen zufrieden ist, kann man die Aktien, den Fonds oder das Zertifikat kaufen. Man sollte die Entscheidung schriftlich dokumentieren.
12. Welches Ziel hat man mit dieser Geldanlage? Welche Rendite soll sie in welchem Zeitraum bringen? Ebenso wichtig ist die Frage: Wie viel Verlust akzeptiere ich, bevor ich die Anlage wieder verkaufe?

Zur Anlagestrategie gehört auch eine Ausstiegsstrategie. Wann will ich wieder verkaufen? Zu einem Zeitpunkt – sagen wir in drei Jahren – oder bei einem bestimmten Kurswert? Man sollte in diesem Fall einen unteren und einen oberen Kurswert definieren. Jedes Investment und jede Geldanlage bedarf einer bestimmten Art von Controlling. Zumindest alle drei Monate sollte man sich den Verlauf seiner Geldanlagen ansehen und überprüfen, inwieweit sie noch den ursprünglichen Zielen genügen.

Die Objekte der Geldanlage:
Aktien, Fonds, Zertifikate und vieles mehr

Objekte der Geldanlage

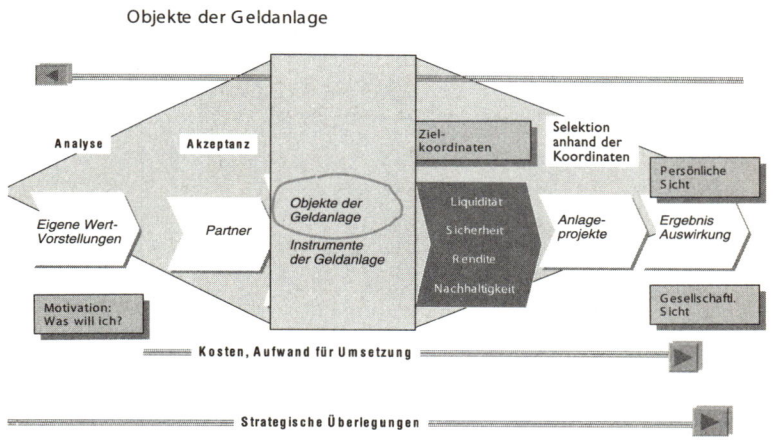

Man kann in fast alles investieren – von Briefmarken bis Schmuck

Nur eine Bedingung sollte das Objekt erfüllen: Es sollte im Laufe der Zeit seinen Wert vermehren. Das gelingt selbstverständlich nicht bei allen Objekten gleich gut. Und auch nicht bei allen Anlegern.

Viele Menschen investieren in Mais, Weizen, Kakao, Kaffee und in eine Reihe anderer Nahrungsmittel. Man kann auch in Ackerboden, in Wald, in eine Insel, in ein Gebäude investieren. Investoren kaufen in Afrika Land auf, um anzubauen, vielleicht auch um afrikanische Kleinbauern zu besseren Farmern zu machen – oder um sie zu vertreiben. Jedes Investment hat zwei Seiten.

Investieren heißt kaufen und verkaufen, Letzteres hoffentlich zu einem höheren Wert. Man kann in ein Mietshaus, in einen offenen oder in einen geschlossenen Immobilienfonds, in eine Stadt oder in einen Staat investieren. Hierfür gibt es Anleihen, Kommunalobligationen, Schatzbriefe und ähnliche Instrumente. Diese galten lange Zeit als sicher. Aber auch Staaten können pleitegehen.

Die meisten Menschen investieren jedoch in Unternehmen. Sie kaufen Aktien oder Anteile an einem Fonds oder Unternehmensanleihen. Sie können einem Unternehmer direkt einen Kredit zur Verfügung stellen. Aber warum in ein einzelnes Unternehmen investieren? Ist es nicht besser, in einen ganzen Markt zu investieren? So kann man auf einen Index setzen und kauft mit dieser Absicht Zertifikate, ETFs oder Indexfonds. Wem das nicht reicht, kann in Industriemetalle wie Kupfer oder Nickel und in Edelmetalle wie Gold oder Silber investieren. Man kann die Metalle physisch kaufen und im Keller aufbewahren oder Zertifikate kaufen.

Man kann in Schmuck, in Briefmarken, in Münzen, in alte Aktienzertifikate oder in einen Baum, in einen Weinstock, in eine Schmetterlingssammlung investieren. Man kann in Windparks, in Kraftwerke, in Kirchen investieren, aber auch in Wein und Whisky. Es gibt eigentlich nichts, in das man nicht investieren kann.

Man sollte jedoch nur in Dinge, Werte und Papiere investieren, bei denen man sich auskennt, und nicht alles auf eine Karte setzen, sondern das Risiko auf unterschiedliche Objekte verteilen. Es empfiehlt sich, nur in etwas zu investieren, von dem man eine signifikante Wertsteigerung erwartet. Auf jeden Fall sollte man sich nicht ausschließlich auf Empfehlungen verlassen, sondern sich immer auch eine eigene Meinung bilden.

Um in Unternehmen, Länder und Rohstoffe zu investieren, benötigt man Anlageinstrumente, Titel, Schuldverschreibungen usw. In den meisten Fällen sind es nur Buchungspositionen im Bankdepot. Welche Anlageinstrumente man wählt, bleibt selbstverständlich den eigenen Vorlieben vorbehalten.

»Wer gut essen will, kauft Aktien«

»Wer gut essen will, kauft Aktien; wer gut schlafen will, kauft Anleihen«, hat der Finanzexperte und Spekulant André Kostolany einmal gesagt.

Wenn man aber nun essen *und* schlafen will, muss man einen Mittelweg finden. Es legen wieder mehr Leute ihr Geld in Aktien an. Mit gutem Grund. Denn mit einer Aktie erwerben sie einerseits einen Anteil an einem Unternehmen und andererseits ein Wertpapier mit dem größten Gewinnpotenzial. Es ist erwiesen, dass Aktien über einen langen Zeitraum (zehn Jahre und mehr) die höchsten Renditen erwirtschaften; gleichzeitig muss aber mit ständigen Kursschwankungen gerechnet werden.

In Aktien sollte also jemand investieren, der auch bei einer Baisse in Ruhe die nächste Hausse abwarten kann. Die Vorteile liegen auf der Hand: langfristig ein sehr attraktives Renditepotenzial, Gewinnbeteiligung in Form von Dividenden und hohe Flexibilität, da Aktien jederzeit ge- oder verkauft werden können. Bei Aktien sollte man die folgenden Kriterien berücksichtigen:

- Hat sich das Management der Nachhaltigkeit verpflichtet? Agiert es nachhaltig? Hat das Unternehmen eine langfristige Perspektive? Sind die Produkte langfristig für die Menschheit sinnvoll? Geht das Management mit den Ressourcen, seien es Mitarbeiter oder Rohstoffe, verantwortlich um?
- Sind die Produkte attraktiv? Bringen sie einen Mehrwert für die Gesellschaft? Schaden sie der Umwelt? Können sie recycelt werden? Ist die Produktherstellung ressourcenschonend?
- Geht das Unternehmen fair mit seinen Stakeholdern um? Betreibt es eine Sicherung der Arbeitsplätze? Hat es langfristige Lieferantenbeziehungen? Werden die Steuern ehrlich bezahlt? Bekämpft man die Korruption im Unternehmen?
- Kann man davon ausgehen, dass das Unternehmen Gewinn macht und dass der Aktienkurs steigt?

> **!** *Tipp*: Wenn man in ein Unternehmen investieren will,
> muss man sich informieren. Aus dem Internet kann man
> viele Informationen über das Unternehmen erhalten. Die
> Entscheidung wird zwar dadurch nicht einfacher, aber
> man sollte sich unbedingt ein Bild über das Investitions-
> objekt machen.

Einige Empfehlungen für nachhaltige Anleger

Am Beispiel von zwei Unternehmen soll im Folgenden gezeigt
werden, wie man mit den Informationen umgeht.

1. Puma

Insbesondere Lifestyleunternehmen wie Puma stehen im Fokus
der Öffentlichkeit. Sie müssen besonders stark auf die Vorlieben
und Überzeugungen von Kunden und Anlegern (die häufig
identisch sind) Rücksicht nehmen. So ist es nicht verwunderlich, dass das Unternehmen Puma im Laufe der Zeit das Thema
Umweltverträglichkeit entdeckt und verstärkt in den Mittel-
punkt seiner Public-Relations-Aktivitäten gerückt hat mit dem
Ziel, das nachhaltige Image der Marke zu stärken.

In diese Richtung weist eine der neuen Initiativen von Puma.
Das Unternehmen beabsichtigt in Sachen Umweltverschmutzung totale Transparenz zu zeigen und stellt hierzu eine ökologische Gewinn- und Verlustrechnung auf.

Das Unternehmen hat genau ausgerechnet, wie die Produktion von Schuhen, Textilien und Accessoires die Umwelt und
das Klima beeinträchtigt. Im Jahr 2010 hat Puma mit seinen Produkten – von der Herstellung der Rohmaterialien bis zum Verkauf in den Shops – die Welt mit einem ökonomischen Wert von
94,4 Millionen Euro belastet.

Den Berichten ist weiterhin zu entnehmen, dass dieser Wert
hauptsächlich auf die Zulieferer aus Asien und ärmeren Län-

dern entfällt, da Puma selbst kaum mehr produziert. Auf die eigene Leistung wie Design, Logistik, Lagerhaltung, Verwaltung und Vertrieb entfallen nur 7,2 Millionen Euro. Natürlich trägt Puma auch die Verantwortung für die Lieferanten. Das streitet das Unternehmen gar nicht ab, sondern will aus diesen Zahlen die entsprechenden Konsequenzen ableiten. Das kann bedeuten, Lieferanten zu wechseln oder zu ertüchtigen. Als besonderes Problem hat man die Zusammenarbeit mit Lieferanten erkannt, die in sehr trockenen Landstrichen ohne ausreichend Wasser produzieren.

Die Erstellung einer Umweltkostenrechnung ist sicherlich ein guter Ansatz. Sie dient nicht nur dem grünen Image des Unternehmens, sondern dürfte sich langfristig auf die Profitabilität auswirken.

Nach eigenen Angaben hat das Unternehmen festgestellt, dass die größten Umweltlasten dort entstehen, wo Rohmaterialien aus natürlichen Ressourcen gewonnen werden. Zu nennen sind da der Anbau und die Ernte von Baumwolle, aber auch die Viehzucht zur Ledergewinnung oder die Produktion von Naturkautschuk. In dieser Sparte entstehen 36 Prozent der gesamten Treibhausgasemissionen und 52 Prozent des Wasserverbrauchs.

An erster Stelle der »Sünder« steht die Baumwolle mit ihrem enormen Wasserverbrauch. Ihr Anbau ist alles andere als nachhaltig. Hinzu kommt, dass die Wasserknappheit in manchen Teilen der Welt eines der größten Hindernisse für zukünftiges Wirtschaftswachstum ist. Kann man es sich in diesen Ländern leisten, das Wasser für Baumwolle zu »vergeuden«? Für das Unternehmen bedeutet dies, Baumwolle vielleicht nur noch in Ländern zu produzieren, in denen es Wasser im Überfluss gibt.

Diese Initiative hat mich durchaus beeindruckt. Das ist sehr nachhaltig und verantwortungsvoll. Deshalb landete Puma auf meiner »Watchliste«.

Wo kann man noch mehr Informationen über Puma erhalten? Auf der Plattform »Nachhaltiges Investment« erfährt man, dass

Puma in einem der auf dieser Plattform gelisteten Nachhaltigkeitsfonds und in verschiedenen Nachhaltigkeitsindizes vertreten ist.

AKTIE	
Aktie	Puma
Branche	zyklische Konsumgüter &
Land	Dienstleistungen
Homepage	Deutschland
	www.puma.com

ALS TOP-INVESTMENT VERTRETEN IN FOLGENDEN FONDS		
Name des Fonds	Zugelassen in	Anteil
Edmond de Rothschild Euro SRI (Saint-Honoré Europe SRI)	BE, CH, DE, DK, ES, FI, FR, IT, LU, NL, SE, SG	2,56 %

VERTRETEN IN FOLGENDEN INDIZES	
Name des Index	DAXglobal Sarasin Sustainability Germany
	DJSI World
	DJSI World ex US
	ESI Excellence Europe
	EURO STOXX Sustainability
	EURO STOXX Sustainability ex AGTAF
	EURO STOXX Sustainability ex AGTAFA
	FTSE4GOOD Europe Index
	FTSE4GOOD Global Index
	STOXX Europe Sustainability
	STOXX Europe Sustainability ex AGTAF
	STOXX Europe Sustainability ex AGTAFA

Auf der Plattform Deutsche Börse/Xetra/Nachhaltigkeit findet man nur die Kennziffern:

Kennzahlen zur Nachhaltigkeit ?	
Ökologische Verträglichkeit	82,80
Soziale Verträglichkeit	92,60
Unternehmungsführung	64,80

Daraus kann man eine hohe Nachhaltigkeit bei sozialer Verträglichkeit ablesen. Auch die ökologische Verträglichkeit ist befriedigend, nicht aber die Unternehmensführung. Dennoch insgesamt ein gutes Ergebnis.

Einer Pressenotiz ist zu entnehmen, dass die Münchner Ratingagentur oekom research einen Vergleich der zwölf größten Hersteller von Sportbekleidung vorgenommen hat. Dabei werden 200 ökologische und soziale Indikatoren angewendet. Das Corporate Responsibility Rating vergibt an die beiden deutschen Sportartikelproduzenten Adidas-Salomon und Puma die Spitzenplätze mit einem B–. Dies ist bei einer Skala von A+ bis D– durchaus beeindruckend.

Leider veröffentlicht oekom research auf der Homepage keine Ratings von Unternehmen, sodass man auf zufällige Pressemeldungen angewiesen ist.

Schließlich kann man noch WeGreen zurate ziehen. Hier erhält Puma einen gelben Punkt. Er beruht auf einer ganzen Reihe von Befragungen, Bewertungen und Meinungen:

🔍 Bewertungen

Rank a brand ⧉
Puma erfüllt 9 von 16 Kriterien bei Rank a Brand und erhält daher gelb.

mehr...

RepRisk® - Reputational Risk Radar ⧉
Puma AG Rudolf Dassler Sport hat laut RepRisk ein hohes Reputationsrisiko. Seit 2007 hat RepRisk 25 Medienberichte erfasst,

mehr...

EvB Fair Fashion ⧉
Puma gilt in der EvB Fair Fashion Firmenbewertung als "Mitläufer" und erhält daher gelb.

mehr...

Das IÖW/Future-Ranking der Nachhaltigkeitsberichte ⧉
Puma erreicht 51% der möglichen Gesamtpunktzahl im Nachhaltigkeitsberichtsranking und erhält daher gelb. Der

mehr...

CSR Unternehmenscheck der Verbraucher Initiative ⧉
Puma erhält Silber im CSR-Unternehmenscheck der Verbraucher Initiative und erhält daher grün. Bei Nachhaltigkeit

mehr...

Companize Image Ranking ⧉
PUMA SE hat 104 Image-Punkte bei Companize und zählt damit zu den Unternehmen mit der besten Reputation. Die

mehr...

Deutscher Nachhaltigkeitspreis ⧉
Puma erhält den Deutschen Nachhaltigkeitspreis für: Deutschlands nachhaltigste Zukunftsstrategie 2010

mehr

2. Nokia

Nokia hat meines Erachtens ein riesiges Imageproblem. Man erinnert sich, dass Nokia am 15. Januar 2008 verkündete, sein Werk in Bochum zu schließen. Ausschlaggebend dafür waren Wettbewerbsgründe. Die Produktion in Rumänien sei angeblich wesentlich günstiger.

Nokia beschäftigte in Bochum etwa 2 300 fest angestellte Mitarbeiter, von denen etwa 2 000 arbeitslos wurden. Zusätzlich standen die 800 Leiharbeiter auf der Straße. Die Auswirkung der Werksschließung spürten schließlich auch noch viele Zulieferbetriebe. Dabei waren die Arbeiter in diesem Werk sehr flexibel. Überstunden und Wochenendarbeit sowie Arbeit an Feiertagen waren selbstverständlich, ebenso nahmen die Mitarbeiter Urlaub, wenn die Auftragslage schwächelte. Besonders unfair fand ich das deshalb, weil auch noch bekannt wurde, dass Nokia sein Geschäftsjahr 2007 mit einem Rekordgewinn von 7,2 Milliarden Euro abgeschlossen und das Betriebsergebnis in Bochum 134 Millionen Euro Gewinn (pro Mitarbeiter 90 000 Euro) betragen hatte. Verhält sich so ein nachhaltiges und verantwortliches Unternehmen?

Die weitere Geschichte ist ebenfalls bekannt: Nokia bezog im Februar 2008 sein Werk in Jucu nahe der siebenbürgischen Stadt Cluj. Der Konzern hatte eine Fabrik für 60 Millionen Euro gebaut. Der rumänische Staat stellte im Gegenzug die Infrastruktur. Im September 2011 beschlossen die Finnen, im Zuge einer neuen Unternehmensstrategie die Produktion in Rumänien einzustellen. 2200 Beschäftigte in Jucu wurden dadurch arbeitslos. Bekannte Töne.

Wieder stellt sich die Frage: Wie sozial muss ein Unternehmen sein, in das ich investiere? In einem Unternehmen wie Nokia möchte ich nicht mein Geld anlegen. Aber welche Ratschläge erhalte ich von Ratingagenturen?

WeGreen jedenfalls hat für Nokia die Ampel warnend auf Gelb gestellt.

Bewertungen

Rank a brand
Nokia erfüllt 11 von 18 Kriterien bei Rank a Brand und erhält daher grün.

mehr...

RepRisk® - Reputational Risk Radar
Nokia OYJ hat laut RepRisk ein hohes Reputationsrisiko. Seit 2007 hat RepRisk 74 Medienberichte erfasst, in denen

mehr...

The Global 100 Most Sustainable Corporations in the World 2011
NOKIA OYJ ist auf Platz 4 in der Global 100 Most Sustainable Corporations Liste 2011. 2010 erreichte Nokia mit

mehr...

Tomorrow's Value Rating
Nokia erreicht 55,00% im Tomorrow's Value Rating und erhält daher gelb. Der Konzern ist damit im Sektor Information

mehr...

Climate Counts
Nokia erreicht 80,00 von 100 Punkten in den Bereichen Klimapolitik und CO_2 Reduktion und erhält damit bei Climate Counts grün.

mehr...

Companize Image Ranking
Nokia GmbH hat -37 Image-Punkte bei Companize und zählt damit zu den Unternehmen mit der schlechtesten Reputation.

mehr...

WeGreen Nutzerbefragung
9 mal wurde abgestimmt: Nokia erhält grün.
Letzte Ergebnisse:

Es verwundert, dass so viele Ampeln grün aufleuchten. Noch mehr überraschen einen die Nachhaltigkeitswerte von der Plattform Deutsche Börse/Xetra:

Kennzahlen zur Nachhaltigkeit ?

Ökologische Verträglichkeit	98,20
Soziale Verträglichkeit	46,30
Unternehmungsführung	92,60

Die ökologische Verträglichkeit ist beachtenswert gut. Auch die Unternehmensführung scheint nachhaltig zu sein. Wobei man sich fragen muss, wie Unternehmensschließungen sich in der Kennzahl »Unternehmensführung« niederschlagen können. Der Wert »Soziale Verträglichkeit« zumindest ist äußerst schlecht.

Die Schweizer SAM-Group, die Investmentboutique mit exklusivem Fokus auf nachhaltige Investmentfonds, macht jedes Jahr eine Nachhaltigkeitsstudie, die in ihrem *Sustainability Yearbook* veröffentlicht wird. Daran nehmen die 2500 größten Firmen aus 58 Branchen teil.

Als Beste in ihrer Kategorie haben folgende Unternehmen abgeschnitten:

- Lebensmittelhersteller: Unilever
- Airlines: Air France
- Autohersteller: BMW
- Kommunikationstechnik: Nokia
- Bekleidungshersteller: Puma.

Das ist sehr verwunderlich. Wie ethisch ist Nokia jetzt noch? Es überrascht, dass Nokia im Ethikrating eines der am besten beurteilten Unternehmen im Bereich des IT-Sektors ist. Die Einhaltung sozialer Standards und der Arbeitsrechte beziehen sich aber eben nicht nur auf ein deutsches Werk. Bei den mehr als 50 000 Beschäftigten weltweit, fallen die rund 3 000 direkt und indirekt Betroffenen in Bochum nicht unbedingt ins Gewicht. Doch das ethische Rating wackelt: »Nokia hat auch bereits in der Vergangenheit größere Entlassungen vorgenommen und ist daher im entsprechenden Untersuchungsfeld deutlich abgewertet worden«, wie oekom research in einer Stellungnahme zu den Vorgängen in Bochum mitteilte.

Nun muss man als Geldanleger eine Entscheidung treffen. Will ich die Aktien von Nokia erstehen oder nicht? Diese Entscheidung kann einem niemand abnehmen. Ein Unternehmen wie Nokia hat eine soziale Verantwortung gegenüber den Mitarbeitern, die jahrelang den Gewinn gemehrt haben. Der Verbraucher hat eine soziale Verantwortung in seinem Konsumverhalten. Und der Geldanleger hat eine Verantwortung, in welches Unternehmen er investiert. Darum gehört Nokia nicht auf meine »Watchliste«.

> **!** *Tipp*: Es geht hier nicht darum, ein Unternehmen zu empfehlen oder davon abzuraten, sondern nur darum: Wie kann ich mir ein Bild von einem Unternehmen machen? Es gibt grundsätzlich keine objektiven Informationen. Bewahren Sie immer kritische Distanz zu allen Informationen, die Sie im Internet oder in der Zeitung lesen.

Wer gut schlafen will, kauft Anleihen

Unternehmen und Institutionen können sich mittels Anleihen oder Obligationen mittel- oder langfristige Mittel beschaffen. Dabei stückeln sie die benötigte Summe auf, definieren Laufzeit und Zinssatz und bieten die Schuldscheine zum Kauf an. Obligationen sind also Anteile an einer Schuld, während Aktien Anteile an einem Unternehmen sind.

Ob die Emission einer Anleihe Erfolg hat, hängt von der Attraktivität und Kreditwürdigkeit des Schuldners, von der Laufzeit, vom angebotenen Zins oder von der Situation auf dem Geldmarkt ab.

Darum sind Anleihen bestens für Anleger geeignet, die das Kursrisiko von Aktien vermeiden und zudem von einem regelmäßigen Zinsertrag profitieren möchten. Die Vorteile: Je nach Bonität des Schuldners sehr hohe Sicherheit; bei AAA-Rating praktisch null Risiko, kleinere Kursschwankungen als bei Aktien, regelmäßiger Zinsertrag während der ganzen Laufzeit. Auch Anleihen bieten eine hohe Flexibilität, da sie ebenfalls an den Börsen gehandelt werden.

Unternehmensanleihen

Unternehmensanleihen sind eine echte Alternative zu Aktien. Mit ihnen kann man sich direkt am Unternehmen finanziell beteiligen.

Große Unternehmen bedienen schon seit langer Zeit diesen Kapitalmarkt, den mittlerweile auch mittelständische Unternehmen entdeckt haben. Ein Grund hierfür ist, dass sich viele Banken mit der Kreditvergabe heute schwerer tun als früher. Gerade Anleihen bekannter deutscher Unternehmen von guter Bonität sind bei in- wie ausländischen Anlegern als Alternative insbesondere zu Staatsanleihen geschätzt.

Einen Überblick über den deutschen Anleihemarkt liefert die Deutsche Bundesbank in ihren Monatsberichten. Nach ihren Informationen gab es Ende Juli 2011 Unternehmensanleihen im Nennwert von 277 Milliarden Euro.

Anleihen sind im Gegensatz zu Aktien für das Unternehmen Fremdkapital, haben eine feste Laufzeit und werden nach vereinbarten Regeln verzinst. Aber auch sie können an der Börse ständig gehandelt werden, somit ist die Liquidität gegeben. Mit dem Kauf einer Unternehmensanleihe kann man die Nachhaltigkeit eines Unternehmens belohnen. Die Nachhaltigkeit eines Unternehmens überprüft man auf die gleiche Art und Weise wie beim Kauf von Aktien.

Wie berechnet sich nun die Rendite von Unternehmensanleihen? Zunächst fallen Kosten beim Kauf und Verkauf an. Ferner hat die Laufzeit einen Einfluss auf die Rendite. Es gibt Unternehmensanleihen, die eine kurze, mittelfristige oder langfristige Ausrichtung haben. Langfristige Investments bieten meist mehr Zinsen als kurzfristige, allerdings geht man auch das Risiko ein, dass man länger an sein Investment gebunden ist – es sei denn, man verkauft die Anleihe an der Börse. In diesem Fall muss man jedoch mit Kursveränderungen rechnen. Unternehmensanleihen gibt es in verschiedenen Währungen. Bei einer Anleihe in Fremdwährungen muss man die Entwicklung der Währung mit berücksichtigen. Am wichtigsten für die Rendite ist natürlich der vereinbarte Zinssatz. Es gibt Unternehmensanleihen mit festem Zins und solche, die als sogenannte Floater mit einem variablen Zins angeboten werden. Bei der Berechnung der Rendite helfen »Anleiherechner« im Internet. Ich selbst nutze den Anleiherechner von onvista.

Grundsätzlich unterscheidet man zwischen Unternehmensanleihen mit »Investment Grade« und »High Yield Grade« – also zwischen Unternehmensanleihen mit einem überschaubaren Risiko und solchen mit spekulativem Charakter. Es gibt kein Investment ohne Risiko. Selbst Staatsanleihen sind nicht ohne Risiko, wie wir in jüngster Zeit erfahren haben. Bei Unternehmensanleihen liegt das Risiko im Unternehmen. Wie finanzstark ist es? Wie groß ist die Gefahr, dass es pleitegeht? Zwei Fragen sind von besonderer Bedeutung: Kann der Emittent die Zinszahlung leisten? Reicht der Unternehmenswert am Ende der Anleihelaufzeit aus, um den Nominalwert zurückzuzahlen? Für ein höheres Risiko gibt es natürlich auch höhere Zinsen. Eine Hilfe für die Einordnung bieten, zumindest für die Unternehmensanleihen von großen Firmen, die Analysen der Ratingagenturen.

Die neue Attraktivität von Unternehmensanleihen hat sich aus den Finanzkrisen der letzten Jahre ergeben. Die Banken haben sich mit Ramschzertifikaten verzockt und sind mit Staatsanleihen von Schuldenstaaten überrascht worden. Nun zögern sie, Unternehmen zu finanzieren, obwohl deutsche Firmen – große wie mittelständische – glänzend dastehen. Viele dieser Unternehmen haben jedoch 2008 erlebt, dass sie sich auf ihre Banken über Nacht nicht mehr verlassen konnten. Jetzt sorgen sie vor, indem sie sich bei der Fremdfinanzierung nicht mehr so stark auf die Banken verlassen.

Einige Empfehlungen für nachhaltige Anleger

Eine Übersicht über Unternehmensanleihen findet man beispielsweise in der folgenden Datenbank:

Anleihen von Puma sind hier nicht enthalten, jedoch zwei von Nokia: Nokia: WKN A0T6DF läuft bis zum 4.2.2019, WKN A0T6DE bis 4.2.2014.

Mittlerweile geben auch mittelständische Unternehmen Anleihen heraus. Zum einen sind sie dazu gezwungen, da die Banken häufig eine Finanzierung verweigern, zum anderen ist es leichter geworden, Anleihen zu platzieren. Die Düsseldorfer

Börse bietet einen Handelsplatz für solche Unternehmen. Und die Stuttgarter Börse hat gleich einen neuen Markt geschaffen: Bondm. »Bondm ist ein Handelssegment für Anleihen mittelständischer Unternehmen im Freiverkehr der Börse Stuttgart. Neben dem Handel der bereits notierten Anleihen haben Privatanleger die Möglichkeit, direkt an der Zeichnung der Anleihen zu partizipieren, was sonst in der Regel nur institutionellen Investoren vorbehalten ist.«

Für den Geldanleger bietet dies Chancen, aber es wird auch schwieriger, die Nachhaltigkeit der Unternehmen zu beurteilen. Über mittelständische Firmen gibt es nicht viele Veröffentlichungen im Internet. Besondere Vorsicht ist geboten, wenn ein Unternehmen eine extrem niedrige Eigenkapitalquote hat.

Einige Beispiele: Der Baumarktkonzern Praktiker hat mit einer Unternehmensanleihe bei Investoren 250 Millionen Euro eingesammelt. Die Anleihe war durchaus attraktiv: Stückelung 1000 Euro, Laufzeit fünf Jahre, Zinscoupon 5,875 Prozent. Der Bond war Praktiker zufolge zweifach überzeichnet.

Bastei Lübbe GmbH & Co. KG bietet ein Papier mit einem jährlichen Zinssatz von 6,75 Prozent, bei einer Laufzeit von fünf Jahren.

Sogar ein Landwirt aus Russland begibt sich an die Stuttgarter Börse. Stefan Dürr stammt aus dem Odenwald, produziert und verkauft seine Milch aber in Russland. Mit seiner Firma Ekosem wurde er zum drittgrößten Milchproduzenten des Landes. Das notwendige Kapital für seine Expansion besorgt er sich an der Stuttgarter Börse. Er ist damit der erste Milchbauer, der sich Geld am deutschen Anleihenmarkt beschafft. Die Laufzeit beträgt fünf Jahre, der Zinssatz 8,75 Prozent.

Über solche Anleihen kann man sich am besten an der Börse in Düsseldorf informieren.

Aktien | Anleihen | Fonds | ETC/ETF | Genussscheine | Quality Trader Club

Startseite › Anleihen

Text / WKN / ISIN | Suchen

Login | Passwort vergessen

Anleihen

Anleihen im Fokus

Emittent	Fälligkeit	Kupon	Geld	Brief	Performance	
Franz Haniel & Cie. GmbH	23.10.2014	6,75%	-	-	+0,14%	
Otto GmbH und Co KG	20.11.2013	6,38%	-	-	-0,18%	
Deutsche Bank Capital Funding Trust	31.12.2099	9,50%	-	-	-0,23%	
HeidelbergCement	03.04.2020	7,50%	-	-	+0,29%	
Deutsche Telekom International Finance BV	19.01.2015	4,00%	-	-	-0,01%	
Deutsche Bank Capital Funding Trust	30.12.2099	8,00%	-	-	+0,19%	
Volkswagen Financial Services N.V.	14.10.2015	4,00%	-	-	+0,11%	
Dürr	28.09.2015	7,25%	-	-	+0,04%	
Heidelberger Zement Finance BV	31.10.2014	7,50%	-	-	+0,04%	
HeidelbergCement	31.10.2019	8,50%	-	-	+1,39%	

Umsatzspitzenreiter Börse Düsseldorf

Emittent	Fälligkeit	Kupon	Stücke	Performance	
Bundesrepublik Deutschland	04.01.2019	3,75%	2.000.000	+0,11%	
Bundesrepublik Deutschland	10.10.2014	2,50%	1.550.000	-0,02%	
Bundesrepublik Deutschland	04.07.2017	4,25%	593.200	+0,05%	

Staatsanleihen

Staatsanleihen sind verzinsliche Wertpapiere. Man kann auch den Überbegriff »Rentenpapiere« verwenden. Unter diesem Begriff findet man unterschiedliche Anleihen. Die wichtigste Aufteilung wird nach den Emittenten vorgenommen. In diesem Sinn sind die von Staaten emittierten Wertpapiere im verzinslichen Bereich Staatsanleihen. Der Zweck der Ausgabe von Staatsanleihen ist vor allen Dingen, dass der Staat sich von seinen Bürgern Geld borgen will, um damit Investitionen zu tätigen oder um Schulden zu tilgen.

Im Zusammenhang mit der Staatsverschuldung in Italien gab es eine Initiative, die die Bürger aufrief, Staatsanleihen zu kaufen, um dem Staat aus der Krise zu helfen. Ein reicher Italiener beglückwünschte die internationalen Presseorgane mit folgendem Statement: »Wir sind alle mitschuldig an dem Defizit: nicht bezahlte Steuern, Schwarzfahren, Missbrauch bei Gesundheitsleistungen etc. Wenn jeder für 4 500 Euro kauft, sind die Staatsschulden gedeckt.«

Die Idee, die dahintersteckt: Die eigenen Bürger werden ihren Staat schon nicht pleitegehen lassen. (Die Japaner haben es vorgemacht. Unter den großen Volkswirtschaften ist die Verschuldung des japanischen Staates ohne Beispiel. Sie lag 2011 bei 230 Prozent des Bruttoinlandsprodukts. Das ist nach Zimbabwe der zweithöchste Stand auf der Welt. 2009 war die Staatsverschuldung dreimal so hoch wie in der EU und zweieinhalbmal so hoch wie in den USA. Dennoch ist das für das Land kein Problem, weil die Japaner mithilfe inländischer Gläubiger die Staatsverschuldung finanzieren.)

Viele Anleger stehen vor der Frage, Staatsanleihen nicht nur des eigenen Staates, sondern auch von anderen Staaten zu kaufen. Der Geldanleger muss sich daher fragen: Ist der Staat es wert, dass ich mich für ihn finanziell einsetze? Bin ich sicher, dass der Staat mein Geld nach Ablauf der vereinbarten Frist zurückzahlen wird?

Fast alle Staatsanleihen haben einen garantierten Zinssatz und relativ lange Laufzeiten. Die Bundesrepublik Deutschland etwa emittiert die Bundesanleihe als eine Staatsanleihe mit einer Laufzeit von 10 oder auch 30 Jahren. Die meisten Staatsanleihen werden an den Börsen gehandelt, sodass man jederzeit (mit dem marktrelevanten Kurs) verkaufen kann.

Man kann unter folgenden staatlichen Anleihen wählen:

- Staatsanleihen
  - Deutschland, Länder der Eurozone
  - ausländische Staatsanleihen in Euro
  - ausländische Staatsanleihen in anderen Währungen
  - Staatsanleihen von Emerging Markets (Schwellenländern)
- Pfandbriefe

Alle diese Anleihen unterscheiden sich in der Bonität und damit der Sicherheit des jeweiligen Emittenten, also auch des jeweiligen Staates. Je geringer die Sicherheit, desto höher der Zinssatz. Will man in Staatsanleihen investieren, muss man auf das Rating der Finanzagenturen achten.

Arten von Anleihen

Anleihen	Bonität	Währungs-risiko	Anmerkung
Staatsanleihen Deutschland	Höchste Bonität (AAA)	Keines	Nur geringe Verzinsung
Staatsanleihen Länder der Eurozone	Höchste bis gute Bonität (AAA bis A)	Keines	Länder wie Griechenland, Portugal, Irland haben eine schlechtere Bonität
Staatsanleihen in anderen Währungen	Höchste bis gute Bonität (AAA bis A)	Sehr hoch	Länder wie USA, Kanada, Australien, Neuseeland, Norwegen, Schweiz, Japan
Staatsanleihen von Schwellenländern	Hohe bis schlechteste Bonität mit Zahlungsausfall (AA bis C)	Sehr hoch	Länder wie Brasilien, China, Indien, Polen gelten als relativ solide; desolat sind Länder wie Argentinien, Ecuador, Venezuela, Jamaika, Malediven, Ukraine
Pfandbriefe	Sehr hohe Bonität	Hängt von der Währung ab	(Deutsche) Pfandbriefe sind durch Grundstücke oder Forderungen gegen den Staat abgesichert

Wenn die Zinsen steigen, fallen die Anleihenkurse; wenn die Zinsen fallen, steigen die Anleihenkurse. Das ist das unumstößliche Gesetz, das an den Rentenmärkten gilt. Die durchschnittliche Rendite von Schuldverschreibungen pendelt sich nämlich immer auf das jeweilige Zinsniveau ein.

Die Staatsanleihen der USA sind in der ganzen Welt verbreitet. Besonders viele davon halten die Chinesen in ihrem Portfolio. Dies führt auf beiden Seiten zu Abhängigkeiten. Chinesische Staatsanleihen sind dagegen sehr schwer zu bekommen, obwohl es sie schon seit 150 Jahren gibt. Mitte des 19. Jahrhunderts emittierten die Regierungen der Qing-Dynastie Anleihen, um die Staatskasse zu füllen. Heute wird nur wenigen Käufern in sehr begrenztem Umfang genehmigt, Anleihen zu kaufen. Es wird berichtet, dass der »Erzfeind« Japan nun für 65 Milliarden Yuan chinesische Staatsanleihen kaufen darf. Die Chinesen können dadurch bei einem Zinssatz von 3,58 Prozent ihren Staatshaushalt günstig finanzieren, und da der Zinssatz unter der Inflationsrate liegt, wird dieser auch noch von den ausländischen Käufern subventioniert. Aber hinter dieser Aktion stecken eher politische Gründe. China bereitet sich vor, auf dem Kapitalmarkt eine größere Rolle zu spielen. Hauptdarsteller soll die chinesische Währung Yuan werden.

Die Schuldenkrise hat die Kurse der Staatsanleihen vieler südeuropäischer Länder einbrechen lassen und einen neuen, sensibleren Umgang mit Staatsanleihen eingeleitet. Forscher sind zu dem Schluss gekommen, dass es sich bei den Ländern, die in Schwierigkeiten geraten sind, häufig um wenig nachhaltig agierende Volkswirtschaften handelt. Daraus resultiert ein negativer Einfluss auf die Performance der Staatsanleihen. Positiv scheinen eher Länder abzuschneiden, die reich an Ressourcen sind und diese auch noch vergleichsweise effizient nutzen, wie z. B. einige Staaten in Südamerika. Die langfristige Zahlungsfähigkeit eines Landes hängt aber auch von Faktoren ab, wie die Realisierbarkeit zukünftiger Steuereinnahmen. Hierfür ist Griechenland ein gutes, wenngleich negatives Beispiel.

Die Sarasin Bank versucht, die Länder anhand ihrer Nachhaltigkeitsmatrix einzuteilen, die sich nach der Verfügbarkeit von Ressourcen und Ressourceneffizienz richtet. Die Verfügbarkeit der Ressourcen ist eigentlich kein »Verdienst« eines Staates. Für die Ressourceneffizienz ist aber jeder Staat selbst verantwortlich. Länder mit einer schlechten Ressourceneffizienz leben häufig viele Jahre lang nicht nur über ihre finanziellen, sondern auch über ihre ökologischen Verhältnisse. Erschwerend kommt in vielen Fällen die Bevölkerungsentwicklung hinzu; eine Überalterung der Gesellschaft verstärkt die ineffiziente Ressourcennutzung. Die Konsequenzen sind eine niedrige Wettbewerbsfähigkeit, häufig verbreitete Korruption und große Einkommensunterschiede.

Wenn die Ressourcen immer knapper werden, erhält die effiziente Nutzung der verbliebenen Ressourcen eine immer größere Bedeutung. Im globalen Wettbewerb werden nur Länder mit hoher Ressourcenverfügbarkeit und/oder -effizienz erfolgreich und leistungsfähig bleiben. Nur sie sind in der Lage, ihre staatlichen Verpflichtungen – wozu auch die planmäßigen Zins- und Tilgungszahlungen auf Staatsanleihen gehören – zu erfüllen.

Einige Empfehlungen für nachhaltige Anleger

Es gibt unterschiedliche Beurteilungen der einzelnen Länder.

Wie bereits erwähnt ist das Länderrating der Zürcher Kantonalbank vorbildlich. Leider stehen die Länderreports nicht öffentlich zur Verfügung.

Das Länderrating von oekom research ist ebenfalls sehr aussagekräftig. Aber auch diese Berichte stehen nicht öffentlich zur Verfügung. Gleiches trifft auf imug zu.

Es ist in der Tat schade, dass man sich als Privatanleger kein kontinuierliches Bild der einzelnen Länder machen kann. Aber es gibt durchaus einige Hintertürchen. Schon erwähnt haben wir die EthikBank, die auf ihrer Webseite die Ratings der wichtigsten Länder veröffentlicht. Außerdem kann man im Internet recherchieren. Dort findet man immer wieder Artikel, die auf Veröffentlichungen zum Länderrating hinweisen.

Die EthikBank befürwortet ein Investment in folgende Länder:

Länder	Nach-haltigkeit	Menschen-rechte	Korruption
Belgien	Über Durchschnitt	Frei (1,0)	Mäßig (7,1)
Dänemark	Über Durchschnitt	Frei (1,0)	Keine (9,3)
Deutschland	Über Durchschnitt	Frei (1,0)	Mäßig (7,9)
Finnland	Über Durchschnitt	Frei (1,0)	Keine (9,2)
Groß-britannien	Über Durchschnitt	Frei (1,0)	Mäßig (7,6)
Irland	Über Durchschnitt	Frei (1,0)	Mäßig (8,0)
Norwegen	Über Durchschnitt	Frei (1,0)	Mäßig (8,6)
Niederlande	Über Durchschnitt	Frei (1,0)	Mäßig (8,8)
Österreich	Über Durchschnitt	Frei (1,0)	Mäßig (7,9)
Schweiz	Über Durchschnitt	Frei (1,0)	Keine (8,7)

Die Liste der Länder, in denen von einem Investment abgeraten wird, ist wesentlich länger. Hier nur einen Ausschnitt:

Länder	Nach-haltigkeit	Menschen-rechte	Korruption
Malta	–	Frei (1,0)	Mittel (5,6)
Marokko	–	Teils frei (4,5)	Stark (3,4)
Mauretanien	–	Unfrei (5,5)	Stark (2,3)
Mauritius	–	Frei (2,0)	Mittel (5,4)
Mazedonien	–	Teils frei (3,0)	Mittel (4,1)
Mexiko	Unter Durchschnitt	Frei (2,5)	Stark (3,1)
Moldawien	–	Teil frei (3,5)	Stark 2,9)
Mongolei	–	Frei (2,0)	Stark (2,7)
Montenegro		Frei (2,5)	Stark (3,7)
Mosambik		Teils frei (3,5)	Stark (2,7)

Interessant bei dieser Aufstellung ist, dass unter dem Gesichtspunkt der Nachhaltigkeit von einer Investition in den sonst viel gepriesenen BRIC-Staaten abgeraten wird. Begründung: Nachhaltigkeit kann noch nicht gemessen werden, die Menschenrechte sind eingeschränkt bis unfrei, die Korruption ist ausgeprägt.

Länder	Nach-haltigkeit	Menschen-rechte	Korruption
Brasilien	–	Frei (2,0)	Stark (3,7)
Russland	–	Unfrei (5,5)	Stark (2,1)
Indien	–	Frei (2,5)	Stark (3,3)
China	–	Unfrei (6,5)	Stark (3,5)

Fonds – eine gute Alternative

Es ist nicht einfach, sich ein eigenständiges Urteil über Unternehmen und Staaten zu bilden oder sich durch Bilanzen und Länderratings zu mühen. Dann muss der Anleger Hilfe bei den Profis suchen. Zwar profitiert man, wenn man in einen Fonds investiert, unmittelbar von dessen professionellem Management, aber die Fondsauswahl muss man weitgehend selbst treffen.

Ein Investmentfonds ist so etwas wie ein Topf, in den viele Sparer ihre Anlagegelder einlegen. Dieser Kapitaltopf wird von Fondsmanagern verwaltet und angelegt – in Aktien etwa.

Fonds signalisieren eine bestechende Botschaft: Kleinanleger vereinigt euch, dann werdet auch ihr stark. In der Tat werden viele Kleinanleger zu einem Großinvestor, der das Geld in Aktien, Obligationen, Immobilien und anderen Wertpapieren anlegt. Diese Kleinanleger können es sich dann leisten, Profis für sich arbeiten zu lassen. Sie erwarten dafür professionelle Risikostreuung, eine professionelle Verwaltung sowie eine professionelle Auswahl von nachhaltigen Objekten selbst bei geringem Kapitaleinsatz.

Allen Fonds sind die folgenden Grundprinzipien zu eigen:

Marktdiversifikation: Der Anleger hat die Möglichkeit, auch mit kleinen Anlagebeträgen an einem breit gestreuten Portfolio zu partizipieren. Somit kann er mit der Anlage in einem Fonds an der Entwicklung gesamter Branchen, Märkte oder Indizes teilnehmen.

Risikodiversifikation: Das Risiko eines einzelnen Wertes wird bei einem Fonds durch die Streuung der Anlage in verschiedene Wertpapiere ausgeglichen.

Liquidität: Auch im Fall eines Konkurses der Fondsgesellschaft kann der Anleger sicher sein, seine Anteile zum Rücknahmepreis verkaufen zu können. Das Wertpapiersondervermögen wird immer strikt vom Vermögen der Kapitalanlagegesellschaft

(KAG) getrennt und fällt somit nicht in die Konkursmasse. Mit einem Investmentfonds können Sie börsentäglich und uneingeschränkt über Ihr Geld verfügen.

Transparenz: Bei einem Investmentfonds werden die Kosten, die man für eine Dienstleistung bezahlen muss, so offen ausgewiesen wie bei keinem anderem Investmentprodukt. Bei einem Investmentfonds sind alle Kosten für An- und Verkaufstransaktionen innerhalb des Fonds mit dem Ausgabeaufschlag und den Verwaltungskosten abgedeckt.

Sicherheit: Ein Fonds kann durch eine geschickte Risikoverteilung eine bessere Sicherheit bieten, als wenn man in Einzelaktien investiert. Man darf davon ausgehen, dass das Management durch Professionalität das Risiko einschränkt. Aber natürlich ist auch eine Fondsanlage nicht ohne Risiko. Es gibt Marktrisiko, Länderrisiko, Transferrisiko, Wechselkursrisiko und, am wichtigsten, das Managementrisiko. Dahinter verbirgt sich die Frage: Wie gut ist das Fondsmanagement?

Es gibt unterschiedliche Arten, Fonds zu systematisieren. Nach dem Kriterium des »Zugangs« unterscheidet man zwischen

- geschlossenen Fonds und
- offenen Fonds.

Während offene Fonds neuen Investoren ständig zugänglich sind, werden geschlossene Fonds nach einer gewissen Zeichnungsphase für neue Investoren geschlossen.

Die meisten Publikumsfonds sind offene Fonds. Man kann sie folgendermaßen unterteilen:

- Aktienfonds
- Rentenfonds
- Mischfonds
- Immobilienfonds
- Geldmarktfonds.

Es gibt eine ganze Reihe von Spezialfonds. Sie unterscheiden sich von den »normalen« Fonds grundsätzlich in einer besonderen Definition der Anlagemöglichkeiten. Damit geht eine selbst auferlegte Einengung der Marktdiversifikation einher. Die Überlegung dabei ist, etwas mehr Risiko in Kauf zu nehmen, um dabei ein Mehr an Rendite zu erzielen.

Solche Spezialfonds sind beispielsweise:

- Branchenfonds
- Derivatefonds
- Länderfonds
- Themenfonds

Ein Branchenfonds investiert ausschließlich in eine bestimmte Branche (z. B. Technologie), ein Derivatefonds nur in Derivate, ein Länderfonds nur in ein bestimmtes Land oder in eine Region. Ein Themenfonds investiert nur in Unternehmen zu einem bestimmten Thema, z. B. Gesundheit. Entwickelt sich dieses Segment besser als der Gesamtmarkt, profitieren diese Fonds davon. Allerdings kann auch das Gegenteil eintreten.

Außerdem gibt es noch Hedgefonds. Diese können sowohl bei fallenden als auch bei steigenden Kursen auf den Finanzmärkten tätig werden. Dazu werden verschiedene Anlageinstrumente wie Derivate oder Leerverkäufe eingesetzt, die bei anderen Fonds nicht zum Einsatz kommen.

Zu den Fonds zählen auch die Exchange-traded Funds (ETF). Es handelt sich um passive Indexfonds, das heißt der Fonds passt sich immer dem jeweiligen Index an. Das Management ist eher passiv. Geeignet ist ein ETF für Anleger, die in eine kostengünstige, sehr liquide, passive Indexanlage investieren möchten. In den meisten Fällen macht ein solcher Fonds keinen Sinn für nachhaltige Anleger.

Geschlossene Fonds

Bei den geschlossenen Fonds (engl. Closed-end fund, CEF) kann in der Regel nur in einem bestimmten Platzierungszeitraum investiert werden, danach wird der Fonds geschlossen. Der Erwerber eines Anteils an einem geschlossenen Fonds wird Unternehmer (in der Regel Kommanditist) mit entsprechenden Chancen und Risiken. Darum muss man sich gründlich mit dem Geschäftsmodell und der Fondsgesellschaft auseinandersetzen. Ich selbst habe vor vielen Jahren mit einem Finanzberater zusammengearbeitet, dem ich vertraute und über den ich verschiedene geschlossene Fonds zeichnete. Diese Fonds haben allesamt Pleite gemacht, und ich habe das Geld verloren. Mein Finanzberater hat nicht betrügerisch gehandelt, aber es fehlte ihm wohl die Kompetenz, die Fonds entsprechend zu beurteilen. Darum empfiehlt es sich, sich von mehreren Seiten Rat einzuholen.

Viele Hausbesitzer bauen Fotovoltaikanlagen auf ihre Dächer, um Sonnenlicht in Strom zu verwandeln. Sie gehen dabei von einer Rendite von 7 bis 9 Prozent aus. Dies ist möglich, weil die Stromerlöse für eingespeisten Strom garantiert sind. Aber nicht jeder hat ein eigenes Dach zur Verfügung. Geschlossene Fonds bieten dennoch eine Investitionsmöglichkeit, denn größere Anlagen zur Erzeugung von Strom aus Sonne, Biogas oder Erdwärme werden über geschlossene Fonds finanziert.

Für den Sonnenstrom gab es in den vergangenen Jahren hohe Vergütungen, die für 20 Jahre festgelegt sind. Auf dieser Basis kann man das eigene Engagement in einen solchen Fonds bestens kalkulieren. Die Erfahrung des Herstellers sowie die Garantie eines finanzstarken Investors mindern das Risiko für Anleger. Der Investor springt ein, wenn nicht genug Geld für den Bau der Anlage zusammenkommt. Für den Anleger ist es wichtig, sich zu informieren, welche Anlagen der Hersteller bereits betreibt (Referenzanlagen) und wie das Ergebnis in der Vergangenheit war.

Energie aus Biomasse – einschließlich Bio-, Deponie- und Klärgas – wird im Unterschied zum Sonnenstrom nicht so hoch vergütet. Meist wird Biogas aus Gülle und Rohstoffen wie Mais, Roggen, Weizen, Sonnenblumen und Gras produziert. Die Rendite ist daher bei solchen Fonds niedriger. Und man muss sich auch bewusst sein, dass die Wirtschaftlichkeit von Biogasanlagen von den künftigen Preisen der Biomasse abhängt. Diese sind bereits in den letzten Jahren kräftig gestiegen. Wenn aber Biogasanlagen nicht wirtschaftlich betrieben werden, kann der Anleger sogar einen Verlust einfahren.

Interessant sind auch Geothermiefonds, die auf Strom aus Erdwärme setzen. Aber darüber gibt es noch wenig Erfahrungen, und ein Investment ist daher entsprechend riskant.

Bei Windkraftfonds konnte man häufig feststellen, dass es weniger Wind gab als erwartet und die versprochenen Renditen nicht erreicht wurden. Mit den Offshoreprojekten haben sich neue Möglichkeiten aufgetan. Aber auch diese Technik ist noch nicht hinreichend erprobt. Bei Windkraftanlagen besteht die gleiche Problematik wie bei Solaranlagen: Die Chinesen drängen mit billiger Technik auf den Markt.

Neuerdings gibt es Multi-Neue-Energien-Fonds. Sie investieren in alles: Solarstrom, Biogas, Erdwärme oder Windkraft. Macht dies Sinn? Es könnte natürlich eine Risikostreuung bedeuten, aber andererseits fehlt die Fokussierung auf ein Thema. Gibt es Fondsbetreiber, die Fachleute auf allen Gebieten sind?

Über geschlossene Fonds findet man wertvolle Informationen auf dem Portal des Ingenieurunternehmens G.U.B. (Geotechnik Umwelttechnik Bautechnik). G.U.B. ist Deutschlands älteste unabhängige Ratingagentur für geschlossene Fonds. Sie wurde 1973 gegründet. Zielgruppe der G.U.B.-Analysen sind Vertriebe und Anleger, aber auch die Initiatoren selbst. Die Analysen werden ohne Auftrag des Anbieters erstellt. Die Bewertung erfolgt in vier Stufen von »nicht platzierungsreif« (–) bis »sehr gut« (+++). Wenn man etwa nach Fonds mit dem Thema

»Erneuerbare Energien« sucht, erhält man eine Liste aller von G. U. B. bewerteten Fonds. Zu den meisten gibt es außerdem eine detaillierte Beschreibung der Bewertung. Natürlich kann auch G. U. B. nicht die Entwicklungen in der Zukunft voraussehen, aber die Bewertung ist kompetent und kann den Anleger bei seiner Anlageentscheidung unterstützen.

Informationen unter: http://www.gub-analyse.de/

Weitere Ratingagenturen für geschlossene Fonds:

Check-Analyse: http://www.check-analyse.de

FondsScope: http://www.fondsscope.de

Huneke-Analyse: http://www.weitkamp-huneke.de

Auf der Suche nach geschlossenen Fonds zum Thema »Erneuerbare Energien« findet man bei G. U. B. die folgende Übersicht.

G.U.B. Fonds-Portal

Das G.U.B. Fonds-Portal bietet einen umfassenden Überblick über alle geschlossenen Fonds, die nach Kenntnis der G.U.B. aktuell am Markt angeboten werden. Sie finden alle G.U.B.-Urteile sowie ggf. die komplette G.U.B.-Analyse und weitere Informationen des Anbieters zum Download.

Branche	Segment	Mindestbeteiligung
Erneuerbare Energien ▾	Alle ▾	Alle ▾
Download	Anbieter	G.U.B.-Urteil
nur Fonds mit Download ▾	Alle ▾	Alle Fonds ▾

> Neueste zuerst anzeigen   Suche >>

Anbieter	Fonds	Urteil[1]	Downloads[2]
Q1 Capital	Q1 Solarkraft Deutschland	++	G.U.B.!
Collector AG	SunCollect Vario Fonds	+	G.U.B.! €
ÖKORENTA AG	ÖKORENTA Neue Energien VII	+++	G.U.B.!
Luana Capital New Energy Concepts GmbH	Sun Projects 4	++	G.U.B.! €
E & K Energie und Kapital	E & K BioEnergie-Investment Portfolio ALPHA	+	G.U.B.! €
Wattner	Wattner SunAsset 3	++	G.U.B.!
Voigt & Coll. GmbH	SolEs 23 GmbH & Co. KG	+++	G.U.B.!

Die G. U. B.-Beurteilung unterteilt sich nach sechs Kriterien. Drei Punkte bedeuten »sehr gut«.

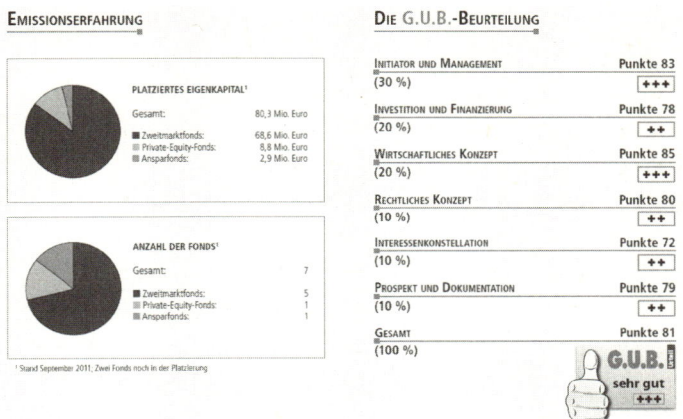

Aber auch bei Bewertungen muss man sehr vorsichtig sein. Man muss überlegen, was bewertet wird. Ein Beispiel: Auch der TÜV überprüft Finanzanlagen auf Transparenz und Plausibilität hin. Aber über den möglichen Anlageerfolg sagt eine solche Überprüfung nichts aus.

Geschlossene Fonds werben häufig mit hohen Renditen. Leider treffen sie in den meisten Fällen nicht ein. Dafür gibt es viele Gründe. Zum einen ist die Darstellung immer sehr optimistisch, die Fondsinitiatoren wollen ihre Produkte verkaufen. Es kann aber passieren, dass die Jahreswindmenge nicht so hoch wird, wie im Anlageprospekt versprochen, und schon muss man Abstriche an der Rendite machen. Man ist gut beraten, die Angaben, auf die sich die Renditeerwartungen beziehen, genauestens zu überprüfen.

Manchmal sind die Zahlen aber auch einfach nur falsch berechnet. Viele Fonds wenden Kredithebel an. Bei einem Fonds habe ich eine Rechnung gesehen, die von einer Eigenkapitalbeteiligung von 10 000 Euro ausgegangen ist. Ferner sollen noch weitere 10 000 Euro Fremdkapital aufgenommen werden. Es wird angegeben, dass man für diesen Kredit 4 Prozent Zinsen jährlich bezahlen muss. Der Anleger legt durch diesen Hebel 20000 Euro an. Der Prospekt sagt aus: »Bei einer angenommenen Rendite der Zielanlagen von 8 Prozent hat man einen Zinsdifferenzgewinn in Höhe von 4 Prozent, so dass man von einer Gesamtverzinsung von 12 Prozent ausgehen kann.« Da konnte einer nicht richtig rechnen. Die Zinsdifferenz bezieht sich natürlich nur auf den Fremdanteil. Und es wurde verschwiegen, dass ein solcher Hebel natürlich auch nach unten wirken kann, wenn die Rendite der Anlage z. B. keine 8 Prozent sondern nur 2 Prozent ausmacht.

Zu beachten sind zudem die hohen Kosten. Bei vielen Fonds können sie über 10 Prozent liegen. Es soll sogar welche geben, die Kosten in Höhe von 40 Prozent haben. Von solchen Fonds sollte man die Finger lassen, an ihnen verdient nur der Fondsanbieter.

Geschlossene Fonds eignen sich nur für Anleger, die größere Geldsummen investieren wollen (mindestens 10000 Euro). Für diese gibt es durchaus vernünftige Angebote. Sie sollten unbedingt darauf achten, dass der Fonds G. U. B.-geprüft ist. Überprüfen Sie kritisch auch die Renditeaussagen und die Kosten. Es sind Fonds vorzuziehen, die eine solide, aber keine übertriebene Werbung machen – denn die Kosten für die Werbung muss der Anleger mitbezahlen. Geschlossene Fonds, für die im Fernsehen Werbung gemacht wird, würde ich nicht zeichnen.

Offene Fonds

Offene Fonds oder Publikumfonds kann man jederzeit kaufen und verkaufen, in sie kann jeder investieren. Der Emittent ist jederzeit bereit, die Anteile zurückzunehmen. Auch die Kosten für einen Anteil sind sehr gering. Es rentiert sich jedoch nicht, nur mit einem Anteil einzusteigen. Es gibt mittlerweile auch viele offene Fonds, die der Nachhaltigkeit gewidmet sind.

Einige Empfehlungen für nachhaltige Anleger

Da ein Fonds nur ein Konstrukt ist, kommt es auf den Inhalt an. Nur wenn wir den kennen, können wir uns auch eine Meinung über die Nachhaltigkeit bilden.

Nachhaltige Fonds sind: der Aktienfonds, der nur nachhaltige Unternehmen im Portfolio hat; der Rentenfonds, der nur in Staatspapiere von nachhaltigen Staaten investiert; der Indexfonds, der einen nachhaltigen Index als Grundlage hat.

Ein Hedgefonds, der allein dem Kurstrend folgt, ohne im Wesentlichen den Investitionsgegenstand zu betrachten, kann kein nachhaltiger Fonds sein.

Auch Rohstofffonds habe ich aus meiner Betrachtung ausgeschlossen, weil bei ihnen keine Nachhaltigkeit zu erkennen ist.

Grundlage Index und Aktien

Die einfachste Umsetzung einer Fondsidee ist ein nachhaltiger Index. Der Indexverantwortliche hat bereits die Nachhaltigkeit überprüft.

Die Fonds verwenden als Basis den Global Challenges Index, einen sehr bekannten nachhaltigen Index, und bilden ihn nach gewissen Regeln ab. Bei einer Eins-zu-eins-Abbildung kauft der Fondsmanager die Aktien in dem Verhältnis, in dem sie im Index gelistet sind.

Das ist beispielsweise beim Superior 6 Global Challenges Fonds (WKN A0Q7EL) und beim NORD/LB AM Global Challenges Index Fonds (WKN A0LGNP) der Fall. Der Nord/LB-Fonds ist ein passiv gemanagter Indexfonds, der den GCX im Hinblick auf Zusammensetzung und Gewichtung eins zu eins abbildet. Der Superior 6 Global Challenges Fonds ist ein aktiv gemanagter Fonds, der in Aktien aus dem GCX-Index investiert, diesen aber nicht eins zu eins abbildet.

Will man an der Entwicklung von Indizes partizipieren, sind ETFs bestens geeignet. iShares ist einer der bekannten Anbieter. Auf seiner Webseite findet man auch zwei Nachhaltigkeits-ETF.

Das sieht so aus:

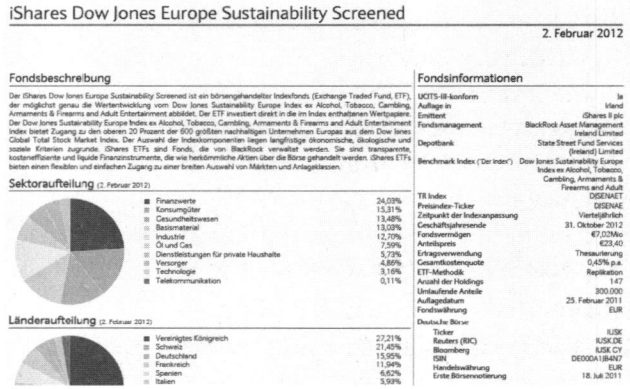

Dieser ETF (WKN A1JBAW) orientiert sich am Nachhaltigkeits-index Dow Jones Sustainability Index Europe, der von der Nachhaltigkeitsagentur SAM geführt und überprüft wird. Er ist voll replizierend, das heißt er wird in Aktienkäufen dargestellt. Damit ist alles in bester Ordnung: Nur die Performance ist nicht gerade umwerfend. Seit seiner Auflage am 25. 2. 2011 hat er ungefähr 7 Prozent an Wert verloren.

Es gibt noch einen ETF, der die ganze Welt umfasst (WKN A1JBAP). Er ist aufgebaut wie sein europäischer Bruder, hat nur Aktien weltweit im Portfolio. Er hat seit seiner Auflegung 5 Prozent an Wert verloren.

Grundlage Unternehmensanleihen

Wer kein Aktienfan ist und lieber in Unternehmensanleihen investiert, findet natürlich auch einen geeigneten Fonds: Der Espa Vinis Bond Euro Corporate (WKN A1JGB3) ist ein Publikumsfonds im Auftrag der Erste-Sparinvest KAG. Dieser Fonds investiert in Anleihen von Industrieunternehmen und Finanzdienstleistern (in Euro) und bildet damit das Thema »Nachhaltige Renten« ausschließlich über Unternehmensanleihen ab.

Weil für die Gestaltung dieses Fonds kein Index zur Verfügung steht, muss das Fondsmanagement mehr Vorbereitung in die Fondsstruktur investieren. Es wendet als Auswahl für diesen Fonds den mehrdimensionalen Espa-Vinis-Investmentprozess an. Neben der Nutzung von Positiv-, Negativ- und Ausschlusskriterien wird auch der »Best-in-Class«-Ansatz genutzt. Die Auswahl der Titel basiert auf den Analysen von oekom research.

Grundlage Staatsanlagen (Obligationen oder Renten)

Als Rentenfonds würde ich den Sarasin Sustainable Bond Euro (WKN 113590) empfehlen. Es handelt sich um einen internationalen Rentenfonds, der ausschließlich in auf Euro lautende Anleihen, Wandel- und Optionsanleihen und in fest oder variabel verzinsliche Wertpapiere (Renten) von Ländern, Institutionen und Unternehmen investiert. (Damit ist der Fonds zwar ein Rentenfonds, aber er umfasst nicht nur Staatsanleihen, sondern auch Unternehmensanleihen.) Mindestens 90 Prozent der Anlagen müssen von einer anerkannten Ratingagentur mit A oder einem damit vergleichbaren Qualitätsurteil ausgezeichnet sein. Es werden nur Wertpapiere von Emittenten aufgenommen, die einen Beitrag zu einer sozialen und ökologischen Wirtschaftsweise leisten und somit zu den ökologischen und sozialen Branchenführern gehören. Als Maßstäbe gelten:

• Länder zeichnen sich durch möglichst effizient genutzte Umwelt- und Sozialressourcen aus.
• Institutionen werden daran gemessen, inwiefern sie Nachhaltigkeitsaspekte bei der Mittelverwendung integrieren und welche Erfolge sie damit erzielen.
• Unternehmen zeichnen sich durch ein umweltgerechtes, ökoeffizientes Management und die proaktive Gestaltung der Beziehungen zu den Anspruchsgruppen (z.B. Mitarbeiter, Kunden, Kapitalgeber, NGOs) aus.

- Ausschlusskriterien Unternehmen: Kernenergie, Rüstungsgüter, Chlor- und Agrochemie, Tabakwaren, Pornografie, Gentechnik in der Landwirtschaft, Menschenrechtsverletzungen, Kinderarbeit.
- Ausschlusskriterien Länder: Besitz von ABC-Waffen ohne Abrüstungspläne, Anteil von Kernenergie am Energiemix, Vollstreckung der Todesstrafe.

Die Experten des Nachhaltigkeitsteams (fünf Portfoliomanager, zehn Analysten) ordnen Unternehmen, Institutionen und Länder nach Sozial- und Umweltkriterien in der Bewertungsmatrix von Sarasin ein. Ein interdisziplinär zusammengesetzter Beirat mit Fachleuten aus den Bereichen Naturwissenschaft, Sozialwissenschaft und Ökonomie unterstützt den Fondsmanager in Bezug auf Konzept und Auswahlkriterien (Quelle: Sarasin Privatbank).

Durchaus erstaunlich ist die Performance dieses Fonds. Im Vergleich zu anderen vergleichbaren Rentenfonds hat er eine gute Performance aufgewiesen. In den letzten sechs Monaten erwirtschaftete er 2,1 Prozent (im Vergleich zu anderen Rentenfonds: 4,1 Prozent), in einem Jahr 3,2 Prozent (im Vergleich 2,6 Prozent), in drei Jahren 12,7 Prozent (19,6 Prozent), in fünf Jahren 18,6 Prozent (15,1 Prozent)

Grundlage: Themen

Es gibt Menschen, die sich an einem Thema orientieren. Für sie sind Themenfonds besonders gut geeignet. Diese Fonds investieren in Objekte (in erster Linie in Unternehmen), die für eine nachhaltige Entwicklung als wichtig erachtet werden (z. B. erneuerbare Energien, Wasser oder Klima schonende Technologien). In diesen Themenfonds werden häufig auch jüngere und kleinere Firmen aufgenommen, die als besonders innovativ gelten. Unter http://www.evb.ch/p25013433.html findet man eine Liste von nachhaltigen Themenfonds.

Verwandt mit den Themenfonds sind solche, die sogenannte

Branchenleader berücksichtigen. Da es kaum börsennotierte Großunternehmen gibt, die eindeutig und gleichzeitig ökologisch, sozial und ethisch unbedenklich sind, wählt man in vielen Fondskonzepten die jeweils besten Firmen einer Branche aus. Nach diesem Branchenleaderansatz (»Best-in-Class«-Prinzip) versucht man, in jeder Branche die jeweils fortschrittlichsten Firmen zu finden, auch wenn die Branche selbst nicht unbedingt nachhaltig ist. Unter http://www.evb.ch/p25013434.html findet man eine Liste solcher Fonds.

Wie findet man die besten nachhaltigen Fonds?

Zum Glück gibt es diverse Datenbanken, in denen nachhaltige Fonds gelistet sind. Gut und unabhängig ist die Datenbank von »Nachhaltiges Investment«. Man kann bereits unter »Stammdaten« eine Auswahl treffen. Ferner kann man eine Unterteilung nach Wertentwicklung, Regionen und Ausschlusskriterien vornehmen.

Gibt man beispielsweise »Ethikfonds« ein, so werden 25 Fonds aufgelistet. Schränkt man die Auswahl noch weiter ein, z. B. über 5 Prozent Rendite im Jahr unter Berücksichtigung aller Ausschlusskriterien, dann bleiben gerade noch zwei: den Kepler Ethikfonds, einen Rentenfonds, und den Prime Values Income Fonds, einen Mischfonds.

Auf der genannten Webseite erhält man noch mehr Informationen zu den Fonds. Man sollte sich auch unbedingt den Prospekt des Fonds genauer ansehen.

Eine Auswahl der Fonds findet man in ähnlicher Art bei Cortal Consors.

Die Webseite http://www.skandia.de/privatkunden/nachhaltige-fondsauswahl.html bietet eine sehr gute Zusammenstellung von nachhaltigen Fonds. Die Liste ist aufgeteilt nach Aktienfonds, Themenfonds, Renten- und Geldmarktfonds sowie Mischfonds. Klickt man den jeweiligen Fonds an, so erhält man sehr detaillierte Informationen aufgrund des Morningstar- Fondsporträts.

Ebenso wichtig ist die Plattform biallo.de, das Verbraucherportal für die privaten Finanzen. Hier kann man eine Liste der besten Umwelt/Nachhaltigkeitsfonds generieren.

Eine besonders interessante Plattform bietet EDA (Ethisch Dynamischer Anteil). Es ist eine von software-systems.at patentierte Wertigkeitskennzahl (Ergebnis = Prozentsatz). »EDA dient dem objektivierten Screening von Finanzprodukten nach eigens definierter Kriteriologie oder zur Überprüfung von Portfolioinhalten. Bei Fonds oder Portfolios werden die enthaltenen Einzeltitel gescreent. Die vorgegebene Kriteriologie wie z. B. lt. EDA-Standardkriterien sagt aus, inwieweit ein Finanzprodukt oder Portfolio den kriteriologischen ›nachhaltigen‹ Vorgaben des Investors entsprechen. Ein EDA von z. B. 80 für einen Fonds oder ein Portfolio sagt aus, dass 80 Prozent der Vorgaben erfüllt sind« (eigene Angaben).

Das Konzept ist deshalb so überzeugend, weil die einzelnen Maßstäbe sehr differenziert angewendet werden. Die einzelnen Grenzwerte zu den ausgewählten Kriterien sind aufgelistet. Auf der Plattform kann man folgende Kriterien auswählen:

Positivkriterien

- inhaltliche Transparenz
- verstärkt in erneuerbare Energie
- verstärkt umweltorientiert
- Anerkennung der Global Compact Prinzipien

Negativkriterien

- Ausschluss von Menschenrechtsverletzungen
- Ausschluss von Atomstromproduktion
- Ausschluss von Rüstung (gesamt)
- Ausschluss nur von Clusterbomben, Streuminen, ABC-Waffen
- Ausschluss von Tierversuchen
- Gentechnikprodukte

Dann erhält man eine solche Liste:

Finance & Ethics Research
powered by software-systems.at

Abmelde

Top Ergebnisse

Sie haben folgende Kategorie ausgewählt:
Aktienfonds

Hinweis: Um nach mehreren Spalten zu sortieren, Shift gedrückt halten und auf die gewünschte Spalte klicken.

	Fondsname	EDA	PA1	PA3	NH	FRK
	Amundi Fd.Equ.Global Aqua-AE C	100	6,96	64,92	ja	3,82
	Dexia Equ. L Sustainable Green Planet C	100	-30,89	-26,26	ja	3,84
	DNB Fund – Renewable Energy	100	-25,22	47,02	ja	3,93
	ESPA WWF Stock Climate Change A	100	-18,09	11,91	ja	3,47
	ESPA WWF Stock Umwelt A	100	-10,79	25,01	ja	3,56
	iShares S&P Global Water	100	5,31	93,14	ja	3,81
	KEPLER Öko Energien A	100	-39,52	-16,63	ja	3,75
	Lyxor ETF New Energy A	100	-21,37	-6,35	ja	4,02
	Lyxor ETF World Water D	100	12,47	85,15	ja	3,91
	PowerShares Global Clean Energy Fund	100	-30,39	-5,99	ja	3,95
	Swisscanto (LU) EF Water Invest B EUR	100	8,27	93,49	ja	3,81
	UBS (Lux) EF Climate Change P acc	100	-23,20	*	ja	3,63
	Klassik MegaTrends T	99	-10,45	26,22	ja	3,66
	LO Funds Clean Tech P	99	-8,47	26,32	ja	3,76
	Parvest Environmental Opportunities C	99	-4,75	*	ja	3,80

Diese Seite ist mit einem Informationsblatt des jeweiligen Fonds verlinkt. Allerdings muss man sich auf dieser Plattform kostenfrei anmelden: http://www.software-systems.at/eda/login.php

Um dem Anleger die Entscheidung zu erleichtern, hat die Zürcher Kantonalbank einen Nachhaltigkeitsindikator herausgebracht, mit dem sie die Fonds bewertet. Über 500 Aktien- und Obligationenfonds werden bezüglich ihrer Nachhaltigkeit bewertet und von A bis G klassifiziert (A ist die höchste Stufe, G die niedrigste). Das sieht dann so aus:

ZKB Finanz Vision Fonds

Übersicht	Details	Anlagepolitik	Kurse, Preise

Suchen Sie einen Branchenfonds mit Potenzial? Der immer ausgeprägtere Konsolidierungsprozess bei Banken und Versicherungen sowie der wachsende Bedarf nach Finanzdienstleistungen sind starke Argumente für ein Engagement im Finanzsektor. Der ZKB Finanz Vision Fonds investiert weltweit in Aktien der attraktivsten Banken, Versicherungen und ähnlichen Unternehmen. Zur Optimierung des Ertrags und des Risiko-/Rendite-Profils setzt er auch Derivativstrategien ein.

Eignung	Der ZKB Finanz Vision Fonds wendet sich an Anleger
	■ mit dem Ziel einer langfristig hohen Kapitalvermehrung
	■ mit dem Wunsch, gezielt an der Entwicklung der internationalen Aktienmärkte teilzuhaben
	■ mit Interesse an einer optimalen Risikoverteilung
	■ mit der Fähigkeit, auch grössere Kursschwankungen akzeptieren zu können
Anlagehorizont	■ mindestens 10 Jahre
Risikograd	■ Stufe 5* = hohes Risiko
Nachhaltigkeit	■ Nachhaltigkeitsindikator Stufe B

Selbstverständlich kann man auch die Nachhaltigkeitsplattform der Deutschen Börse/Xetra nutzen. Hier sind zurzeit 50 nachhaltige Fonds gelistet.

Der Anleger hat natürlich auch die Möglichkeit, sich direkt bei den Fondsinitiatoren zu erkundigen. Folgende Fondsgesellschaften haben große Erfahrung mit nachhaltigen Fonds: ESPA, DWS, Pictet, SAM, Sarasin, Swisscanto, Vontobel.

Ganz neu ist die FNG-Matrix, eine große (etwas umständliche) Excel-Liste, in der die wichtigsten nachhaltigen Fonds mit allen Nachhaltigkeitskriterien enthalten sind. Per Link kann man sich ein FNG-Nachhaltigkeitsprofil generieren, das die einzelnen Fonds inhaltlich sehr gut beschreibt. http://www.forum-ng.org/de/fng-nachhaltigkeitsprofil/fng-matrix.html

Strukturierte Papiere

Strukturierte Produkte müssen natürlich nicht immer Junk-Papiere sein. Mit ihnen kann man eine sehr individuelle Anlagestrategie gezielt umsetzen. Sie haben sehr verschiedene Zielsetzungen. Darum gibt es auch sehr unterschiedliche Zertifikattypen. Zur Zeit meiner Recherche gab es 256 nachhaltige Zertifikate. Besonders beliebt sind Kapitalschutzzertifikate.

Das Kennzeichen eines strukturierten Finanzprodukts besteht darin, dass Finanzanlagen wie beispielsweise Obligationen oder Aktien mit Derivaten (meist Optionen) kombiniert und in einem eigenständigen Wertpapier verbrieft werden. Der Rückzahlungswert eines strukturierten Papiers hängt von der Entwicklung eines oder mehrerer Basiswerte ab.

Derivate sind Finanzinstrumente, deren Preis oder Wert von den künftigen Kursen oder Preisen anderer Handelsgüter (z. B. von Rohstoffen oder Lebensmitteln), Vermögensgegenständen (Wertpapieren wie z. B. Aktien oder Anleihen) abhängt. Zu den wichtigsten Derivaten zählen Zertifikate, Futures, Warrants, Optionen, Optionsscheine, Forwards und Swaps. (Ein Swap ist ein Tauschgeschäft zwischen zwei Vertragspartnern, an zukünftigen Zeitpunkten vertraglich definierte Zahlungen auszutauschen. Die Vereinbarung definiert, wie die Zahlungen berechnet und wann sie fällig werden.) Als »Basiswerte« können Aktien, Obligationen, Rohstoffe oder Edelmetalle, Währungskurse, Zinsen und Indizes von Börsen dienen. Grundsätzlich können diese Papiere auch von ganz anderen Dingen abgeleitet werden. So gibt es sogar Wetterderivate, bei denen die Preise von der Temperaturentwicklung abhängen. Kleine Schwankungen des Basiswertes können bei Derivaten große Kursausschläge nach unten oder oben auslösen.

Seit Kurzem bieten viele Banken auch strukturierte Produkte an, die als nachhaltig bezeichnet werden. Der Begriff Nachhaltigkeit ist aber nur gerechtfertigt, wenn die Zertifikate von den

Emittenten auch in Aktien nachgebildet werden. Nicht alle Zertifikate werden jedoch durch Aktienkäufe gebildet. Es gibt auch Zertifikate als synthetische Ableitungen auf nachhaltige Unternehmen. Mit dem Kauf eines nachhaltigen Zertifikats erwirbt man nicht den Besitz einer Aktie oder eines Fondsanteil, sondern lediglich ein verbrieftes Recht, an den Wertsteigerungen des abgeleiteten Basiswertes teilhaben zu dürfen. Wenn man in der Werbung liest, dass man mit einem Zertifikat in eine Klimaverbesserung investiert, so trifft dies nicht zu, denn diese Zertifikate finanzieren keine neuen Unternehmen. Sie sind im Prinzip nur Wetten darauf, dass sich der Basiswert gut entwickelt.

! *Hinweis:* Bei ETF und Zertifikaten muss man sich die Begriffe »synthetisch« und »Replikation« merken. Unter Replikation versteht man den Prozess, wie eine Bank einen Fonds oder ein Zertifikat nachbildet. Handelt es sich um eine volle Replikation, dann erwirbt der Anbieter des Fonds oder Zertifikats den Wert, den der Fonds nachbildet, auch tatsächlich, er kauft also die entsprechenden Aktien. Bei einer synthetischen Replikation erwirbt der Anbieter keine Aktien, sondern Swaps. Diese sind so strukturiert, dass sie den Wertpapieren, die Grundlage des Zertifikats sind, entsprechen. Ein synthetischer ETF auf den DAX würde keine Aktien der DAX-Unternehmen erwerben, sondern Swaps auf den DAX, die so strukturiert sind, dass bei einem Anstieg des DAX-Kurses durch die Swaps Gewinne erzielt werden, bei einem Kursverfall hingegen Verluste entstehen. Zertifikate und ETFs mit einer synthetischen Replikation haben keine Auswirkung auf die Nachhaltigkeit, weil eben keine Aktien gekauft werden. Daher sollte man die Finger davon lassen. Es ist leider nicht einfach zu erfahren, ob ein Zertifikat eine synthetische Replikation ist. Man muss in den Emissionsprospekten nachlesen oder den Emittenten fragen.

Echten Nachhaltigkeitszertifikaten liegt meistens ein Thema zugrunde, etwa Klimaschutz. Es wird ein Korb (Basket) von Aktien ausgewählt, deren Kurse den Wert des Zertifikats bestimmen, oder man nimmt einen Nachhaltigkeitsindex und bestimmt diesen Wert als Basiswert. Ein Beispiel: Eine Bank wählt 50 nachhaltige Unternehmen zum Thema Klimaschutz aus. Der Kurs jedes Unternehmens geht mit 2 Prozent in den Basiswert (entspricht einem Index) ein. Die Bank gibt darüber ein Zertifikat (ein Zahlungsversprechen) an den Markt. Das Papier wird an der Börse gehandelt bzw. der Emittent stellt ständig gültige Kurse ein.

Strukturierte Papiere sind nur für Anleger geeignet, die keine Berührungsangst mit den Finanzmärkten haben. Aber auch für sie ist es unbedingt erforderlich, dass sie ein Zertifikat, das zum Kauf ansteht, auch verstanden haben. Das ist leider nicht immer einfach, weil in der Zertifikatebranche zunehmend »wildere« Produkte entwickelt werden. Insbesondere solche »wilden« Zertifikate waren für den Finanzcrash verantwortlich.

Die wichtigste Aussage für den Geldanleger ist, dass man im Gegensatz zu Aktien und Fonds keinen Wert an sich erwirbt, sondern nur ein Versprechen (Schuldverschreibung). Dieses Versprechen ist nichts wert, wenn die emittierende Bank oder das Finanzinstitut pleitegeht. Seit den Erfahrungen mit der Investmentbank Lehman Brothers dürfte dies allen Anlegern bekannt sein.

Strukturierte Produkte haben auch Vorteile:

Risikosteuerung: Das Auszahlungsprofil lässt sich optimal auf die Bedürfnisse und Markterwartung eines Anlegers abstimmen.

Marktzugang: Strukturierte Papiere erlauben einen einfachen und kosteneffizienten Zugang zu Märkten, in die viele Anleger früher nur sehr umständlich investieren konnten wie etwa in Rohstoffmärkte oder Schwellenländer.

Bequemer Einsatz: Mit strukturierten Papieren lassen sich einfach und bequem Anlagestrategien umsetzen, die bis vor Kurzem institutionellen Anlegern und Hedgefonds vorbehalten waren. Zudem verfügen strukturierte Papiere nie über Nachschusspflicht, was Einsatz und Risikoüberwachung stark vereinfacht.

Aus der Vielfalt der Zertifikate seien hier zwei herausgegriffen, weil man sie oft auch als nachhaltige Investments findet:

1. *Indexzertifikate:* Sie bieten die Möglichkeit, an der Entwicklung des zugrunde liegenden Index zu partizipieren, da sie exakt der Entwicklung ihres Referenzindex folgen. In der Regel verfügen Indexzertifikate über ein Bezugsverhältnis von 1:10 bzw. 1:100. Ein Indexzertifikat auf den DAX mit einem Bezugsverhältnis von 1:100 würde bei einem Indexstand von 6000 Punkten beispielsweise 60 Euro kosten. Indexzertifikate werden häufig auch Partizipationsscheine genannt. Indexzertifikate können auch einen nachhaltigen Index als Basis haben. Daher sind insbesondere solche Zertifikate für nachhaltige Geldanleger gut geeignet.

2. *Bonuszertifikate:* Sie sind ebenfalls sehr beliebt. Sie bestehen aus drei Komponenten: Erstens bieten sie die Chance, an der positiven Performance eines Basiswertes – etwa einem Index oder einer Aktie – zu verdienen. Zweitens gibt es am Laufzeitende eine Bonuszahlung in Form einer Art Garantieverzinsung, die aber nur gezahlt wird, wenn drittens eine deutlich unter dem Startwert des jeweiligen Basiswertes liegende Kursbarriere (Knock-in-Schwelle) während der gesamten Laufzeit nie berührt oder unterschritten wird. Bis zur Knock-in-Schwelle hat der Anleger somit einen Risikopuffer. Wird diese Knock-in-Schwelle während der Laufzeit des Zertifikats berührt oder unterschritten, verwandelt sich das Produkt augenblicklich in ein klassisches Index- oder Partizipationszertifikat. Die ursprüngliche Garantieverzinsung, also der Bonusbetrag, geht verloren.

Außerdem gibt es Zertifikate, die eine Kapitalschutzgarantie aufweisen, Zertifikate, die auf eine positive Entwicklung setzen, und Zertifikate, die auf ein Fallen der Märkte setzen. Mit Zertifikaten gerät man zweifellos in die Nähe der Spekulation.

Bei einer Befragung von deutschen Geldanlegern stellte sich heraus, dass eine der wichtigsten Fragen das Emittentenrisiko ist. Somit achten die Anleger zuallererst auf die Bonität der Emittenten. Darüber kann man sich beim Deutschen Derivate Verband (DDV) informieren. Unter http://www.derivateverband.de/DEU/Transparenz/CreditRating kann man die Kreditratings der einzelnen Emittenten nachlesen.

Mittlerweile gibt es auch ein Gütesiegel für Zertifikate. Ziel des Zertifikateratings der European Derivatives Group (EDG) ist es, den Anlegern auf Basis objektiv ermittelbarer Kriterien eine Wertung des jeweiligen Zertifikats zur Verfügung zu stellen. Damit kann der Auswahlprozess vereinfacht werden, und man erhält eine bessere Markttransparenz. Allerdings ist die Anzahl der bewerteten Zertifikate noch sehr gering im Vergleich zu der schier unübersichtlichen Angebotsvielfalt.

Die Bewertung erfolgt nach vier Kriterien: Kosten, Handel (Liquidität), Bonität und Informationsbereitstellung des Emittenten. Zudem wird das jeweilige Zertifikat in bestimmte Risikoklassen eingeordnet, die sich von »sicherheitsorientiert« bis »spekulativ« erstrecken. Auf diese Weise kann der Anleger schnell erkennen, ob das jeweilige Papier für ihn geeignet ist. Die Bewertung erfolgt in einer Skala von fünf Sternen in der jeweiligen Risikoklasse. Je mehr Sterne ein Produkt erhält, desto besser ist es für die jeweilige Risikoklasse geeignet.

Einige Empfehlungen für nachhaltige Anleger

Wie findet man »nachhaltige Zertifikate«? Die einzige einigermaßen zugängliche Quelle ist wiederum Deutsche Börse/Xetra. Hier sind zumindest 18 Zertifikate gelistet. Man kann gut erkennen, welcher Index dem Zertifikat zugrunde liegt.

Themenzertifikate
Verbriefte Nachhaltigkeit

Gewinner Themenzertifikate

VKN	Basiswert / Produkttyp		Differenz Vortag %
fv2AWP	HVB Nachhaltigkeits Preisindex Express Zertifikat	▾	2,39%
fv2CGP	HVB Nachhaltigkeits Preisindex Relax Express Zertifikat	▾	1,18%
fv5YE9	HVB Nachhaltigkeits Preisindex Sonstige Express-Zertifikate	▾	1,37%
fv5YEL	HVB Nachhaltigkeits Preisindex Relax Express Zertifikal	▾	1,04%
fv2AUR	HVB Nachhaltigkeits Preisindex Express Garantie Zertifikat	▾	0,15%

Das Angebot an themengebundenen Anlagezertifikaten wächst stetig. Gut 15 verbriefte Wertpapiere sind der Nachhaltigkeit gewidmet. Sie sind entweder an die Wertentwicklung eines Aktienkorbs gekoppelt, der von dem jeweiligen Emittenten nach festgelegten Kriterien zusammengestellt wird oder an einen Nachhaltigkeitsindex.

Nachhaltigkeits Zertifikate

VKN	Produkttyp	Basiswert	Emittent	Fälligkeit	Geld	Brief
96425	Index/Tracker-Zertifikat	STOXX Europe Sustainability Index Price Index	WLB		6,90	6,90
88888	Index/Tracker-Zertifikat	FTSE4Good EUR 50	UES		0,000	0,000
IC0BUS	Kurs-Garantie Zertifikat	Barclays Select 10 Sustainable Basket	BAR	30.09.2013	948,31	958,31
IC0ELB	Kurs-Garantie Zertifikat	Sustainability 1C Income Welt Kinetic Strategy	BAR	29.05.2013	958,02	968,02
ILB23C	Index/Tracker-Zertifikat	Value-Nachhaltigkeits Referenzportfolio	BLB		60,33	61,33
2B4MWR	Index/Tracker-Zertifikat	Sustainability All Stars Fondsindex	COEA		80,48	81,69
IFIWDQ	Index/Tracker-Zertifikat	DAXGlobal Sarasin Sustainability Germany	COEA		14,31	14,34

Mühsamer, aber durchaus sinnvoll ist die gezielte Suche nach passenden Zertifikaten bei den Emittenten.

Um dies auszuprobieren, wählen wir als Beispiel das Unternehmen Vontobel. Zunächst suchen wir eine Aussage, inwieweit sich das Unternehmen der Nachhaltigkeit verpflichtet fühlt. Das Unternehmen bekennt sich zu Stabilität, wirtschaftlichem Erfolg und Verantwortung. Daraus ergeben sich zehn Nachhaltigkeitsleitsätze, die die Basis für die Unternehmensführung bilden. Ein solches Bekenntnis beweist zumindest, dass sich das Unternehmen mit der Thematik beschäftigt hat. Leider findet man keinen direkten Zugang zu »nachhaltigen Produkten«.

Am besten sucht man unter »Investment Themen«. Da findet man beispielsweise »Investieren in China Urbanization« und liest: »Im bevölkerungsreichsten Land der Welt existieren mehr als 100 Megastädte mit jeweils mehr als einer Million Einwohner. Die wachsende Urbanisierung, also der Wechsel von der weniger produktiven Landwirtschaft im Landesinneren hin zu den produktiveren Sektoren Industrie und Dienstleistungen in den Metropolen, nimmt in China rasant zu. Im Jahr 2000 lebten ca. 454 Millionen Chinesen in Städten. Bis zum Jahr 2025 wird diese Anzahl voraussichtlich auf ca. 822 Millionen Menschen ansteigen. Die zunehmende Stadtbevölkerung führt langfristig zu einem höheren Wirtschaftswachstum. Natürlich ändert sich damit auch die Nachfragestruktur der Bevölkerung. Die Einwohner streben nach neuem Wohnraum, nach Bildung, nach einer Gesundheitsversorgung und natürlich auch nach Automobilen und Luxusgütern. Mit dem DAXglobal China Urbanization Index-Zertifikat können Sie an der Verstädterung Chinas partizipieren.« (WKN VT0GXX)

Das klingt einleuchtend. Aber was bedeutet das? Ist das nachhaltig? Der Anleger muss entscheiden, ob ein so beschriebenes Zertifikat seinen Vorstellungen von Nachhaltigkeit entspricht.

Beim Thema »Familienunternehmen schlagen den breiten DAX« liest man: »Beim DAXplus Family 30 Index werden die dreißig größten und liquiditätsstärksten börsennotierten Familienunternehmen gesammelt. Es müssen mindestens 25 Prozent der Stimmrechtsanteile in Besitz der Gründerfamilie sein (…). Diese ›Familien-AGs‹ sind zumeist durch ihre langfristige und nachhaltige Strategie in Management und operativem Geschäft den anderen Aktiengesellschaften überlegen. Darüber hinaus sind sie meist kleiner und können schneller Personal auf- und abbauen« (WKN VT0DL4).

Sind Familienunternehmen nachhaltiger als andere? Man könnte dem zustimmen, da die Verantwortung stärker personalisiert ist. Aber man muss sich unbedingt die Liste der Unternehmen ansehen, die mit diesem Zertifikat abgedeckt sind, und entscheiden, ob man ihnen die Nachhaltigkeit zubilligt. Manche der aufgenommenen Unternehmen sind bereits so groß, dass die Eigentümer nicht mehr den Ton angeben. Nicht der Titel ist entscheidend, sondern der Inhalt.

Wie kann man mit »nachhaltigem Konsum« punkten? Vontobel versucht es mit einem Zertifikat auf den Basiswert Vontobel Sustainable Consumption Total Return Index. Dieser Index wurde zusammen mit der Ratingagentur INrate entwickelt. Gelistet sind Unternehmen, die nachhaltige Produkte entwickeln. Dadurch, so die Behauptung, wird nachhaltiger Konsum ermöglicht. Und daraus erfolgt ein Strukturwandel, der wiederum die nachhaltige Gesellschaft fördert. Das Indexzertifikat auf den Sustainable-Consumption-Index beinhaltet Unternehmen, die hier besonders engagiert sind. Es bündelt diese Unternehmen in die aus Nachhaltigkeitssicht besonders relevanten vier Wirkungsbereiche »Food«, »Beauty & Fashion«, »Communication« und »Living«.

Wenngleich die Idee gut ist, kommen einem Zweifel, ob damit eine nachhaltige Entwicklung unterstützt wird. Das Zertifikat wurde am 30. 11. 2007 emittiert. Eine Rückrechnung aus dem Jahr 2007 ergibt eine Wertentwicklung zwischen 2002 und 2007 von 100 auf 360. Dummerweise verlief die weitere Wertsteigerung (2007 bis 2011) von 100 auf ziemlich genau ebenfalls 100 mit einem Tief bei 50 und einem Hoch bei 120. Sehr attraktiv scheint dieses Zertifikat also nicht zu sein (WKN VFP12B).

Die meisten nachhaltigen Zertifikate bietet ABN; es folgen Société Générale und HSBC Trinkaus & Burkhardt. Aber auch Commerzbank, Hypo Vereinsbank, WestLB, Vontobel und DZ-Bank haben nachhaltige Zertifikate in ihrem Portfolio.

Checkliste für Zertifikateanleger

✓ Sind Sie mit dem Basiswert vertraut? Entspricht er Ihren Vorstellungen von Nachhaltigkeit? (Sie sollten den Basiswert kennen und eine persönliche Einschätzung dazu haben. Zudem muss der Basiswert Ihren Nachhaltigkeitsvorstellungen entsprechen.)

✓ Entspricht das Zertifikat Ihrer Markterwartung? (Sie sollten zum einen eine Vorstellung haben, wie sich der Basiswert entwickeln wird, um einen Gewinn zu erzielen. Darüber hinaus ist es auch wichtig zu wissen, welche Entwicklung das Zertifikat haben muss, um einen Gewinn zu erzielen. Das Zertifikat kann konträr zur Entwicklung des Basiswertes funktionieren.)

✓ Wissen Sie, welche Voraussetzungen erfüllt sein müssen, damit Sie mit dem Zertifikat einen Gewinn erzielen? (Bei Zertifikaten müssen häufig unterschiedliche Bedingungen erfüllt sein, damit sich ein Gewinn einstellt. Sind Ihnen diese Bedingungen geläufig?)

✓ Kennen Sie gegebenenfalls Stichtage und Kursschwellen, die für das Zertifikat von Bedeutung sind? (Zertifikate sind häufig an Zeitpunkte geknüpft, es müssen gewisse Kursschwellen erreicht werden, oder umgekehrt, dürfen diese Kursschwellen nicht erreicht werden. Sind Ihnen diese Bedingungen klar?)

✓ Kennen Sie die wesentlichen Einflussfaktoren, die sich auf den Wert des Zertifikats auswirken können? (Zertifikate sind während der Laufzeit Markteinflüssen wie Basiswertentwicklung, Volatilitäts- und Zinsschwankungen unterworfen. Sind Ihnen die Einflussmöglichkeiten klar?)

✓ Ist es notwendig, dass Sie das Zertifikat bis zur Rückzahlung am Laufzeitende halten, oder können Sie es auch vor Fälligkeit verkaufen? (Der Kurs während der Laufzeit eines Zertifikats (an der Börse) kann von dem (unter Umständen bereits vereinbarten) Rückzahlungsbetrag am Laufzeitende erheblich abweichen. Manche Zertifikate entfalten ihre Vorteile erst bei Fälligkeit. Dies trifft vor allen Dingen auf Kapitalschutzzertifikate zu.)

✓ Sind Sie über Chancen und Risiken des ausgesuchten Zertifikats informiert? (Die Zertifikate haben unterschiedliche Risikoklassen, die sich von den Ausstattungsmerkmalen ableiten. Es kann sich dabei um konservative, aber auch um spekulative Produkte handeln. Sie müssen wissen, dass Sie bei Zertifikaten das Emittentenrisiko tragen.)

✓ Wissen Sie, wie hoch der maximale Verlust des Zertifikats ausfallen kann? Handelt es sich gegebenenfalls um einen Totalverlust?)

✓ Wissen Sie, wer der Emittent des Zertifikats ist? (Die Bank, von der Sie das Zertifikat erwerben, muss nicht zwangsläufig der Emittent des Zertifikats sein. Haben Sie nachgefragt, wer der Emittent ist? Vertrauen Sie diesem Emittenten? Steht er auch für Nachhaltigkeit?)

✓ Ist in dem Zertifikat eine Art von Diversifikation (Risikostreuung) enthalten? (Zertifikate können auf einen einzigen Basiswert lauten. Sie können aber auch auf einen Basket (Aktienkorb) oder einen Index lauten und somit einen Teilmarkt oder einen Markt abdecken. Wissen Sie das, und entspricht es Ihrer Ausrichtung?

✓ Kennen Sie mögliche Gebühren, die beim Erwerb und bei der Veräußerung vor Rückzahlung am Laufzeitende entstehen (Ausgabeaufschlag, Transaktionskosten, Maklergebühr)? (Gebühren schmälern die Rendite. Daher sollten Sie sämtliche Kosten, die über die gesamte Laufzeit entstehen, kennen.)

✓ Wissen Sie, an welchen Börsenplätzen – oder außerbörslich – zu welchen Zeiten und zu welchen Konditionen Ihr Zertifikat gehandelt werden kann? (Zertifikate können grundsätzlich börslich und außerbörslich gehandelt werden. Die wichtigsten Zertifikatebörsen sind Stuttgart (EUWAX) und Frankfurt a. M. (Scoach). Der außerbörsliche Handel erfolgt in der Regel direkt mit dem Emittenten.)

✓ Haben Sie gegebenenfalls den Verkaufsprospekt gelesen, haben Sie weitere Informationen im Internet eingeholt?

✓ Wissen Sie, ob das Zertifikat und der Basiswert in das Portfolio Ihres Depots passen? (Zertifikate können ein Spekulationsanteil im Depot sein, aber auch einige Positionen im Depot absichern.)

✓ Bezogen auf die gesamte Geldanlagestrategie: Passt das Zertifikat zu Ihren Anlagevorstellungen (Laufzeit, Verfügbarkeit, Risikoneigung)?

✓ Können Sie mit diesem Zertifikat Ihr persönliches Anlageziel erreichen?

! *Tipp:* Nur investieren, wenn man das Produkt auch wirklich verstanden hat.

Festgeld – der Geldparkplatz

In Hochzinszeiten sind Festgelder eine gute Sache. Man kann sein Geld komfortabel parken und erhält einen schönen Zinsbetrag. In Zeiten von niedrigen Zinsen ist Festgeld nicht mehr so attraktiv. Die Zinsen des Festgeldes sollten zumindest die Inflation abdecken. Leider ist dies nicht immer der Fall.

Stellt sich für einen gewissenhaften Anleger die Frage, ob sein Geld auf dem Festgeldkonto zumindest sicher ist. Um die Sicherheit der Geldanlage zu garantieren, wurde von den deutschen Kreditinstituten der Einlagensicherungsfonds geschaffen. Fast alle deutschen und einige ausländische Banken mit Niederlassungen in der BRD gehören diesem Fonds an. Die Banken sind verpflichtet, die Sicherungseinrichtung, der sie angehören, zu veröffentlichen. Anhand dieser Information kann der Kunde die Absicherung seiner Geldanlage erkennen.

Die Guthaben von Privatpersonen sind bis zur Höhe von 30 Prozent des haftenden Eigenkapitals der jeweiligen Bank gesichert. Das heißt, bei einer Bank mit einem Eigenkapital von 10 Millionen Euro sind Beträge bis zu 3 Millionen Euro pro Anleger voll geschützt. Gut ist in diesem Zusammenhang, dass aufgrund der Finanzkrise das Eigenkapital der Banken erhöht wurde. Bezüglich der Sicherheit kann man als Anleger also einigermaßen entspannt sein.

Aber für den gewissenhaften Anleger, der sich mit der »Nachhaltigkeit« beschäftigt, stellt sich auch die Frage, was die Bank eigentlich mit dem Geld macht, das er bei ihr als Festgeld anlegt. Und er hat auch kaum eine Möglichkeit, dies konkret herauszufinden.

So war zu lesen, dass die Commerzbank Kreditlinien für Alliant Technologies und für Lockheed Martin bereitstelle. Beide Unternehmen sind aktiv in der Produktion von Clusterbomben. Das bedeutet nun auch, wenn man bei der Direktbank Comdirect Festgeld angelegt hat, dass die Comdirect-Mutter Commerzbank das Geld auf diese Art und Weise einsetzen könnte. Falls man sein Festgeld bei der UBS oder der Société Générale angelegt hat, sollte man wissen, dass diese Banken mit dem Geld auch ein Uranminenprojekt in Afrika unterstützt haben. Von der Deutschen Bank weiß man, dass sie unter anderem Kasinos in Las Vegas betreibt.

Das Problem ist natürlich, dass man als Anleger weder die Möglichkeit hat, die Investments der jeweiligen Bank genannt zu bekommen, geschweige denn vor Ort zu überprüfen. Und so muss sich jeder die Frage stellen, ob er bei Commerzbank oder Deutscher Bank sein Festgeld anlegen will.

Bei Sparkassen und Genossenschaftsbanken sieht es besser aus. Das hängt vom Geschäftskonzept ab. Die Kreditvergabe ist eher lokal ausgelegt. Die Kreditnehmer sind häufig Unternehmen der Region. Aber Achtung, darunter können natürlich auch solche sein, deren Geschäftsgebaren einem vielleicht nicht ganz behagt.

Nehmen wir als Beispiel die WestLB AG. Eigentlich könnte man davon ausgehen, dass die Aktivitäten dieser Bank eher regional ausgerichtet sind. Aber dann erfährt man, dass sie die bolivianische Regierung beim Bau von zwei Ölplattformen mitten im Nationalpark Yansuni unterstützen wollte. Außerdem sollten eine Ölpipeline und eine Versorgungsstation gebaut werden. Die Konsequenz: Massive Eingriffe in die Natur des Nationalparks, teilweise Entwaldung eines Gebietes, das 1989 von der UNESCO zum Biosphärenreservat erklärt wurde.

Es gibt keine schnelle und einfache Möglichkeit der Prüfung, wie das Tagesgeld oder Festgeld einer Bank verwendet wird. Man könnte zwar einen Blick in den jeweiligen Jahresbericht werfen, aber auch da ist manches nicht so deutlich beschrieben, dass man es auf Anhieb verstehen könnte.

Einige Empfehlungen für nachhaltige Anleger

Eine Möglichkeit besteht darin, sich an dem Nachhaltigkeitsranking der Deutschen Börse/Xetra zu orientieren.

Beispiel: Die Deutsche Bank erhält 86,10 Punkte (von 100) im ökologischen Bereich, 81,80 Punkte im sozialen Bereich und 51,50 Punkte für die Unternehmensführung. Die Commerzbank kommt auf folgende Werte: 82,60 im ökologischen Bereich, 75,60 Punkte im sozialen Bereich und nur 7,70 Punkte für die Unternehmensführung. Die Deutsche Bank wäre damit (alles über 50 Punkte ist akzeptabel) reingewaschen, der Commerzbank werden aufgrund schlechter Unternehmensführung (dazu zählen auch die »unmoralischen« Kreditvergaben) ihre Mängel eindeutig attestiert.

Man kann natürlich auch noch einen anderen Auswahlweg beschreiten: Welche Banken berücksichtigen bei der Kreditvergabe ökologische und soziale Aspekte? Welche Banken haben klar definierte Ausschlusskriterien, die sie auch konsequent anwenden? Das sind die Nachhaltigkeitsbanken. Bei ihnen kann man sicher sein, dass jede Kreditvergabe in Übereinstimmung mit den Nachhaltigkeitsrichtlinien erfolgt.

> **!** *Tipp:* Wenn man das Geld mit Sicherheit nachhaltig parken will, wendet man sich an die Nachhaltigkeitsbanken.

Und was ist mit Sparbüchern und ähnlichen »überholten« Anlagemöglichkeiten? Ich gebe zu, dass ich kein Sparbuchfan bin. Die Verzinsung von Sparbüchern ist einfach nicht gut genug. Aber wenn man sich nicht entscheiden kann, wenn man erst noch die Beendigung der Finanzkrise im Euroraum abwarten möchte, dann kann man durchaus sein Geld etwas längerfristig auf einem Sparbuch parken. Es gibt einige durchaus interessante Ethikvarianten der Sparbücher. Auch in einem solchen Fall ist man bei den Nachhaltigkeitsbanken gut aufgehoben.

Einige Beispiele, die nicht unbedingt aktuell sind, die aber aufzeigen, welche Formen von nachhaltiger Festgeldanlage es gibt. Am besten man erkundigt sich bei seiner Bank oder sucht im Internet nach solchen Angeboten. Sie gibt es zu jeder Zeit. Man muss sich nur auf die Suche machen:

• Das Schelhammer-Ethiksparbuch: Es ist eigentlich ein ganz normales Sparbuch, auf dem man das Geld mit fester Verzinsung anlegen kann. Aber man hat zusätzlich die Garantie, dass das angesparte Geld zugunsten einer nachhaltigen Entwicklung von Wirtschaft und Gesellschaft eingesetzt wird. Denn »Geld kann mehr als Zinsen bringen«. Slogan der Bank: »Das Schelhammer-Ethiksparbuch gibt Ihnen die Möglichkeit, diesen Geldfluss zu beeinflussen und jene Unternehmen zu bevorzugen, die Umweltschutz und soziale Gerechtigkeit ernst nehmen und in ihrer Geschäftspolitik umsetzen.«

- 2010 bot die Kreissparkasse Mainz sogenannte Bürger-Solar-Sparbriefe an. Basis dieser Sparbriefe war eine Fotovoltaik-anlage, die das Unternehmen Schott Solar auf dem Gelände einer ehemaligen Zementfabrik installierte, das der Stadt gehört. Auch die Stadtwerke Mainz beteiligen sich an diesem Projekt. Als Mindesteinlage mussten 500 Euro investiert werden, maximal konnte man sich mit 10 000 Euro an dem Projekt beteiligen. Bei fünf Jahren Laufzeit bot die Sparkasse 3,5 Prozent Verzinsung pro Jahr. Das waren immerhin 1,25 Prozent mehr als ein normal verzinster Sparkassenbrief der Sparkasse Mainz. Die Bürger hatten alternativ auch die Möglichkeit, direkt in eine Fotovoltaikanlage zu investieren. In diesem Fall könnte die Rendite vermutlich verdoppelt werden.

- Die Sparkasse Bochum brachte 2011 einen KlimaBrief heraus. Das Geld war für die Stadtwerke bestimmt, um in regenerative Energien zu investieren. Die Bürger konnten sich daran beteiligen. Mindestanlage 1 500 Euro, die Obergrenze lag bei 10 000 Euro. Kein Verlustrisiko. Anlage und Zinssatz sind garantiert. Die Sparkasse betonte, auf den Profit zu verzichten, die Stadtwerke nahmen der Sparkasse dieses Geld umgehend ab und investierten in nachhaltige Projekte. Sie finanzierten mit dem Geld ihrer Bürger Windkraft, Biomasse, Solarkraftwerke und Geothermie. Das Geld verbleibt somit in der Region und verbessert die Lebensbedingungen an Ort und Stelle.

Das »Magische Dreieck«
wird zum »Magischen Viereck«

Früher war es für den Anleger nicht einfach, seine Ziele zu bestimmen. Dabei wünschen sich die meisten eine gute, vielleicht sogar eine maximale Rendite bei minimalem Risiko und schneller Verfügbarkeit. Die Geldanleger haben aber erkannt, dass nicht alle Wünsche in Erfüllung gehen können, insbesondere wenn sich die Wünsche widersprechen. Eine hohe Rendite ist eben auch mit einem höheren Risiko verbunden. Seit der Lehman-Pleite ist dies jedem Anleger bekannt. Man spricht daher vom Magischen Dreieck, denn das Wort »magisch« deutet bereits darauf hin, dass es fast ein Wunder wäre, wenn man alle Wünsche erfüllen könnte.

Bleiben wir zunächst bei den einzelnen Kriterien:

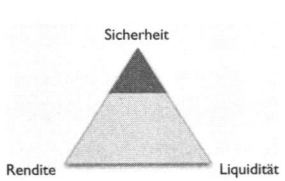

Zuerst die Sicherheit. Das Risiko einer Vermögensanlage und damit die Sicherheit, dass das angelegte Kapital erhalten bleibt, kann von verschiedenen Faktoren wie z.B. der Bonität (Zahlungsfähigkeit) des Schuldners, dem Kursrisiko oder – bei Auslandsanlagen – der politischen Stabilität des Anlagelandes abhängig sein. Nicht zu vergessen das Währungsrisiko, wenn man in anderen Währungen anlegt. Man kann die Gesamtsicherheit eines Depots erhöhen, indem man etwa das angelegte Kapital auf unterschiedliche Anlageformen aufteilt oder/und in verschiedene Branchen, Länder und Währungen investiert. Man bemüht dabei zur Veranschaulichung das Bild des Eierkorbs. Viele Eier liegen im Korb, und man hofft, dass nicht alle kaputtgehen, wenn der Träger stolpern sollte.

Die größtmögliche Sicherheit als Anleger erhält man, wenn man mit offenen Augen durch die Finanzwelt geht, nicht auf seinem »Recht« besteht und seine Gier im Zaum hält.

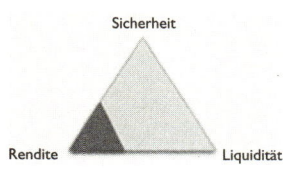

Eine wichtige Rolle spielt die Rendite. Sie ergibt sich aus der Höhe des Ertrags der Vermögensanlage. Zu den Erträgen einer Anlage gehören Zins- und Dividendenzahlungen sowie Wertsteigerungen, z. B. in Form von Kursgewinnen. Abziehen muss man die Kosten. Eine gute Rendite und ständige Erfolge an der Börse verführen. Viele Geldanleger haben in Boomzeiten profitiert, zu viel auf eine Karte gesetzt und schließlich alles verloren. Man sollte daher nicht unrealistischen Renditeversprechen Glauben schenken. Besonders bei der Rendite muss man die Gier in den Griff bekommen.

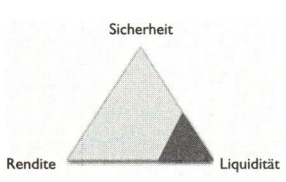

Die Liquidität beschreibt die Verfügbarkeit eines Vermögens in Bargeld. Je schneller und flexibler ein investierter Geldbetrag dem Anleger wieder zur Verfügung steht, desto höher ist die Liquidität der Anlageform. Wenn man an der Börse anlegt, ist das kein so großes Problem, denn dort kann man fast jeden Tag handeln. Dennoch ist man gut beraten, auch Verlustperioden zu ertragen und nicht gleich zu verkaufen. Die Liquidität sagt also auch aus, wie lange man Geld entbehren kann. Ist man jung, dann kann man Geld längere Zeit entbehren, denn man verdient ja noch. Ist man Rentner, muss man vielleicht von seinem Vermögen leben. Dann kann man das Geld nicht lange anlegen und Verlustperioden nicht abwarten. Je höher die Liquidität sein muss, desto geringer ist tendenziell die Rendite.

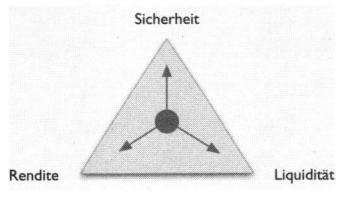

Im magischen Dreieck der Geldanlage versucht man, den Zusammenhang zwischen Sicherheit, Liquidität und Rendite aufzuzeigen.
Der Geldanleger muss eine für ihn
passende optimale Kombination
dieser drei Faktoren finden. So besteht zwischen Liquidität und
Rentabilität einer Geldanlage ein Zielkonflikt, denn schneller
verfügbare Anlagen bringen häufig niedrigere Erträge. Deshalb
sind als Erstes die persönlichen Bedürfnisse und Erwartungen
in Bezug auf Verfügbarkeit und Ertrag einer Kapitalanlage sowie die persönliche Risikobereitschaft wichtig für die Wahl der
Anlageform. Sehr wohl kann man aber durch eine geschickte
Auswahl der Finanzierungsinstrumente das Anlageportfolio
optimieren.

Der nachhaltige Geldanleger hat zwei Möglichkeiten, sich zu
positionieren. Wenn Nachhaltigkeit für ihn das oberste Gebot
ist, akzeptiert er nur nachhaltige Anlagen. Dann kann er nach
dieser prioritären Bedingung die Erfordernisse des Magischen
Dreiecks anwenden. Oder er führt das Dreieck in ein Viereck
über. Was bedeutet, dass er seine moralische Auffassung – seine

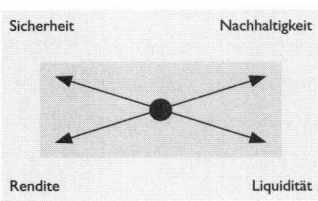

Wertvorstellungen – als Kriterium
für die Geldanlage einbringen will.
Die Forderung nach Nachhaltigkeit einer Geldanlage wird folglich die Ausprägung des Portfolios
beeinflussen.

Checkliste zur Zielbestimmung

Der folgende Fragenkatalog hilft, die eigenen Prioritäten in den Abhängigkeiten des Magischen Vierecks zu beschreiben:

✓ Wie ist mein Lebensalter? Je jünger ich bin, desto längerfristig kann ich Geld anlegen.

✓ Benötige ich Geld zu einem bestimmten Zeitpunkt? Dann muss ich eine Geldanlage so terminieren, dass ich das Geld rechtzeitig zur Verfügung habe.

✓ Bin ich mir bewusst, dass aus ökonomischer Sicht nachhaltige Geldanlagen ihre Gewinne auf Basis langfristiger Produktions- und Investitionsstrategien aufbauen und nicht in kurzfristiger Gewinnmaximierung erwirtschaftet werden? Dann werde ich mich eher für langfristige Investments entscheiden.

✓ Gehe ich davon aus, dass die Erträge aus meinen Finanzanlagen in vertretbarer Relation zu den Erträgen aus realer Wertschöpfung stehen und nicht bloße Geldbewegungen auf den Kapitalmärkten zugrunde liegen? Dies könnte Abstriche bei der Renditeerwartung bedeuten.

✓ Bin ich bereit, auf Rendite zu verzichten, damit die Erfüllung elementarer Bedürfnisse (z. B. Trinkwasserversorgung) nicht gefährdet wird? Dies bedeutet eindeutig die Akzeptanz von niedrigeren Renditen.

✓ Ziehe ich es vor, dass meine Rendite niedriger ausfällt, wenn ich weiß, dass die Geschäfte nicht auf kontroversen Geschäftspraktiken wie z. B. Korruption oder Bilanzfälschung beruhen? Auch dies bedeutet eindeutig die Akzeptanz von niedrigeren Renditen.

✓ Ist es mir wichtig, dass die Gewinnerzielung im Einklang mit der Steigerung der Ressourcenproduktivität und den Investitionen in erneuerbare Ressourcen steht? Davon verspreche ich mir auch ein höheres Maß an Sicherheit.

✓ Ist für mich die Wiedergewinnung und Wiederverwendung gebrauchter Stoffe und die Funktionsfähigkeit globaler und lokaler Ökosysteme (z. B. Regenwälder, Meere) wichtiger als eine zweistellige Rendite? Ich fühle mich dann auf der sicheren Seite mit einer langfristigen Anlage.

✓ Will ich mit meiner Geldanlage einen Beitrag zur Entwicklung des Humankapitals (Verantwortung für Arbeitsplätze, Aus- und Weiterbildung, Förderung selbstverantwortlichen Arbeitens, Vereinbarkeit von Beruf und Familie, Respekt vor der Verschiedenheit der Einzelnen) leisten, ebenso zur Entwicklung des Sozialkapitals (Schaffung von Erwerbschancen, Ausgewogenheit zwischen den Generationen, diskriminierungsfreier Umgang mit Minderheiten, Funktionsfähigkeit der Regionen, Förderung zivilgesellschaftlichen Handelns) und zur Entwicklung des Kulturkapitals (Respekt vor kultureller Vielfalt unter Wahrung persönlicher Freiheitsrechte und gesellschaftlicher Integrität, Mobilisierung der Potenziale kultureller Vielfalt)? In diesem Fall hat meine nachhaltige Motivation Vorrang vor anderen Überlegungen.

Die Konsequenz aus dem Magischen Viereck bedeutet, dass ich mit meiner ethischen oder nachhaltigen Geldanlage bereit bin, wirtschaftliche Prozesse mitzugestalten oder zumindest zu beeinflussen. Es gibt drei Ansätze, wie man agieren kann:

Förderprinzip

Die Geldanleger investieren nur in Unternehmen, die zu ihren Zielen passen. Im Rahmen des Förderprinzips wird deshalb untersucht, welche Unternehmen oder Staaten sich durch verantwortliche Produkte, Produktionsprozesse, Wirtschafts- und Handlungsweisen auszeichnen.

Ausschlussprinzip

Der umgekehrte Ansatz besteht darin, Wertpapieremittenten vom Investment auszuschließen, die ethisch nicht vertretbare Produkte, Produktionsprozesse oder Wirtschafts- und Handlungsweisen an den Tag legen. Häufig gewählte Ausschlusskriterien bei Aktienemittenten sind beispielsweise Waffenproduktion, Verstöße gegen Menschen- oder Arbeitsrechte. Für Staatsanleihen sind das z. B. Todesstrafe, schwere Korruption oder die Nichtratifizierung der Kinderrechtskonvention.

Engagementansatz

Bei diesem Ansatz versucht der Geldanleger, als aktiver Aktionär die Unternehmenspolitik direkt zu beeinflussen. Die Investoren treten in den direkten Dialog mit dem Management ein, um auf soziale und ökologische Missstände hinzuweisen und diese zu beseitigen. Der Kontakt kann beispielsweise über einen Briefwechsel, im persönlichen Gespräch oder bei der Hauptversammlung des Unternehmens erfolgen.

! *Tipp:* Der Engagementansatz wird heute noch viel zu wenig berücksichtigt. Haben Sie als Aktionär Ihrem Unternehmen schon einmal einen Brief geschrieben und um Auskunft zur nachhaltigen Firmenpolitik gebeten? Je mehr Geldanleger dies tun, desto mehr müssen sich Unternehmen ihren Anlegern offenbaren.

Investieren in nachhaltige Themen

Die sogenannten Themenfonds sind eine besonders überzeugende Investmentidee für Menschen, die sich mit ihrer Geldanlage identifizieren und mit ihr etwas bewirken wollen. Solche Fonds bauen auf nachhaltige Themen auf und binden zugleich die Investoren in ein gewisses Engagement ein.

Im Folgenden stelle ich Ihnen drei etwas ausgefallenere »Themen« vor, die den Blick für das, was man will oder wovon man sich am besten heraushält, schärfen sollen.

Spendenfonds

IDEE

In Deutschland sind insgesamt rund 5500 Fonds zum Vertrieb zugelassen. Darunter habe ich nur drei Spendenfonds gefunden. Anscheinend haben sie keine große Bedeutung, obwohl die Idee, die dahintersteckt, durchaus interessant ist.

Wer in diese Fonds investiert, spendet einen vorab festgelegten Teil des Ausgabeaufschlags oder der Ausschüttungen an eine Wohltätigkeitsorganisation. Selbstverständlich erhält der Anleger auch Spendenquittungen für das Finanzamt. Bislang führen Spendenfonds in Deutschland eher ein Nischendasein. Den Investmentgesellschaften ist es jedenfalls nicht gelungen, die Idee, mit der Geldanlage karitative oder gemeinnützige Organisationen zu unterstützen und gleichzeitig von Kursgewinnen zu profitieren, in der Öffentlichkeit überzeugend darzustellen.

Der größte und älteste deutsche Spendenfonds ist der GKD-Fonds (Gmeiner Kinderdorf Fonds). Er wurde 1976 von der

Deutschen Gesellschaft für Wertpapiersparen (DWS) aufgelegt. Es handelt sich um einen Mischfonds, der inzwischen rund je die Hälfte in Aktien und in fest verzinsliche europäische Wertpapiere investiert. Bei diesem Fonds kann der Anleger die jährlichen Ausschüttungen oder Fondsanteile direkt an den Hermann-Gmeiner-Fonds übertragen, der weltweit die SOS-Kinderdörfer betreibt.

Ein weiterer Mischfonds der DWS ist der Bildungsfonds. Das Fondsmanagement hat bei der Gewichtung des Portfolios freie Hand. Einzige Beschränkung: Der Schwerpunkt sollte auf inländischen Wertpapieren liegen. Zurzeit dominieren mit rund 50 Prozent die Aktien. Außerdem hat der Fonds 40 Prozent Renten beigemischt. Die Ausschüttungen kann der Anleger gemeinnützigen privaten Bildungseinrichtungen zur Verfügung stellen.

Als weiterer Spendenfonds brachte die DWS im Dezember 1997 den Panda Renditefonds (WKN 976 984) heraus. Zurzeit funktioniert er wie ein international anlegender Rentenfonds. Anders als bei den meisten Spendenfonds wird der Spendenanteil hier gleich beim Kauf abgezweigt. Vom Ausgabeaufschlag in Höhe von 3 Prozent überweist die DWS ein Drittel der Naturschutzorganisation World Wide Fund for Nature (WWF). Zwar hat das Fondsmanagement freie Hand, fest verzinsliche Papiere an den weltweit wichtigsten Rentenmärkten zu kaufen, doch ein Anlageausschuss mit Vertretern des WWF Deutschland achtet darauf, dass die Anlagepolitik mit den Zielen des WWF, nämlich den Lebensraum der bedrohten Tierwelt zu erhalten, übereinstimmt. In der Tabelle ist der Fonds nicht aufgeführt, weil er noch keine fünf Jahre am Markt ist.

Interessiert man sich für die Performance dieser Fonds, wird man überrascht sein:

Name	WKN	Perf. 1 Jahr	Perf. 3 Jahre	Perf. 5 Jahre
GKD	847409	3,69%	−15,27%	−8,62%
Bildung	847419	−4,86%	12,39%	−5,64%
Panda	976984	−3,80%	−1,69%	6,50%

MEINE MEINUNG
Welche Schlussfolgerung kann man daraus ziehen? Am besten das Geld gleich spenden und nicht erst in einen schlechten Fonds stecken.

An dicken Menschen verdienen

IDEE
Ein Zeitungsartikel mit der Überschrift »Fett verdienen an dicken Menschen« veranlasste mich, über dieses Segment der Geldanlage nachzudenken. Es gibt tatsächlich einen Themenfonds zur Fettleibigkeit. Nur: Unterstützt ein Investment in diesen Fonds die Fettleibigkeit, oder bekämpft es sie?

Die Anzahl stark übergewichtiger Menschen nimmt auf der ganzen Welt zu. In China sollen sogar 300 Millionen Menschen extremes Übergewicht haben. Angeblich ist jeder fünfte junge Städter in der Volksrepublik übergewichtig. Die Presse hat einen Grund dafür ausgemacht: die Ein-Kind-Politik der Regierung. Chinesische Eltern verhätscheln ihren Nachwuchs mit reichlichem Essen. Zudem lockt noch die westliche Lebensweise mit Hamburger und Pommes Frites, die den Wohlstand symbolisieren.

Den Ernährungswissenschaftlern zufolge sind zu viele Kalorien und zu wenig Bewegung verantwortlich für Fettleibigkeit.

- Fettleibigkeit ist ein Problem der heutigen Weltbevölkerung. Für Deutschland belegen einige Quellen – je nach Berechnungsmodus – eine Fettleibigkeit von 18 Prozent, andere von 24 Prozent.

- Im Jahr 2008 waren gemäß Statistiken der Weltgesundheitsorganisation (WHO) 1,5 Milliarden Erwachsene übergewichtig, davon 500 Millionen fettleibig. Die WHO rechnet damit, dass diese Zahlen bis 2015 auf 2,3 Milliarden bzw. 700 Millionen ansteigen werden.

- Angesichts der überdurchschnittlich gestiegenen Zahlen von übergewichtigen Kindern in den vergangenen Jahrzehnten scheint dies zutreffend zu sein. Wogen in den 1970er-Jahren nur 15 Prozent der 12- bis 19-jährigen US-Amerikaner zu viel, waren es nach der Jahrtausendwende bereits 35 Prozent.

- Besonders besorgniserregend ist die überproportionale Steigerung der Fettleibigkeit in den Schwellenländern, wo zunehmender Wohlstand mit einem bewegungsärmeren Lebensstil und veränderten Ernährungsgewohnheiten einhergeht. Das führt zu einer paradoxen Situation: In einigen Ländern leidet ein Teil der Bevölkerung nach wie vor an Mangelernährung, während der andere Teil zunehmend unter gewichtsbedingten chronischen Erkrankungen wie Diabetes und Herz-Kreislauf-Störungen leidet.

- Das bedeutet natürlich eine gravierende Belastung des Gesundheitswesens. Allein in den USA beziffern Experten die auf Fettleibigkeit zurückzuführenden Gesundheitskosten auf 147 Milliarden US-Dollar (Stand: 2008). Hinzu kommen indirekte Kosten, die durch verminderte Produktivität und häufigere Fehlzeiten der Erkrankten bei der Arbeit verursacht werden. Sollte der Anstieg der Fettleibigkeitsrate anhalten, werden diese Kosten nach Expertenschätzungen bis 2030 auf 700 bis 785 Milliarden US-Dollar steigen (Quelle: Fonds Online).

Das Investmentunternehmen SAM hat zu diesem Thema eine Studie erstellen lassen. Ihr zufolge wird es bald eine Trendwende zu einer gesünderen Lebensweise mit mehr Bewegung und einer ausgewogenen Ernährung geben. Dies bedeutet aus wirtschaftlicher Sicht, dass die Nachfrage nach Arzneimitteln, Biolebensmitteln, Körperpflegeprodukten, Nahrungsergänzungsmitteln und Fitnessprodukten steigen wird. Daher prognostiziert man im Bereich der Natur- und Bionahrungsmittel in den nächsten drei Jahren jährliche Umsatzzuwächse von 5 bis 10 Prozent. Auch Unternehmen, die in der Diabetesbehandlung und der Frühdiagnose anderer ernährungsbedingter Erkrankungen aktiv sind, haben laut SAM gute Aussichten.

Daraus hat SAM eine Investmentstrategie entwickelt. Im Fokus stehen dabei Unternehmen, die nachhaltige Lösungen zur Förderung eines gesünderen Lebensstils, zur Vorbeugung von Erkrankungen oder zur Behandlung der Symptome chronischer Erkrankungen entwickeln. Dazu gehören Agrarunternehmen, Nahrungsmittel- und Getränkehersteller sowie Arzneimittelproduzenten und -händler oder Fitness- und Gesundheitsanbieter.

SAM ist ein Unternehmen, das sich bei vielen Projekten der Nachhaltigkeit verschrieben hat. So ist es auch konsequent, dass man zum Thema »Fettleibigkeit« einen Fonds konzipiert, der diese Strategie umsetzt: SAM Sustainable Healthy Living Fund B (A0M2X7).

Nach eigenen Angaben ist das Anlageziel des SAM Sustainable Healthy Living Fund die Erzielung eines langfristigen Kapitalzuwachses durch Anlagen in ein Portfolio sorgfältig ausgewählter Aktien, die Technologien, Produkte oder Dienstleistungen aus den Bereichen Ernährung, Gesundheit, physische Aktivitäten oder körperliches und psychisches Wohlergehen anbieten und die eine erhöhte Nachhaltigkeit aufweisen. Unter Nachhaltigkeit wird das Streben nach wirtschaftlichem Erfolg unter gleichzeitiger Berücksichtigung ökologischer und sozialer Zielsetzungen verstanden. Bei der Beurteilung werden Bereiche wie Unternehmensstrategie, Corporate Governance, Transparenz sowie das Produkt- und Dienstleistungsangebot einer Unternehmung berücksichtigt.

Zum Zeitpunkt meiner Recherche hat der Fonds zu etwa 60 Prozent in Konsumgüterunternehmen und zu 27 Prozent in Unternehmen der Gesundheitsbranche investiert.

Regional gesehen ist der Fonds mit 55 Prozent in den USA, mit 9 Prozent in Deutschland und ebenfalls mit 9 Prozent in China engagiert.

Cortal Consors (aber natürlich auch andere Onlinebroker) bieten einen Überblick über die wichtigsten Positionen:

GREEN MOUNTAIN COFFEE ROASTERS	4,8 %
TEVA PHARMACEUTICAL INDS LTD.	4,7 %
RALCORP HOLDINGS INC. REGISTER	4,0 %
MEAD JOHNSON NUTRITION CO. REGISTER	3,5 %
NOVARTIS AG NAMENS-AKTIEN SF 0 …	3,4 %
NESTLÉ S. A. NAMENS-AKTIEN SF – …	3,4 %
PROCTER & GAMBLE CO., THE REGISTER	3,3 %
KELLOGG CO. REGISTERED SHARES	3,1 %
SYMRISE AG INHABER-AKTIEN O. N.	3,0 %
ROCHE HOLDING AG INHABER-GENUSS	2,9 %

Was haben diese Unternehmen mit Nachhaltigkeit zu tun? Kann man ihnen vertrauen? Welchen Anteil leisten sie zur Vermeidung von Fettleibigkeit?

Am besten ist es, wenn man sich als Privatanleger im Internet bei Green financials kundig macht: http://www.green.finanztreff.de. Unter »Aktien« kommt man zu den Unternehmensprofilen. Wir greifen einige aus obiger Liste heraus:

Green Mountain Coffee Roasters, Inc. ist ein US-Konzern, der als Produzent von Kaffeespezialitäten und Hersteller von Kaffeemaschinen zu den führenden Anbietern der Branche zählt. Zum Kernangebot des Unternehmens gehören unterschiedliche Biokaffeesorten, Fair-Trade-Kaffee sowie spezielle Gourmetkaffees.

Teva Pharmaceuticals Industries Ltd. (Teva) gehört zu den 20 größten internationalen Pharmaunternehmen und ist einer der weltweit führenden Hersteller von Generika. Zudem entwickelt und vertreibt die Gesellschaft innovative Arzneimittel und pharmazeutische Wirkstoffe.

Mead Johnson Nutrition ist ein US-Hersteller von Baby- und Kindernahrung. Das Unternehmen gehört mit seiner breiten Palette unterschiedlicher Nahrungsmittel zu den führenden Produzenten in der Welt und beliefert Kunden in Asien, Lateinamerika, Nordamerika und Europa. Unter der Marke Enfamil vertreibt der Konzern in erster Linie Nahrungspräparate für Säuglinge.

Novartis AG: Sie ging 1996 aus der Fusion von Ciba-Geigy und Sandoz hervor und hat sich seitdem von einem Life-Science-Unternehmen zu einem international tätigen Pharmakonzern entwickelt. Sie ist ein weltweit führendes Unternehmen, das Medikamente zum Schutz der Gesundheit, zur Heilung von Krankheiten und zur Verbesserung des Wohlbefindens erforscht, entwickelt und anbietet. Die Produktpalette umfasst Generika, Humanimpfstoffe und rezeptfreie Medikamente zur Selbstmedikation.

Nestlé ist sowohl das größte Unternehmen seines Herkunftslandes Schweiz als auch der größte Nahrungsmittelhersteller der Welt. Die Produkte von Nestlé sind in nahezu allen Ländern der Erde erhältlich und bekannt. Neben Tiefkühlprodukten, verschiedenen Getränken (Kaffee, Tee, Mineralwasser usw.), Milchprodukten und Süßwaren werden auch pharmazeutische Fabrikate und Produkte für Heimtiere hergestellt.

Procter & Gamble (P&G) ist ein US-Hersteller von unterschiedlichen Konsumgütern. Das Portfolio des Konzerns beinhaltet derzeit mehr als 300 verschiedene Marken, die in der ganzen Welt vertrieben werden. Im Vordergrund der Unternehmensaktivitäten steht die Entwicklung und Produktion von Markenartikeln für die Bereiche Beauty, Textil- und Haushaltspflege, Hygiene, Gesundheitspflege, Nahrungsmittel und Getränke.

Nun kann man sich selbst ein Bild machen, ob diese Unternehmen den Anforderungen der Strategie des Fonds entsprechen und ob sie ausreichend die eigenen Nachhaltigkeitskriterien berücksichtigen.

Noch ein Quercheck: Unter http://www.nachhaltiges-investment.org ist der Fonds gelistet. Er wird also von der Fachwelt als nachhaltig anerkannt. Die Performance sieht sehr attraktiv aus. In den letzten drei Jahren hat der Fonds 70,05 Prozent erwirtschaftet, in zwei Jahren 19,21 Prozent, in einem Jahr −5,34 Prozent.

MEINE MEINUNG

Dennoch ist es mir nicht geheuer, einen Fonds, der von der Fettleibigkeit der Menschen profitiert, als rundum nachhaltig anzuerkennen – darum werde ich nicht in diesen Fonds investieren.

Scharia-Anlagen

IDEE

Noch besser kann man die Zweifel an so manchem nachhaltigem Produkt am Beispiel von Scharia-Fonds erläutern. Das Geld der Anleger wird nach den Grundsätzen der Scharia angelegt: Erlaubt sind ausschließlich Investitionen in Sektoren, die den islamischen Prinzipien entsprechen. Wer im Westen an Geld aus den Emiraten, aus der arabischen Welt interessiert ist – sei es ein Unternehmen wie Porsche oder ein Projektfinanzierer –, der muss sich den Regeln des Korans anpassen: Geldzinsen, Glücksspiel und Spekulation sind verboten. Diese Verbote haben also einen weltanschaulichen Charakter: Ein Unternehmen, das eine verzinste Anleihe offeriert, kann also nicht auf islamisches Geld hoffen. Der Aktienkauf ist dagegen erlaubt. Denn laut der Scharia, der überlieferten Auslegung des Korans, soll jedem Geschäft ein realer Vermögensgegenstand zugrunde liegen.

Auch Kreditverbriefungen und Derivate sind tabu. Das ist einer der Gründe, warum islamische Banken und Anlageformen sich in der Finanzkrise gut behaupten konnten.

Islamische Banken versuchen ihre Anlagephilosophie verstärkt in der westlichen Welt zu vermarkten. Sie suggerieren dem Investor: Mit uns hätte es eine solche Finanzkrise nicht gegeben, wir sind ein sicherer Anlagehafen. Aus dieser selbstbewussten Überzeugung resultiert auch ein neues Selbstverständnis. So haben einzelne Banken kurzerhand das Wort »Islam« aus ihrem Namen getilgt. Die First Islamic Investment Bank aus Bahrain heißt beispielsweise inzwischen Arcapita.

Die Umsetzung liegt bei den Fondsanbietern. Sie passen sich den Regeln der Scharia an bzw. komponieren Fonds, die den Regeln der Scharia entsprechen. Wenn in Aktien investiert wird, dann wird erst überprüft, ob das Unternehmen schariakonform ist.

HSBC Global Asset Management (Deutschland) GmbH bietet vier solcher konformen Investmentfonds in Deutschland zum Vertrieb an.

Am 21.10.2011 habe ich einen Vergleich von Fonds (im Einklang mit der Scharia) angestellt und dabei folgende Ergebnisse erzielt:

Fonds	Anlage-fokus	WKN	Perf. drei Monate	Perf. ein Jahr	Perf. drei Jahre
Allianz RCM Islamic Global EM Equity AT USD	Aktien Emerging Markets	A0NJWL	−14,07	−14,04	+47,73
iShares MSCI Emerging Market Islamic	Aktien Emerging Markets	A0NA47	− 16,0	− 9,57	+65,55
db x-trackers S&P Europe 350 Shariah ETF	Aktien Europa	DBX1A3	− 8,56	− 1,82	+31,64
db x-trackers S&P Japan 500 Sharia ETF	Aktien Japan	DBX1A4	− 5,73	+ 0,66	+24,09
db x-trackers S&P 500 Sharia ETF	Aktien Nord-amerika	DBX1A5	− 5,95	+ 6,12	+33,18
iShares MSCI USA Islamic	Aktien Nord-amerika	A0NA48	− 5,68	+ 8,63	+38,21
Allianz RCM Islamic Global Equity Opp AT USD	Aktien Welt	A0NJWQ	−10,05	− 5,4	+9,68
db x-trackers DJ Islamic Market Titans 100SM ETF	Aktien Welt	DBX1A6	− 6,64	+ 2,44	+28,06
iShares MSCI World Islamic	Aktien Welt	A0NA46	−7,9	+2,64	+37,12
HSBC Amanah Global Equity Index Fund	Aktien Welt	A0LEW4	−6,82	+ 1,5	+ 9,8

Interessant ist die Frage, in welche Unternehmen solche Fonds nun tatsächlich investiert haben. Der Fonds Db x-trackers S&P Europe 350 Shariah ETF hat zum Beispiel in folgende Unternehmen investiert: Nestlé (8,1 Prozent), Novartis (6,2 Prozent), Roche (4,6 Prozent), BP (4,6 Prozent), Royal Dutch Shell (4,5 Prozent), Glaxosmithkline (4,1 Prozent), Rio Tinto (3,5 Prozent), Siemens AG (3,4 Prozent), Sanofi (2,0 Prozent) usw. Da stellt sich natürlich die Frage, worin der Unterschied zu einem »normalen« Fonds besteht.

Natürlich sind Scharia-Anlagen auch für einen Europäer geeignet, wenn er mit den Kriterien, die der Anlage zugrunde liegen, einverstanden ist. In diesem Fall definiert der Anleger seine Art von Nachhaltigkeit als Übereinstimmung mit der Scharia. Da aber in allen Ländern, in denen die Scharia eingeführt ist, westliche Werte abgeschafft werden, Intoleranz sich ausbreitet und Christen verfolgt werden, stellt sich die Frage, ob solche Fonds nachhaltig entsprechend der eigenen Wertewelt sind.

Dieses Beispiel zeigt, dass die Wahl der »richtigen« Nachhaltigkeit durchaus schwierig sein kann. In einem Zeitungsartikel wird von einer publizistischen Schlacht um die Moral bei der Gewinnung von Öl berichtet. In einem kanadischen TV-Spot, der von der Organisation EthicalOil.org in Toronto in Auftrag gegeben worden ist, sagt der Sprecher: »Wir finanzieren einen Staat, der Frauen das Autofahren nicht erlaubt.« Er erinnert daran, dass im Jahr 2010 über 400 Millionen Fass Öl von Saudi-Arabien gekauft wurden, einem Staat, in dem die Zeugenaussage einer Frau nur halb so viel wert sei wie die eines Mannes und wo eine Frau ohne männliche Erlaubnis das Haus nicht verlassen dürfe. All dies, so die Schlussfolgerung, sei bei Öl, das aus kanadischem Ölsand gewonnen werde, nicht der Fall – auch wenn durch den Förderprozess die Umwelt stark belastet wird. So gesehen versteht man auch, dass die kanadische Regierung Sturm läuft gegen das Bemühen der Europäer, verpflichtende Vereinbarungen für weniger Kohlendioxidausstoß zu verabschieden, um die Klimaerwärmung zu bremsen. Eine solche Vereinbarung würde es den Kanadiern fast unmöglich machen, ihr Öl zu fördern, weil der Förderprozess wesentlich mehr Kohlendioxid freisetzt. Was ist nun die bessere Alternative. Was ist nachhaltiger? Schutz der Frauen oder besseres Weltklima? Die Entscheidungen, die man als nachhaltiger Geldanleger zu treffen hat, sind nicht immer einfach.

MEINE MEINUNG
Selbstverständlich investiere ich nicht in Scharia-Fonds. Aber ich investiere auch nicht in Ölförderunternehmen, weder in Kanada noch in Saudi-Arabien.

! *Tipp:* Nachhaltige Geldanleger sollten für sich die NO GOES genau festlegen.

Investieren in die Megatrends der Nachhaltigkeit

Sind Megatrends Realität oder nur Schall und Rauch? Für den Trend- und Zukunftsforscher Matthias Horx sind Megatrends die »Blockbuster« der Veränderungskräfte. Sie wirken auf mehreren Ebenen: Sie verändern und durchdringen Zivilisationsformen, Technologie, Ökonomie, Wertesysteme. Megatrends haben eine Halbwertzeit von mindestens 50 Jahren, sind weitgehend rückschlagresistent und zeigen Auswirkungen in allen Lebensbereichen.

Megatrends sind so etwas wie langfristige und übergreifende Transformationsprozesse, die die Zukunft prägen. Ihr Zeithorizont umfasst mehrere Jahrzehnte. Aber dennoch sind diese Trends in der Gegenwart bereits erkennbar, denn es gibt empirisch eindeutige Indikatoren, die darauf schließen lassen, dass ein Weiterwirken in die Zukunft besteht.

Megatrends müssen eine umfassende Wirkung haben, deren Geltungsbereich sich über weite Regionen erstreckt, vielleicht sogar über die ganze Welt. Natürlich können die Auswirkungen in der Art und in der Intensität unterschiedlich sein. Aber sie wirken sichtbar auf unsere Gesellschaft und führen zu Umwälzungen aller politischen, sozialen und wirtschaftlichen Systeme. Die Auswirkungen betreffen Regierungen, Institutionen, Unternehmen und Individuen gleichermaßen.

Der Begriff der Megatrends ist auf John Naisbitt und dessen gleichnamigen Bestseller zurückzuführen, der vor 25 Jahren erschienen ist. Mithilfe dieses Begriffs entwirft Naisbitt ein Bild der Zukunft. Heute ist der Begriff in den allgemeinen Sprachgebrauch eingegangen und wird oft inflationär verwendet. Viele Unternehmen versuchen mittlerweile, ihre Unternehmensstrategien an diesen Megatrends auszurichten.

Wie kann man die Megatrends verstehen und nutzen? Megatrends zu erkennen bedeutet, sich auf die Zukunft einzustellen. Das ist mit Sicherheit eine gute Empfehlung für jedes Individuum, für jedes Unternehmen und natürlich auch für jeden Geldanleger.

Der Definition ist zu entnehmen, dass Megatrends zwar allumfassend sind, aber nicht immer positive Entwicklungen darstellen. Wichtig ist, dass man sich zu ihnen eine Meinung bildet. Wenn man mit Megatrends arbeiten will, muss man versuchen, sie und ihre Auswirkungen (und die Einwirkungsmöglichkeiten) auf einer operativen Ebene zu beschreiben.

Zu den Megatrends zählen:

* Globalisierung
* Individualisierung
* Demografischer Wandel
* Gesundheit
* Feminisierung
* Connectivity (Vernetzung)
* Mobilität
* Kulturelle Vielfalt
* Nachhaltigkeit

Nachhaltigkeit gehört offensichtlich zu den Megatrends. Dabei generiert Nachhaltigkeit ihrerseits wieder neue Megatrends. Man gelangt zu folgender Differenzierung:

* Ressourcen (Wasser, Holz, Nahrungsmittel/Konsum, Abfall (Recycling)
* Erneuerbare Energie (Fotovoltaik, Solarthermie, Bioenergie, Windkraft)

- Mobilität (Biokraftstoffe)
- Klimawandel (Klimaschutz, Emissionshandel)
- Gesellschaftliche Verantwortung (Ethik, Gesundheit, Mikrofinanz, Spenden)

Wenn ich meine Geldanlage danach ausrichten will, muss ich weiter selektieren und mich natürlich auch an meinen Interessen und Vorlieben orientieren.

Ich habe für mich ausgewählt: Wasser, Energie, Gesundheit und Mikrofinanz. Mit diesen Themen verbinde ich meine Visionen. Die Wahl der Themen ist selbstverständlich jedem Einzelnen überlassen.

> **!** *Hinweis:* Anhand dieser Themen möchte ich zeigen, wie man sich als Geldanleger engagieren kann, wie man von der Vision zum konkreten Anlageinstrument kommt. Ich versuche daher, den Prozess zu beschreiben, und komme im Laufe meines Suchprozesses – meiner Recherchen – auf Ergebnisse. Diese sind jedoch keine Empfehlung. Dem Leser empfehle ich, selbst einen Suchprozess für seine eigenen Themen und Nachhaltigkeitsüberlegungen durchzuführen. Dann kommt er auch zu den für ihn richtigen Ergebnissen.

Wasserinvestments

IDEE

»Wir horchen staunend auf, wenn eine NASA-Sonde Wasser auf dem Mars entdeckt haben soll – aber wir haben verlernt zu staunen über das Wasser, das bei uns so selbstverständlich aus dem Hahn fließt«, sagte zu Recht der ehemalige Bundespräsident

Horst Köhler in seiner Weihnachtsansprache 2009 (Wiedergabe: Deutsche Welle, 25.12.2009).

In unseren Breiten verfügen wir über ausreichend Wasser, sodass uns dessen Bedeutung für den Menschen sowie für die Wirtschaft gar nicht so bewusst ist.

Am 28.7.2010 haben die Vereinten Nationen in ihrer Vollversammlung den Anspruch auf sauberes Wasser in die Allgemeine Erklärung der Menschenrechte aufgenommen, weil es in vielen Regionen der Welt immer noch daran mangelt. Obwohl die Allgemeinen Menschenrechte und damit auch das Recht auf sauberes Wasser für die 192 Staaten der UN rechtlich nicht bindend sind, hat die Verankerung des Menschenrechts auf Wasser einen hohen politischen Stellenwert. Es ist nämlich eine Voraussetzung für andere Menschenrechte wie dem auf Leben, angemessene Ernährung und medizinische Versorgung.

Das Institut Responsible Research in Singapur berichtet, dass allein in China 700 Millionen Menschen mit verschmutztem Wasser leben müssen. Über China gibt es ohnehin viele solche Berichte. Die rücksichtslose Umweltverschmutzung hat mittlerweile unübersehbare Folgen. Vorsichtigen Schätzungen zufolge erkranken jedes Jahr 190 Millionen Chinesen an verunreinigtem Wasser. So wurden viereinhalb Millionen Einwohner der Stadt Jilin nach der Verseuchung eines nahe gelegenen Flusses durch giftige Chemikalien eine Zeit lang von der Trinkwasserversorgung abgeschnitten.

Das internationale Wissenschaftsmagazin *Science* berichtet in Nr. 10/2011, dass viele Bewohner in den Dörfern Chinas ihr tägliches Trinkwasser aus der einzig verfügbaren Quelle entnehmen, die jedoch vergiftet ist, was zur Folge hat, dass die Menschen erkranken und viele sterben. Selbst das chinesische Landwirtschaftsministerium berichtet, dass 90 Prozent des flachen Grundwassers verseucht sind.

Während der asiatische Kontinent immer wieder unter katastrophalen Überschwemmungen leidet, gibt es in anderen Teilen der Erde zu wenig Wasser. Dürreperioden trocknen weite Landstriche in Zentralafrika, Afghanistan und Papua-Neuguinea aus. Die Wüste drängt immer weiter vor. Selbst in den Industriestaaten ist Wassermangel mittlerweile ein Thema. In Europa gehen die Reserven an Trinkwasser rapide zurück, in Spanien droht die Verwüstung ganzer Landstriche. Auch im regenreichen London ist Wasser knapp – allerdings weil das Leitungsnetz marode ist.

Man schätzt, dass jedes Jahr weltweit 400 oder mehr Milliarden Euro in die Wasserwirtschaft investiert werden müssten. Doch das geschieht nicht. Die geplanten Investitionen wurden verschoben. Das erhöht den Investitionsstau.

Viele Staaten haben nicht mehr das Geld, in diesem Bereich zu investieren, geben aber das Produkt Wasser auch nicht für Investoren frei. Marktwirtschaftler argumentieren durchaus zutreffend, dass sich Privatinvestoren nicht für ein Engagement interessieren, weil die Wasserpreise an vielen Orten subventioniert und deshalb zu niedrig sind. In vielen Ländern gilt Wasser als Grundrecht, das kostenlos zur Verfügung zu stellen ist. Aber dann kann man mit Wasser natürlich keine Geschäfte machen. So positiv der Gedanke ist, Wasser allen kostenlos zur Verfügung zu stellen, so verheerend sind die Folgen: Wasser wird an vielen Orten der Welt gedankenlos verschwendet – weil es für viele Menschen noch keinen Wert hat.

Die Weltbevölkerung wächst und folglich auch der Bedarf an Wasser. Darüber hinaus ist der Pro-Kopf-Verbrauch in den vergangenen Jahrzehnten stetig gestiegen. Es ist abzusehen, dass dieser zunehmende Bedarf nicht mehr gedeckt werden kann, vor allem wenn die notwendigen Investitionen in die Wasserinfrastruktur nicht getätigt werden. Die Abwassersysteme europäischer Großstädte stammen häufig noch aus dem 19. Jahrhundert.

Besonders betroffen sind die Vereinigten Staaten. Sie sind Hauptverbraucher. Viele Amerikaner sind »überzeugte« Wasserverschwender. Ihnen ist es gleichgültig, dass viel Wasser in den Lecks der Leitungssysteme verschwindet. Sachverständige gehen von »Wasserverlusten« in Höhe von 800 Millionen Dollar jährlich aus. Investitionen wären dringend notwendig, um die Wirtschaftlichkeit und Effektivität der Wasserversorgung sicherzustellen.

So berechnet auch die OECD die Ausgaben für Investitionen in die Wasserversorgung im kommenden Jahrzehnt auf mehr als 700 Milliarden Dollar. Im Vordergrund stehen zwei Aspekte: die Wasserlogistik und die Wasserqualität. Es wird erwartet, dass in den nächsten drei bis zehn Jahren eine gewaltige Investitionswelle die Wasserbranche erfassen wird. Schwerpunkte sind vor allem die USA und China.

Investitionen in Wasseranlagen und in Wassermanagement stellen die Verfügbarkeit von Wasser sicher, lohnen sich und sind also nachhaltig. Wenn die Staaten dies nicht leisten können, sollte man die Wasserversorgung privatisieren. Dazu muss aber das Wasser in ein »Wirtschaftsgut« umgewandelt werden. Und hier beginnen die Probleme. Wie steht man zur Privatisierung des Wassers? Da wurden beispielsweise die Berliner Wasserbetriebe zu 49 Prozent an die Konzerne RWE und Veolia verkauft. Die Städte Mülheim an der Ruhr, Bottrop und Gladbeck haben ihre Rheinischen Wasserwerke, das größte kommunale Wasserunternehmen Nordrhein-Westfalens, zu 80 Prozent an RWE verkauft.

Was waren die Ergebnisse? Wurde zunächst eine Senkung des Wasserpreises in Aussicht gestellt, erfolgte in der Realität nach ein paar Jahren eine Erhöhung. Bei den Berliner Wasserbetrieben etwa stieg angeblich der Preis um 50 Prozent in sechs Jahren. Außerdem wurden an die 2000 Arbeitsplätze gestrichen. Vielleicht haben sich die Kommunen über den Tisch ziehen lassen. Das Land Berlin garantierte angeblich den Investoren RWE und Veolia jährlich 8 Prozent Gewinn auf das eingesetzte Kapital. Man hätte als Gegenleistung erwarten können, dass die maroden Leitungen saniert würden. Doch dies war nicht der Fall. Ein Drittel des geförderten Wassers versickert nach wie vor im Untergrund.

Kritiker bemängeln, dass sich die Visionen der Wasserprivatisierung in Deutschland und Europa nicht verwirklicht haben. Die Qualität von Leitungen und Kanälen hat sich nicht verbessert. Die Wasserpreise und Abwassergebühren sind gestiegen. Und da die Verschuldung der öffentlichen Haushalte ebenfalls steigt, wird der Spielraum für zusätzliche kommunale Investitionen immer geringer.

Dies lässt vermuten, dass die Privatisierung der Wasserversorgung in den Entwicklungsländern auch nicht viel besser gelingen wird und vielleicht noch mehr Menschen von sauberem Wasser ausgeschlossen werden. Keine guten Aussichten für ein Wasserinvestment.

Als Geldanleger muss ich mich nun entscheiden, ob ein Wasserinvestment für mich ein nachhaltiges Investment ist. In Wasser anlegen kann man nur, indem man in Unternehmen investiert, die in diesem Sektor tätig sind. Es ist das wirtschaftliche Ziel dieser Unternehmen, Gewinn zu machen. Von diesem Gewinn profitiert auch der Geldanleger. Sofern natürlich möglichst große Anteile der Wasserwirtschaft privatisiert werden und Gewinn erwirtschaften.

Verbessere ich aber mit meinem Investment die Wassersituation auf der Welt, oder schade ich ihr? Auch wenn ich mich in einem nachhaltigen Umfeld bewege, ist eine Geldanlage keine karitative Angelegenheit, sondern ein Investment, das auf Gewinn abzielt. Nur Renditen sichern Investitionen. Eine Investition in Wasser bietet durchaus die Chance, etwas zu verändern, die maroden Leitungen zu modernisieren, neue zu bauen, in Entwicklungsländern Brunnen zu bohren, eine Wasserentsalzungsanlage zu betreiben, Flüsse zu reinigen, Kläranlagen zu bauen. Ich muss mir aber bewusst sein, dass in jedem Projekt auch der Missbrauch versteckt ist.

MEINE MEINUNG

Mit dem Wasserinvestment trägt man zweifellos zur Verbesserung der Wassersituation auf der Welt bei. Viele Geldanleger investieren aus Nachhaltigkeitsgründen in Wasser. Den Wasserfonds fließt viel Kapital zu. Die Fondsmanager haben Mühe, das Geld sinnvoll anzulegen. Das liegt natürlich daran, dass Privatgeld nur dort investiert werden kann, wo das Wassergeschäft in privatem Besitz ist, wo sich Unternehmen mit Wasser beschäftigen.

Einige Empfehlungen für nachhaltige Anleger

Investiert man in Themen, so gilt der erste Gedanke immer den Fonds, denn im Rahmen eines Investmentfonds kann man jedes Thema bestens darstellen.

Den ersten Wasserfonds brachte die Schweizer Privatbank Pictet auf den Markt. Das war bereits im Jahr 2000. Der Fonds Pictet Water P (WKN 933349) investiert weltweit in Aktien von Unternehmen, die im weiteren und engeren Sinn mit diesem Thema zu tun haben. Der Fonds war so erfolgreich, dass ihm zeitweise mehr als vier Milliarden Euro zuflossen und Pictet vorübergehend keine neuen Einzahlungen mehr entgegennahm.

1. Schritt: Welche nachhaltigen Wasserfonds gibt es?

Ich suche auf der Plattform »Nachhaltiges Investment« nach Wasserfonds und erwarte eigentlich, auf ihr nur nachhaltige Fonds zu finden.

Man stößt auf zwölf Fonds:

Fonds	Vol.		lfd Jahr	1 Jahr	3 Jahre	5 Jahre
Amundi Funds Aqua Global – C	16,77	Euro	–8,23	0,75	13,21	-
FBG 4Elements – Water (LB (Swiss) Four Elements Water)	4,40	Euro	–19,29	–7,57	– 1,83	-
iShares S&P Global Water	176,46	Dollar	-	-	-	-
KBC ECO Fund Water	12,07	Euro	– 8,91	2,05	23,68	– 7,74
Lyxor ETF World Water	58,57	Euro	– 2,50	7,71	26,63	-
ÖkoWorld Water For Life	8,94	Euro	–12,12	–3,94	14,74	-
Pictet Funds Water P	1222,70	Euro	– 6,11	4,99	21,21	– 2,33
PowerShares Palisades Global Water Fund	5,86	Euro	–16,73	–8,21	23,81	-
SAM Sustainable Water Fund	460,20	Euro	–15,19	–7,75	18,07	–16,42
Sarasin Sustainable Water Fund A	209,11	Euro	–14,12	–4,14	37,65	-
Swisscanto (LU) Equity Fund Water Invest B	72,46	Euro	– 8,79	1,59	45,84	-
Tareno Waterfund	24,83	Euro	–14,96	–8,16	35,07	-

2. Schritt: Sind diese Fonds für ein nachhaltiges Investment geeignet?
Häufig sind Investitionen in Wasserunternehmen nicht so umweltfreundlich und ökologisch korrekt, wie man meinen könnte. Da der Markt relativ eng ist, nehmen die Fondsmanager auch Unternehmen auf, die eigentlich wenig mit nachhaltiger Wasserversorgung zu tun haben.

Besonders umstritten sind Investments in die Hersteller von Mineralwasser wie den Konzernen Danone und Nestlé, denn man will in die Versorgung der Menschheit mit Wasser investieren und nicht in den Konsum von Mineralwasser. Viele Anleger kritisieren auch, dass allein der Transport von Mineralwasser über viele Tausende von Kilometern den nachhaltigen Visionen widerspricht.

In vielen Fonds sind Unternehmen wie Geberit vertreten. Aber welche Bedeutung hat ein Hersteller von Toilettenschüsseln und Waschbecken für einen Wasserfonds? Man kann auch eine positive Antwort geben. Das moderne Wassermanagement in Toiletten optimiert den Wasserverbrauch.

3. Schritt: Wie war die Performance der Fonds?
Ich bin überzeugt, dass ich mit einem Investment in Wasser Gutes für die Menschheit tun kann. Ich stelle die inhaltliche Überprüfung zurück und sehe mir zuerst das erwirtschaftete Ergebnis des Fonds an. Ich halte dieses Vorgehen für legitim, denn natürlich will auch ich nachhaltig profitieren. Aus diesem Grund entscheide ich mich zunächst für den Fonds, der am besten abgeschnitten hat: Lyxor ETF World Water (WKN LYX0CA).

4. Schritt: Sind diese Fonds für ein nachhaltiges Investment geeignet?
Das bedeutet, dass ich mich etwas intensiver mit dem Fonds beschäftigen muss. In der Beschreibung der Anlageziele ist zu lesen: »Der Fond bildet den World Water Index nahezu eins zu

eins ab. Der Index setzt sich aus Aktien zusammen, die auf den Märkten in Europa, Amerika, Asien und Ozeanien notiert sind. Der Hauptteil ihrer Erträge wird in einem der drei folgenden Geschäftsfelder erzielt:

- Infrastruktur: Kanalisationsbau, Lieferung von Pumpen und Zählern und Ingenieurbüros
- Produkte und Ausstattung für Wasseraufbereitung: Hersteller von Ausstattungsgegenständen und Technologien zur Wasserdesinfektion, -reinigung und -entsalzung
- Wasserversorgung und Management der Versorgungsnetze: Wasserversorger und Unternehmen, die Wassernetze und Wasseraufarbeitungseinheiten verwalten, um ein weltweites Management des Wasserzyklus zu gewährleisten.«

Ferner wird ausgeführt, dass weder Positiv- noch Ausschlusskriterien berücksichtigt werden, was logisch ist, weil der Fonds ja einen Index abbildet. Nur weil es sich dabei um die Wasserwirtschaft handelt, braucht er aber nicht unbedingt nachhaltig zu sein. Den Ausführungen ist außerdem zu entnehmen, dass es sich um einen ETF in Form einer synthetischen Replikation handelt. Dies bedeutet, dass der Fonds bzw. ETF den Aktienkorb des Index nicht kauft und bereithält, sondern ihn nur buchmäßig über Swapgeschäfte nachvollzieht. Der Anleger sieht also den Kurs des Index in seinem ETF, muss aber wissen, dass dies nur fiktiv ist. Der Fondsmanager muss keine Aktien kaufen und verkaufen, um Veränderungen im Index nachzuvollziehen. Das ist zwar kostengünstiger, aber die Schattenseite der synthetischen Replikation ist, dass Swaps derivative Finanzinstrumente sind, die bei vielen Anlegern seit der Finanzkrise zu Recht in keinem guten Ruf stehen. Zudem gibt es bei Swaps das Risiko, dass der Kontrahent, also der Vertragspartner des Fonds, ausfallen kann. (Zu bemerken ist aber, dass der Anteil von Swaps am Nettoinventarwert (NAV) eines Fonds durch die Richtlinien der Europäischen

Fondsregulierung auf höchstens 10 Prozent begrenzt ist.) Dennoch, ich habe mich entschieden, keine synthetischen Fonds zu kaufen. Für mich sind synthetische Fonds eine Geldvermehrung auf dem Kapitalmarkt, die auf keiner realen Leistung basiert. Sie erzeugen, wenn man so will, Fondsanteile, denen kein entsprechendes Aktieninvestment zugrunde liegt.

> **!** *Tipp:* Als nachhaltiger Geldanleger sollte man nicht in synthetische Fonds investieren, weil ihnen keine tatsächlichen Aktiengeschäfte zugrunde liegen. Das trifft häufig auf ETFs und manchmal auf Zertifikate zu.

Unabhängig davon sollte man sich auch eine Meinung über den zugrunde liegenden Index bilden. Er wird als »ökologisch orientierter« Aktienindex beschrieben, aber er taucht in den Indexübersichten von nachhaltigen Plattformen nicht auf. Man könnte jetzt noch die einzelnen Unternehmen, die in dem Index abgebildet werden, auf ihre Nachhaltigkeit untersuchen. Doch das ist ein umständliches Verfahren und für einen Privatanleger nur bedingt durchführbar.

5. Schritt: Ich treffe eine Entscheidung
An dieser Stelle verabschiede ich mich von diesem Fonds.

6. Schritt: Einen anderen Fonds auswählen
Auch der zweitbeste Kandidat Pictet Funds Water P bietet meiner Ansicht nach nicht viel Nachhaltigkeit. Mein dritter Kandidat Swisscanto (LU) Equity Fund Water Invest B (WKN A0MSPX) ist »leicht« nachhaltig. Die Anlageziele lauten folgendermaßen:
»Der Teilfonds investiert in ein Anlageuniversum, welchem Unternehmen aus der ganzen Welt zugeordnet werden, die Technologien, Produkte oder Dienstleistungen mit Bezug zur

Wertschöpfungskette des Wassers anbieten. Anvisiert werden insbesondere Unternehmen aus dem Bereich der Wasserversorgung, Wassertechnologien, Wasseraufbereitung, Wasserdienstleistungen, Wasserreinigung und Wasserrecycling.

Ausgehend vom gesamten Universum der Aktien von Unternehmen, die den überwiegenden Teil ihrer wirtschaftlichen Aktivitäten in dem Bereich Wasser ausüben, trifft Swisscanto eine erste Vorselektion, basierend auf Finanzkennzahlen sowie dem Nachhaltigkeitsbeitrag der Produkte und Dienstleistungen der Unternehmen.« Ferner wird mitgeteilt, dass die Titelauswahl von der Zürcher Kantonalbank auf ihre Nachhaltigkeit hin überprüft wird. Hierbei werden die gleichen Ausschlusskriterien wie bei allen bestehenden Green-Invest-Produkten angewendet:

Verpflichtungen zu alternativen Energien, ethischen/sozialen Werten, nachhaltigem Wirtschaften, Umweltschutz

Ausgeschlossene Investitionen: Automobilindustrie, Gentechnik, Kernkraft, Luftfahrt, Menschenrechtsverletzungen, Suchtmittel, Waffen/Rüstung

Da ich diesem Institut vertraue, bin ich diesem Fonds gegenüber positiv gestimmt. Auch bei Cortal Consors wird dieser Fonds als nachhaltig angesehen.

> **!** *Tipp:* Die Story des Fonds muss stimmen. Daher sollte man
> ausführlich die Anlageziele lesen. Sie stehen im Verkaufsprospekt oder in den Rechenschaftsberichten. Sind die Anlageziele logisch, in sich konsistent? Passen sie zu meinen Vorstellungen? Wer unterstützt die Titelauswahl aus »nachhaltiger« Sicht? Ein Name wie die Zürcher Kantonalbank weckt Vertrauen. Dann kann man auf anderen Portalen überprüfen, ob der Fonds auch dort als nachhaltig eingeschätzt wird. Und schließlich: Noch einmal googeln: Gab es in der Vergangenheit Probleme mit dem Fonds?

Ich suche weiter: Einen guten Eindruck macht der Sarasin Sustainable Water Fund A (WKN A0M90M). Der Fonds investiert länder- und branchenübergreifend in zukunftsgerichtete und innovative Unternehmen, die in den Bereichen Ver- und Entsorgung, Technologien und Dienstleistungen tätig sind und damit die gesamte Wertschöpfungskette des Wassermarktes abdecken. Die dreijährige Entwicklung des Fonds wurde Ende November 2010 mit dem Climate Change Award in der Kategorie »Water, Food, Agriculture« gewürdigt. Dadurch ist der Fonds natürlich in einem gewissen Sinn »geadelt«.

Die Anlagestrategie wird wie folgt beschrieben: »Sarasin Sustainable Water Fund investiert, unter Berücksichtigung der Risikodiversifikation, schwergewichtig in Aktien von Unternehmen, die sich durch einen nachhaltigen Umgang mit der Ressource Wasser auszeichnen und dabei ökologische und soziale Nachhaltigkeitsaspekte mitberücksichtigen. Der Sarasin Sustainable Water Fund investiert in die gesamte Wertschöpfungskette des Wassermarktes, d. h. in die Wasserversorgung, -aufbereitungstechnologie, -effizienz und -infrastruktur, um auch bezüglich der verschiedenen Technologien eine optimale Risikodiversifikation zu erreichen. Bis zu 30 Prozent des angelegten Nettovermögens können zudem in Unternehmen investiert werden, die aus nachhaltiger Sicht und besonders in Bezug auf ihren Wasserverbrauch im Vergleich zu anderen Unternehmen vorteilhaft abschneiden. Die Anlagen werden in erster Linie weltweit in Aktien und andere Beteiligungspapiere und Beteiligungsrechte getätigt.«

Als Positivkriterien sind ausgewiesen: überdurchschnittliche Leistungen in Umweltstrategie, Umweltmanagementsystem, Produkt- und Leistungserstellung, Produkte und Dienstleistungen; Ökoeffizienzbetrachtung des Produktlebenszyklus (entspricht denjenigen des WBCSD); überdurchschnittliche Leistungen in Sozialstrategie, Sozialmanagementsystem und Umgang mit den Anspruchsgruppen.

Die Ausschlusskriterien sind: Chlorchemie und Agrarchemie, Gentechnik in der Landwirtschaft, Glücksspiel, Kernenergie, Pornografie, Rüstung/Waffen, Tabak.

Bei der Überprüfung auf Fondsportalen kommt man zu folgendem Ergebnis. An der Deutschen Börse/Xetra ist der Index als nachhaltig bezeichnet, und er hat ein sehr gutes Lipper-Rating.

Lipper Rating	
Absoluter Gewinn	☺
Dauerhafter Gewinn	☺
Werterhaltung	☺
Kosten	-

Das macht in der Tat einen sehr guten Eindruck.

Auch bei Cortal Consors wird der Fonds als nachhaltig klassifiziert. Cortal Consors arbeitet mit dem Ratingsystem von Morningstar. Er bekommt drei Sterne. Bei Cortal Consors kann man auch noch einen Fondsvergleich anstellen. Hier schneidet der Sarasin Fonds ebenfalls sehr gut ab.

Fondsname	Sarasin Sustainable Water A	Swisscanto (LU) Eq Water Inves ...
WKN	A0M90M	A0MSPX
Fondsgesellschaft	Sarasin Investmentfonds SICAV	Swisscanto (LU) EF Management Co. S.A.
Fondsvol. in Mio	269,50 EUR	88,59 EUR
Auflagedatum	27.12.2007	18.09.2007
Morningstar Rating	★★★	★★★★
S&P Fund Management Rating	-	-
Performance ⊞	Stand: 04.11.2011	Stand: 04.11.2011
Performance 1 Monat	4,24%	6,07%
Performance 6 Monate	-11,64%	-7,71%
Performance 1 Jahr	-6,35%	0,00%
Performance 3 Jahre	39,23%	44,72%
Performance 5 Jahre		
Performance 8 Jahre		
Risiko	Stand: 04.11.2011	Stand: 04.11.2011
Volatilität (3 Jahre)	14,99%	14,28%
Volatilität (5 Jahre)	n.a.	n.a.
Sharpe Ratio (3 Jahre)	0,59%	0,76%
Sharpe Ratio (5 Jahre)	n.a.	n.a.
Max. Verlust (3 Jahre)	-18,14%	-14,02%
Max. Verlust (5 Jahre)	n.a.	n.a.
Beta (3 Jahre)	1,06	1,00
Beta (5 Jahre)	n.a.	n.a.
Ausgabegebühr regulär (max.)	5,00%	5,00%
Cortal Consors Discount	25,00%	50,00%
Cortal Consors Preis	3,75%	2,50%
Mindestanlage (Fondswährung)	1.000,00	0,00

> **!** *Ein Hinweis:* Man sollte nicht die Performance anhand unterschiedlicher Quellen vergleichen, weil sich oft ein Unterschied in der Berechnung oder in der zugrunde gelegten Zeitbasis ergibt. Einen Performancevergleich sollte man grundsätzlich nur mit den Daten aus einer Quelle machen.

An dieser Stelle entscheide ich mich für den Sarasin Fonds.

7. Schritt: (Schriftliche) Begründung der Anlageentscheidung
- Ich habe großes Vertrauen in die Fondsgesellschaft. Sie hat viel Erfahrung mit nachhaltigen Geldanlagen.
- Die Investitionsphilosophie des Fonds gefällt mir. Die zugrunde liegenden Kriterien entsprechen meiner Anschauung.
- Die Rendite des Fonds passt. Alle mir vorliegenden Ratingaussagen weisen den Fonds als qualitativ hochstehend aus.

8. Schritt: die Kostenseite
Wie teuer ist der Fonds? Der Ausgabeaufschlag kann 5 Prozent und mehr betragen. Um diesen Betrag muss der Fonds anwachsen, dann erst beginnt die Gewinnzone. Daher ist es unerlässlich nachzusehen, bei welchem Anbieter man einen Discount auf den Aufschlag erhalten kann. Erst dann erfolgt der Kauf.

Waldinvestments

IDEE
Waldinvestments als nachhaltige Geldanlageform boomen, sie werden immer populärer. Mittlerweile gibt es eine Vielzahl unterschiedlicher Waldinvestmentarten wie Waldaktien, Waldaktienfonds, geschlossene Waldfonds und Walddirektinvestments.

Was für Adel, Kirche und Großgrundbesitzer über Jahrhunderte hinweg ganz selbstverständlich war, könnte auch für normale Anleger sinnvoll sein. Zuerst haben institutionelle Anleger den Wald als Geldanlage entdeckt. Mittlerweile können sich auch Privatinvestoren daran beteiligen. Laut Zertifikatebörse beläuft sich das im Waldgeschäft gebundene Kapital weltweit auf bereits rund 480 Milliarden Dollar, 25 Milliarden allein in den USA. Als Vorteile werden ein hoher Inflationsschutz, eine geringe Volatilität und eine gute Möglichkeit der Diversifikation hervorgehoben.

Der amerikanische Waldinvestmentindex NCREIF Timberland Index stieg von 1987 bis 2009 um durchschnittlich über 15 Prozent jährlich, also um mehr als 4 Prozent als der US-Aktienindex S&P 500. Waldinvestments haben im Vergleich zu Aktienindizes noch weitere Vorteile: Die Wertschwankungen waren in der Vergangenheit minimal, und es gab nur ein Verlustjahr. Waldinvestments werden daher als Sachwertinvestment und Inflationsschutz immer beliebter.

Aber man benötigt einen langen Atem. Zehn Jahre sind das absolute Minimum, oder vielleicht muss man sogar mit 30 Jahren rechnen. Im Schnitt vergeht nämlich rund eine Generation, bis ein Setzling zum Baum heranwächst und das Holz beim Verkauf einen guten Ertrag bringt.

Die Geduld kann sich lohnen. Schrumpft auf der einen Seite weltweit die Waldfläche jährlich, so steigt auf der anderen Seite der Holzverbrauch ebenfalls stetig – seit den 1960er-Jahren hat er sich insgesamt verdreifacht. Holz ist als Baumaterial, zur Papierherstellung und für Möbel begehrt – jüngst auch verstärkt als alternativer Brennstoff zu Öl und Gas. Hinzu kommt, dass das Wirtschaftswachstum in Asien, Lateinamerika und Osteuropa die Nachfrage nach Holz zusätzlich steigen lässt. Die Chinesen verbrauchen schon heute mehr Holz, als sie selbst produzieren. Bis zum Jahr 2020 werden die Importe jährlich um 10 Prozent auf dann 150 Millionen Kubikmeter pro Jahr steigen. Das entspricht etwa dem Waldbestand von der Fläche Sachsen-Anhalts oder 75 000 Güterzügen mit jeweils 20 Waggons. (Für Einwegessstäbchen werden in China Jahr für Jahr 25 Millionen Bäume gefällt. Das allerdings will die Regierung ändern und den Gebrauch der Wegwerfstäbchen bekämpfen.) Also, lasst uns einen Wald pflanzen! Das unabhängige Verbrauchermagazin *Finanztest* der Stiftung Warentest stimmt dem zu. Die Autoren schätzen Waldinvestments positiv ein und bestätigen durchaus, dass einen Wald zu pflanzen als ein Investment gilt, das auch eine ethische Rendite abwirft.

Überall liest man, dass der Bedarf an Holz in der Zukunft stetig steigen wird. Man geht davon aus, dass die Nachfrage aus den Schwellenländern wächst und die Verwendung im Rahmen der Energiegewinnung noch deutlich zunehmen wird. Viele Schwellenländer (z. B. Brasilien) roden den Urwald, um Geld zu verdienen. Andere wiederum kümmern sich um Neuanpflanzungen, weil sie damit auch Geld verdienen. In Ecuador versucht man, andere Nationen zu erpressen. Es wird auf Ölförderung und Abholzung im Urwald verzichtet, wenn andere Staaten dafür bezahlen.

MEINE MEINUNG
Ich lasse mich von dieser Idee begeistern. Bäume pflanzen, Wälder bewahren erscheint mir erstrebenswert. Wenn man dabei auch noch gutes Geld verdienen kann. Ich will dieses Segment näher untersuchen.

Einige Empfehlungen für nachhaltige Anleger
1. Schritt: Ich habe mich für das Thema Wald entschieden, weil ich überzeugt bin, dass es ein nachhaltiges Investment ist.
Wenn man ein wenig recherchiert, stößt man auf viele sehr unterschiedliche Fondsangebote. In Deutschland haben Waldfonds in den vergangenen Jahren eher ein Schattendasein geführt. Unbekannte Anbieter mit mehr oder weniger zweifelhaften Kon-

zepten tummelten sich auf einem undurchsichtigen Markt und erlangten allenfalls durch Pleiten fragwürdige Berühmtheit.

Ich wähle zunächst einen Anbieter aus, um mir eine Meinung über diesen Themenkomplex zu bilden. Bei meinen Recherchen bin ich auf das Unternehmen ForestFinance gestoßen, an dem sich gut darlegen lässt, welche Bandbreite das Waldinvestment mittlerweile hat.

2. Schritt: Bietet der Anbieter nachhaltige Investments?
ForestFinance ist FSC-zertifiziert und das erste deutsche Unternehmen, das den FSC Global Partner Award im Bereich Financial Services erhielt. FSC bietet dabei einige Sicherheit: Es ist das weltweit anerkannteste Siegel für sozial- und umweltverträgliche Forstwirtschaft. Das Forest Stewardship Council (FSC) setzt sich weltweit für die Förderung einer umweltfreundlichen, sozial förderlichen und ökonomisch tragfähigen Bewirtschaftung von Wäldern ein. Sie ist eine unabhängige, gemeinnützige Nichtregierungsorganisation, die 1993 gegründet wurde. Heute ist FSC in über 80 Ländern mit nationalen Arbeitsgruppen vertreten.

Wichtig ist das FSC als Zertifikat, als Auszeichnung. Wenn man Finanzprodukte mit einem solchen Zertifikat kauft, trägt man zu einem verantwortlichen Umgang mit den globalen Waldressourcen bei. Und die Holzinvestments von ForestFinance tragen dieses Gütesiegel. Man kann sich darauf verlassen. Die Waldbewirtschaftung wird anhand von zehn Prinzipien und 56 Indikatoren bewertet.

Aufgrund seines ökologischen Nutzens halten viele Geldanleger den Wald für ein nachhaltiges und gutes Investment. Und wenn es auch noch ein glaubwürdiges Siegel dazu gibt, scheint alles in Ordnung zu sein. Trotzdem sollte man vorher gründlich nachdenken.

Institutionelle Anleger haben schon lange das Holzinvestment entdeckt. Beeindruckt hat mich beispielsweise, dass renommierte amerikanische Universitätsstiftungen wie Yale und Harvard schon lange in Wald investieren, aber auch andere führende US-Pensionsfonds haben sich in Nutz- und Edelholzwälder rund um den Globus eingekauft. Vermutlich sind hierfür sehr nüchterne Gründe ausschlaggebend.

Es lockt in der Tat eine hohe Rendite. So war es wenigstens in der Vergangenheit. Holz hat im Vergleich zu Öl den Vorteil, dass es auf der ganzen Welt verfügbar ist, stetig nachwächst und recycelbar ist. Das bedeutet für viele Anleger die optimale Kombination: hohe Rendite und ein gutes Gewissen. Wird das morgen auch noch so sein?

Bei ForestFinance kann man nachlesen, dass ein nachhaltiger Mischwald 6 bis 11 Prozent Rendite bringt. Dabei sind die Kosten für die Bewirtschaftung bereits eingerechnet. Wenn keine ökologischen oder Nachhaltigkeitsaspekte berücksichtigt werden, kann – den Fachleuten zufolge – die Rendite sogar bis auf 17 Prozent steigen. Kein Wunder, dass nicht nur »gute« Menschen in Wald investieren. Die Rendite verteilt sich aber beim Waldinvestment nicht regelmäßig, sondern ist am ehesten mit einem Zerobond vergleichbar. Erst am Ende der Laufzeit, wenn der Wald geschlagen wird, realisiert sich der größte Teil des Ertrags. Das ist verständlich. Wird eine Neuplantage angelegt, kann mit einem Großteil der Erträge erst in 15 oder 20 Jahren gerechnet werden. Sofern es sich um einen einzigen, kompletten Wald handelt. Viele Anbieter offerieren deshalb ein Portfolio mit unterschiedlich gereiften Waldflächen, sodass die Rendite etwas regelmäßiger verteilt werden kann.

Im Wald liegt sozusagen eine natürliche ökonomische Nachhaltigkeit, denn das biologische Wachstum der Bäume führt dazu, dass die Waldflächen im Wert steigen – unabhängig davon, was an den Aktien- und Rentenmärkten passiert. Zwar unterliegen auch die Holzpreise gewissen Preisschwankungen, aber Waldbesitzer sind nicht gezwungen, ihren Wald ausgerechnet in einem Jahr zu schlagen, in dem der Holzpreis niedrig ist.

Mittlerweile gibt es sogar noch einen Zusatznutzen, der erst in den »strategischen« Anfängen steckt. So erwirtschaftet Forest Finance Zusatzerlöse aus dem Verkauf von CO_2-Zertifikaten. Dieser Markt wird sich aber erst in Zukunft entsprechend entwickeln.

Was sind die Nachteile eines Waldinvestments? Das ist an erster Stelle die Illiquidität. Dies schreckt manchen Anleger ab. Ein weiteres Problem sind politische Risiken. Da man mit europäischen Wäldern keine großen Renditen mehr erwirtschaften kann, finden die relevanten Waldinvestments meistens in lateinamerikanischen Ländern statt. Allerdings sind in den klimatisch günstigen Regionen rund um den Äquator oft auch die politischen Risiken höher. Andere wie Feuer, Sturm oder Schädlingsbefall sind zwar überwiegend versicherbar, aber die Prämien können 2 bis 3 Prozent pro Jahr ausmachen und dadurch die Rendite erheblich schmälern.

Die ForestFinance-Gruppe verfügt mittlerweile über mehr als zehn Jahre Erfahrung im Bereich Entwicklung und Vertrieb von ökologischen Waldinvestmentprodukten. Sie forstet bereits seit Mitte der 1990er-Jahre ökologische Mischforste in Panama auf. Seit 2005 besitzt das Unternehmen auch eine deutsche Niederlassung. Mit den investierten Geldern verwaltet ForestFinance eine Forstfläche von mehr als 3 000 Hektar in Panama und in Vietnam. Das Unternehmen nimmt für sich in Anspruch, ein Bewahrer von Wald und gleichzeitig ein interessanter Arbeitgeber in den jeweiligen Regionen zu sein.

Nicht verwechseln dürfen die Anleger allerdings den Begriff der Aufforstung mit dem Erhalt des eigentlichen Regenwaldes. Aufforstung bedeutet nur Schaffung eines Sekundärwaldes, mit dem ursprünglichen Primärwald in den betreffenden Regionen hat dies nur wenig zu tun. Zu lang sind die Zeiträume, bis der natürliche Wald wieder seine frühere Stabilität infolge von Rodungen erreicht hätte.

3. Schritt: Wie kauft man einen Wald?

Direkte Waldinvestments können erst ab hohen dreistelligen Millionenbeträgen sinnvoll getätigt werden. Daher ist das für einen Privatanleger keine Alternative.

Mittlerweile können Privatanleger jedoch Wald in verschiedenen »Verpackungen« erwerben. Die Optionen reichen vom BaumSparVertrag, über Holzaktien bis hin zu geschlossenen Waldfonds. Besonders populär sind derzeit Holzfonds. Da der direkte Kauf von Waldgrundstücken und deren Bewirtschaftung für den Durchschnittsbürger keine Option darstellt, entwickeln viele Emittenten Konzepte, die den Wald »handelbar« machen. Hierzu wurden auch Zertifikate emittiert.

4. Schritt: Sind diese Zertifikate für ein nachhaltiges Investment geeignet? Wie war die Performance der Zertifikate?

Seit Längerem gibt es Zertifikate, die diesen Markt auch privaten Anlegern bequem zugänglich machen. Man bildet zunächst einen Index, der dann als Basis für die Zertifikate verwendet wird. Der Index ist der Global Timber Index. Darin werden 16 Holz- und Forstbesitzunternehmen abgebildet, worunter auch Möbelhersteller fallen. Als Zertifikate werden unter anderem angeboten: Global-Timber-Index-Zertifikat (WKN UB9TMB) und Timbex-Zertifikat (WKN SG0TBX).

Sieht man sich jedoch die Performance der beiden Zertifikate an, so stellt man fest, dass die Zertifikate über ein Jahr –22,44 bzw. –13,10 Prozent an Wert verloren haben. Auf Dreijahressicht haben sie 42,49 bzw. 67,87 Prozent gewonnen und auf Fünfjahressicht wiederum –48,95 bzw. –27,40 Prozent verloren. Wo sind die jährlichen 15 Prozent des NCREIF Timberland Index geblieben und wieso haben sich die Zertifikate so volatil entwickelt?

Daraus ersieht man, dass es einen großen Unterschied ausmacht, ob man in einen Wald investiert oder in Unternehmen, die sich irgendwie mit Wald beschäftigen – wobei dies verständlich ist, denn die meisten Unternehmen sind mit der Weiterverarbeitung von Holz befasst und nicht mit dem Wald an sich.

Goldman Sachs hat ein Open-End-Index-Zertifikat auf S&P Global Timber Forestry Index (GS0TWA) herausgebracht. Der Index umfasst 25 börsennotierte Unternehmen aus zehn Ländern, die weltweit im Holzgeschäft tätig sind. Sie sind entweder Eigentümer von Wäldern, im Forstmanagement oder in der Holz verarbeitenden Industrie tätig. Außerdem können Verpackungsunternehmen oder Unternehmen der Papierindustrie beteiligt sein. Schon diese Beschreibung weckt Zweifel daran, ob es sich um ein nachhaltiges Produkt handelt, das der Waldentwicklung zugutekommt. Weitere Zweifel entstehen, wenn man die Performance betrachtet. Das Zertifikat hat in einem Jahr eine Performance von –12,82 Prozent erwirtschaftet, in drei Jahren eine Performance von sogar +63,92 Prozent. Das ist zwar kein Widerspruch, aber auch nicht die volle Wahrheit. Das Zertifikat wurde am 26. 9. 2007 aufgelegt mit einem Preis von 159,92 Euro. Heute liegt der Preis bei 121,11 Euro. Das sind immer noch – 24,3 Prozent. Auch bei diesem Produkt stellt sich die Frage, wo ist die Performance des NCREIF Timberland Index geblieben, den wir eingangs erwähnt haben.

Diese Zertifikate sind meines Erachtens inhaltlich zu weit vom Wald entfernt. Es geht nicht mehr um den Wald, sondern um die Holzverarbeitung, und diese folgt sehr unterschiedlichen Regeln.

5. Schritt: Ich treffe eine Entscheidung.
Ich habe mich gegen diese Zertifikate entschieden. Sie haben mich nicht überzeugt.

6. Ich suche nach anderen Anlagemöglichkeiten.
Wenn man mehr in Wald investieren möchte, würde sich als bessere Alternative ein Investment in einen geschlossenen Holz-

fonds anbieten. Unter reinen Renditegesichtspunkten ist nämlich Holz vor allem in Form geschlossener Fonds, wie beispielsweise dem Aquila Capital WaldInvest oder dem DWS Access Global Timber Fonds, interessant. Deren Grundlagen sind in der Tat in erster Linie Waldgebiete und Plantagen. Man geht von einer Laufzeit von 30 Jahren aus und prognostiziert eine Zielrendite von 8 bis 10 Prozent pro Jahr. Die Mindestanlagesumme beträgt 10 000 Dollar oder 10 000 Euro plus einem Aufschlag (Agio) von 5 Prozent.

Die Anteilseigner dieser geschlossenen Fonds sind allerdings Mitträger des unternehmerischen Risikos. Wichtig ist, darauf zu achten, dass die Waldbestände gut versichert sind (gegen Feuer, Schädlingsbefall usw.) und ein Gütesiegel des FSC tragen. Das ist eine Gewähr dafür, dass die Grundsätze der Nachhaltigkeit eingehalten werden.

Geschlossene Fonds eignen sich jedoch aufgrund der hohen Mindestanlagesummen und der langen Laufzeiten nur für vermögende Personen.

Seit Februar 2009 gibt es auch einen waldorientierten offenen Fonds. Mit dem Focus-Global-Forests-Zertifikat (WKN A0PL0R) kann man sich an einem offenen Waldfonds beteiligen. Ob das Konzept aufgeht, lässt sich jetzt noch nicht sagen. Die Performance war nicht so günstig. Auf ein Jahr erwirtschaftete der Fonds gerade einmal 2 Prozent.

Der Focus Global Forests ist der erste offene Waldfonds, der entsprechend einem offenen Immobilienfonds nach dem deutschen Investmentgesetz strukturiert wurde. Der Fonds investiert ausschließlich in Grund und Boden weltweit. Das Zertifikat wird nicht von einer Bank emittiert, was mit Bonitätsrisiken verbunden sein kann, sondern wird über die Luxemburger Verbriefungsgesellschaft Alceda Star S.A. aufgelegt. Der Vorteil: Die Zertifikatwerte der Investoren sind auf einem Sperrdepot mit Sicherheiten hinterlegt. Geht die Bank in Konkurs, so sind die Sicherheiten an die Zertifikatinhaber verpfändet, und die Investoren erhalten ihr Geld zurück. Das Zertifikat strebt eine Zielrendite von mehr als 5 Prozent an.

Aus dem Hause ForestFinance kann man sich an einem WoodStockInvest beteiligen. Die Konstruktion ähnelt einem geschlossenen Fonds und kann doch individuell gezeichnet werden. Allerdings ist der Investitionswert relativ hoch. Für 25 000 Euro können die Anleger über ForestFinance einen eigenen Nutzwald von einem Hektar mit Grundstückspacht oder für zusätzlich 6 000 Euro mit Grundeigentum erwerben.

Um die Pflege und Aufforstung kümmern sich die ForestFinance-Forstdienstleister vor Ort. Auf dem im Grundbuch auf den Käufer eingetragen Landeigentum bzw. auf dem gepachteten Grundstück wird später ein Mischwald aus verschiedenen regionalen Nutzholzbäumen entstehen. Zum Angebotspaket gehören auch noch eine Feuerversicherung und eine Nachpflanzgarantie. Versprochen werden 11 Prozent Rendite im Jahr. Hinzu kommt eine als wahrscheinlich bezeichnete Bodenwertsteigerung. Wenn dieses Konzept aufgeht, kann man stolz darauf sein, mit diesem Investment etwas für den Klimaschutz und den Erhalt aussterbender Tierarten getan zu haben.

Ähnlich erscheint auch das Angebot GreenTeak. Anleger investieren gezielt in eine Teakplantage und erhalten auf diese Weise eine Rendite von mindestens 5 Prozent, möglich sind laut Anbieter aber Werte bis zu 10 Prozent. Die Überlegung ist bei diesem Modell, dass an vielen Stellen, die vormals mit Regenwald bedeckt waren, Teakholzplantagen entstehen sollen. Bis zur Ernte wird ein Zeitraum von etwa 17 Jahren kalkuliert, diese kürzere Anlagedauer ist durch bereits bestehende Teakholzflächen realisierbar. Für einen Einstiegspreis von etwa 24 000 Euro erhalten Anleger beim GreenTeak-Modell etwa 1 100 Teakbäume. Günstig wirkt sich der bereits bestehende Bestand insofern aus, dass die Kunden nicht die kritischen Jahre des Wachstums abwarten müssen.

7. Schritt: Gibt es auch noch andere unkomplizierte Produkte, in die man investieren kann?

ForestFinance hat noch mehr Produkte im Angebot: Es gibt einen BaumSparVertrag und ein WaldSparBuch. Beide Anlageformen suggerieren Bekanntes (Sparvertrag, Sparbuch) und unterscheiden sich dennoch gründlich. Sie wollen Waldinvestment auch für kleinere Beträge möglich machen. Beim BaumSparVertrag kann man sich mit geringen monatlichen Raten von nur 30 Euro beteiligen. Beim WaldSparBuch ist eine Mindesteinlage von 3250 Euro erforderlich. Mit diesen Geldern wird in Panama in die Aufforstung investiert.

In beiden Fällen handelt es sich um ein langfristiges Direktinvestment (25 Jahre und mehr) in ökologische Nutzholzaufforstung, das durch eine Vielzahl von Sicherheitsmaßnahmen und ein reales individuelles Grundstück und Wald abgesichert ist. Die Renditeprognose ist deutlich höher und soll zwischen 7 und 9 Prozent liegen.

8. Schritt. Meine Entscheidung und Begründung

Ein Investment in Holz oder Wald finde ich grundsätzlich gut. Man muss aber davon ausgehen, dass alle überzeugenden Angebote langfristig sind. Die Emittenten überbieten sich mit klangvollen Namen für ihre Produkte. Ob BaumSparVertrag, BaumSparBuch oder GeschenkBaum – es ist im Prinzip alles das Gleiche. Es wäre besser, wenn man wenige und klar formulierte Produkte anbieten würde.

Vor allem die Initiatoren von geschlossenen Waldfonds machen sehr viel Werbung. Werbung kostet aber das Geld der Anleger. Wenn ich im Internet »Wald«-Seiten aufrufe, ist immer die Werbung des Unternehmens Life Forestry Group dabei. Sie poppt hoch, ohne dass ich sie angefordert habe. Aus diesem Grund würde ich bei diesem Unternehmen nie investieren.

Geschlossene Fonds oder Beteiligungen sind die sinnvollste Variante, um sich an einem Waldinvestment zu beteiligen. Man muss natürlich Vertrauen zu dem Anbieter haben. Wenn man einen größeren Betrag investieren will, sollte man sich die Baumplantagen sogar vor Ort ansehen. Und selbstverständlich muss man auch einen sehr wachsamen Blick auf die Renditeversprechen werfen. Über eine Fondsdauer von 10, 25 oder 30 Jahren kann man leicht mit hohen Renditen locken. Der Verkäufer wird sie nicht mehr einlösen müssen, und über eine so lange Laufzeit kann man wirklich keine realistischen Prognosen abgeben. Also lieber dem Unternehmen dem Vorzug geben, das konservativer rechnet.

Die Zertifikate auf die verschiedenen Indizes haben enttäuscht und sind eigentlich nicht zu empfehlen. Es ist auch nicht ganz offensichtlich, was nachhaltig an der Unterstützung von Holz verarbeitenden Firmen oder Möbelunternehmen sein soll.

Eine einfache und simple Partizipation am viel gepriesenen NCREIF Timberland Index habe ich leider nicht gefunden.

Investments für alternative Energie – Geldanlage mit Zukunft

IDEE

Anlagemöglichkeiten und insbesondere Investmentfonds, die sich der alternativen Energie widmen, werden immer beliebter. Von der Atomkatastrophe in Japan bis zur Energiewende in Deutschland ist eigentlich jeder Bürger hierzulande mit diesem Thema konfrontiert. Viele Menschen denken darüber nach, wie sie selbst von alternativer Energie profitieren können. Die einen entscheiden sich für eine neue Heizungsanlage mit Fotovoltaik oder ein Blockheizkraftwerk im Einfamilienhaus; die anderen überlegen, ob sie Geld bei den Unternehmen anlegen, die in dieser Branche erfolgreich tätig sind. Überdies fließt viel Geld, das im Kampf gegen die Rezession eingesetzt wird, in den Sektor der erneuerbaren Energien. Alternative Energie als Geldanlage zu nutzen wird also zum neuen Trend für die Sicherung der Zukunft.

Viele Menschen setzen sich mittlerweile zu Recht für die erneuerbaren Energien ein; also für Energien aus Quellen, die sich entweder kurzfristig von selbst erneuern oder deren Nutzung nicht zur Erschöpfung der Quelle beiträgt. Die Verwirklichung der Vision regionaler Versorgung ohne Umweltbelastung durch Gifte, CO_2-Ausstoß und Atomstrahlung rückt immer näher. Nicht nur aufgrund der Katastrophe von Fukushima, sondern auch wegen der ständigen Erhöhung des Ölpreises machen sich nun die Menschen Gedanken über neue Lösungen.

Es wird Veränderungen geben. Wahrscheinlich wird man von der zentralen Energieerzeugung mit wenigen Kraftwerken zur dezentralen Erzeugung durch viele übergehen müssen. Darunter fallen die Solaranlagen auf Hausdächern, Blockheizkraftwerke im Keller oder gemeindeeigene Windräder. Die Steuerung zwischen Stromerzeugung und Stromverbrauch wird sich ändern müssen. Große Chancen dürften die Unternehmen haben, die ein ausgefeiltes Energiemanagement anbieten. Eine hohe Versorgungssicherheit steht im Vordergrund. Gaskraftwerke und Pumpspeicherkraftwerke können den Bedarf schnell regulieren. Nur dann können die Stärken der alternativen Energieträger voll umsetzbar sein. Ein Investment scheint sich zu lohnen. Allerdings gab es auch in diesem Bereich schon Schattenseiten – man denke nur an die Solaraktien, die sehr stark eingebrochen sind, manche Unternehmen haben sogar Pleite gemacht.

Unter nachhaltig zur Verfügung stehenden Energieressourcen versteht man Energie, die aus Wasserkraft, Windkraft, Strahlung (Sonne), Erdwärme (Geothermie), aus der Kraft der Gezeiten sowie aus energetischem Potenzial – Biomasse oder Holz (Biogas, Bioethanol) – gewonnen wird.

Welche Nutzungsarten bietet uns die Wasserkraft?
- Staudämme, Staumauern
- Wasserkraftwerke, Wassermühlen, Hammerwerke, Schöpfräder
- Wellenenergie des Meeres, Strömungsenergie des Meeres, Gezeitenkraftwerke
- Zukünftig vielleicht Meereswärme- oder Osmosekraftwerke

Welche Nutzungsarten bietet die Bioenergie bzw. Biomasse?
- Holz
- Pflanzenöl
- Biodiesel, Biogas, Biokraftstoff
- Biowasserstoff
- Bioethanol

Welche Nutzungsarten bietet uns die Windenergie?
- Windmühlen, Windenergieanlagen
- Thermikkraftwerke, Fallwindkraftwerke

Welche Nutzungsarten bietet uns die Solarenergie?
- Fotovoltaik
- Solarthermie (Sonnenkollektoren, Sonnenwärme-kraftwerke)
- Thermik (Thermikkraftwerke)

Welche Nutzungsarten bietet uns die Geothermie?
- tiefe oder oberflächennahe Geothermie

Die Energiepotenziale, die uns zur Verfügung stehen, sind überwältigend. Am wichtigsten ist die Sonne. Allein ihre Energie entspricht etwa dem Zehntausendfachen des aktuellen menschlichen Energiebedarfs. Alle anderen Energiearten sind im Vergleich dazu bedeutungslos. Es steht uns also auf der Welt mehr Energie zur Verfügung, als wir je verbrauchen können, und mit unserem heutigen und künftigen technologischen Know-how können wir diese auch ausbeuten. Die Internationale Energieagentur (IEA) geht davon aus, dass weltweit bis 2030 mehr als ein Viertel des Energieverbrauchs durch erneuerbare Energien gedeckt werden kann. Studien von Greenpeace besagen, dass sich bis 2050 die Hälfte der weltweiten Energieversorgung damit abdecken lässt.

Wissenschaftler der Universitäten Stanford und Davis in Kalifornien haben in einem Plan für eine emissionsfreie Welt bis 2030 errechnet, dass die weltweite Umstellung auf Wind-, Wasser- und Sonnenenergie rund 100 000 Milliarden Dollar kosten würde. Eine enorme Summe. Vergleicht man sie mit einer anderen Quelle, erscheint sie aber nicht übertrieben hoch. Berechnungen der Energy Watch Group belegen, dass uns ein Festhalten an den fossil-atomaren Energien noch wesentlich teurer kommt. Ihr zufolge wurden weltweit im Jahr 2008 zwischen 5 500 und 7 750 Milliarden Dollar für fossile und atomare Energien ausgegeben. Geht man von einer Verteuerung von 20 Prozent der Energiekosten aus, so käme man schnell auf 10 000 Milliarden Dollar pro Jahr. Dies entspräche in 20 Jahren 200 000 Milliarden US-Dollar.

MEINE MEINUNG

Ein Engagement in Energie erscheint mir sehr vielversprechend. Welche Segmente sind zukunftsträchtig? Ein offensichtliches Problem ist die Speicherung von Strom. Wird mehr Strom produziert als verbraucht, müsste man ihn speichern könnte. Forscher arbeiten an verschiedenen Ansätzen: Pufferbatterien für Solaranlagen, Nutzung von Autobatterien der Elektroautos, Wasserspeicher in Windrädern oder Synthesegas. Das ist aber Zukunftsmusik. Heute sind nur die Pumpspeicherkraftwerke im Einsatz, die bei Stromüberschuss Wasser in ein höher gelegenes Becken pumpen. Bei Strombedarf wird das Wasser wieder abgelassen, und damit werden Generatoren angetrieben.

Das nächste Problem ist die Verteilung. Der Strom, den Sonne, Wind und andere regenerative Energien erzeugen, muss in die Städte oder zu den Großunternehmen gebracht werden. Die Forscher schwärmen von Stromautobahnen, sogenannten Overlaynetzen. In die Umsetzung dieser Technik wird viel Geld fließen.

Und schließlich beschäftigen sich immer mehr Menschen mit einer effizienteren Nutzung von Energie. Dazu sollen Smart Meter, »intelligente« Zähler für Strom oder Gas, in den einzelnen Haushalten beitragen. Sie messen nicht nur den Stromverbrauch, sondern steuern ihn auch, um Spitzen zu vermeiden. Ein einfaches Beispiel: Warum sollen Waschmaschinen nicht nachts arbeiten, wenn der Stromverbrauch der Unternehmen niedrig ist? Hierfür (und für den Aufbau von Smart Grids (»intelligenter« Netze) werden in den nächsten zehn Jahren zwischen 10 und 15 Milliarden Euro Investitionsvolumen benötigt.

Von solchen Investitionen werden zunächst Großkonzerne wie Siemens, Bosch oder General Electric profitieren, die sich alle Geschäftsbereiche mit dem Namen »Umwelttechnik« zugelegt haben, aber dann werden auch immer mehr kleinere Spezialfirmen aufholen. Das wird zu starken Umwälzungen in den Branchen der erneuerbaren Energien führen. Wie stark, erkennt man bereits am Beispiel der Solar- und Windkraftanlagenhersteller: Zumindest die deutsche Solarindustrie scheint aufgrund der hohen Einspeisevergütungen für Solarstrom noch nicht zu den Gewinnern zu gehören. Die Unternehmen haben Überkapazitäten aufgebaut und nicht mit dem Preisverfall gerechnet. Dennoch sollen einigen Prognosen zufolge in Fotovoltaik trotz des geringen Wirkungsgrads bis 2022 bis zu 50 Milliarden Euro investiert werden.

Anlegern wird empfohlen, zwar die Solartitel immer im Auge zu behalten, aber zunächst nur in große Industriekonzerne zu investieren, die breit aufgestellt sind, ihre Aktivitäten im Bereich der Umwelttechnologie verstärken und auch in Asien tätig sind. Wenn die Unternehmen dort wettbewerbsfähig agieren, kann man mit ihnen rechnen.

Einige Empfehlungen für nachhaltige Anleger: Wie kann man in erneuerbare Energien sinnvoll investieren?

Mit Zertifikaten auf die Energie setzen

1. Schritt: Ich beginne mit Indizes und abgeleiteten Zertifikaten. Welche Produkte sind für ein nachhaltiges Investment geeignet? Wie sieht die Performance aus?

Wir gehen zunächst von einem passenden Index aus und überlegen, welche Produkte auf diesen Index lauten.

Ich verwende dieses Mal die Börsenplattform ariva (www.ariva.de). Gibt man in das Suchfeld »erneuerbare Energien« ein, erhält man zunächst den F. A. Z. Erneuerbare Energien Index (WKN SLA3AM). Ich kenne ihn nicht. Bekannt ist natürlich der FAZ-Index, ein Aktienindex auf dem deutschen Aktienmarkt, der bereits seit 1961 von der *Frankfurter Allgemeinen Zeitung* börsentäglich berechnet wird. Er beinhaltet die 100 höchstkapitalisierten Aktien, die an der Frankfurter Börse gehandelt werden. Bevor am 1. Juli 1988 der Deutsche Aktienindex (DAX) eingeführt wurde, war der FAZ-Index der wichtigste Index des deutschen Aktienmarktes. Neu war nun für mich, dass es sich beim FAZ-Index um eine Indexfamilie mit zwölf Branchenindizes handelt. Einer davon ist der Index »Erneuerbare Energien«.

Fragt man die gegenwärtige Zusammenstellung ab, stellt man fest, dass nur fünf Unternehmen gelistet sind. Das ist meines Erachtens zu wenig. Man findet zwei Zertifikate, die den Index abbilden. Beide sind sogenannte Index/Tracker-Zertifikate, das heißt Zertifikate, die eins zu eins den Basisindex abbilden:

WKN HV5CW3: Open End Index Zertifikat auf den F. A. Z.

Erneuerbare Energien Index; Performance in einem Jahr: von 90 auf 53 Euro.

WKN CK15H: Unlimited-Index-Zertifikat auf den F.A.Z. Erneuerbare Energien Index; Performance in einem Jahr: von 9 auf 5,3 Euro.

Die beiden Zertifikate sind also bis auf das Bezugsverhältnis identisch.

Sind die beiden Zertifikate nun nachhaltig? Wenn man davon ausgeht, dass die Unternehmen, die dem Index zugrunde liegen, nachhaltig sind, dann kann man dies auch für die Zertifikate in Anspruch nehmen. Die Grundlage des Index ist mir allerdings zu gering, die Performance begeistert mich auch nicht. Daher investiere ich nicht in diese Zertifikate.

Bekannt ist der ÖkoDax der Deutschen Börse. Er umfasst zehn Werte der Branchen Sonnen-, Wind- und Bioenergie. Auf seiner Basis wurden sehr unterschiedliche Zertifikate ausgegeben.

X-pert Zertifikat auf ÖkoDAX TR [Deutsche Bank AG]	DB80EK
Garant-Anleihe auf ÖkoDAX TR [Bayerische Landesbank]	BLB1AF
Index Zertifikat auf ÖkoDAX TR [HypoVereinsbank/UniCredit]	HV5YEX
Open-End-Index-Zertifikat auf ÖkoDAX TR [HypoVereinsbank/UniCredit]	HV1DB7
Partizipationszertifikat auf ÖkoDAX TR [HSBC Trinkaus & Burkhardt AG]	TB0X4Q
Unlimited-Index-Zertifikat auf ÖkoDAX TR [Commerzbank AG]	CK0RCA

Wie ist die Performance dieser Zertifikate? Die Zertifikate, die es schon vor drei Jahren gab, haben alle ein Minus von über 50 Prozent eingefahren. Ob es noch Anleger gibt, die diese Papiere besitzen? Die Zahlen spiegeln die Misere der Solarindustrie wider. Was einmal mit vielen Vorschusslorbeeren begann, endete in einem Desaster. Wer will heute schon wieder Solaraktien kaufen?

2. Schritt: Ich treffe eine Entscheidung
Diese Zertifikate stehen bei mir auf der »Watchliste«. Ich traue ihnen noch nicht. Aber ich bin mir darüber im Klaren, dass die Marktaussichten besser werden.

Die attraktivsten Unternehmen auswählen

1. Schritt: Ich suche nach Alternativen. Wie wäre es mit dem Kauf von Aktien von Einzelunternehmen? Sind die Unternehmen »nachhaltig«? Wie ist die Performance?
Wie findet man Einzelunternehmen, in die man gerne investieren möchte? Ich suche mir ein Unternehmen der Solarbranche aus und überlege mir, in dieses zu investieren, auch wenn das Investment in einen einzigen Titel ein höheres Risiko aufweist als das in eine gesamte Branche.

Am einfachsten ist es, auch in diesem Fall mit einem Index zu beginnen, z. B. mit einem Solarindex: MAC Solar Energy Index. Auf der Plattform http://www.nachhaltiges-investment.org kann man sehen, welche Unternehmen in diesem Index vertreten sind. Nehmen wir einmal das Unternehmen Conergy. Es hat einen guten Internetauftritt, das Geschäftsmodell ist auch sehr eingängig. Aber: Bei Deutsche Börse/Xetra ist das Unternehmen nicht unter den nachhaltigen Unternehmen gelistet. Ein Blick auf den Aktienkurs lässt einen frösteln: 2008 war die Aktie über 200 Euro wert, 2011 war sie auf 3 Euro abgestürzt. In den letzten drei Monaten hat sie sich erholt: von 0,25 auf 0,43 Euro. Nun könnte man sagen: Das Geschäftsmodell gefällt mir. Ich kaufe, denn schlechter kann der Kurs eigentlich nicht mehr werden. Man könnte allerdings auch sagen: Hände weg. Bei einer solchen Kursentwicklung ist das Unternehmen auf der Verliererstraße.

Oder ein anderes Unternehmen: Manz Automation. Gleiches Bild. Guter Internetauftritt, interessantes Fotovoltaik-Geschäft. Aber es ist nicht bei Deutsche Bank/Xetra unter Nachhaltigkeit gelistet. Und der Kurs, einst bei knapp unter 200, hat sich in den letzten drei Monaten von 17 auf 23 verbessert. Wäre dies ein attraktives Unternehmen für einen Anleger?

In meiner Mappe, in der ich Unternehmensberichte sammle, stoße ich beim Sichten auf 2G Energy AG (WKN A0HL8N), ein Unternehmen, das sich mit Kraft-Wärme-Kopplungen beschäftigt. Sehr interessant – die Aktien sind seit 2009 von 3 Euro kontinuierlich bis auf 30 Euro gestiegen. Das verspricht Gutes ...

2. Schritt: Ich treffe eine Entscheidung

Wenn man in Einzelaktien investieren will, sollte man zumindest wissen, was das Unternehmen herstellt und in welchem Marktumfeld es agiert. Dann sollte man auch Informationen über das Unternehmen sammeln. Dazu legt man sich am besten eine Sammelmappe an. Ich kaufe nicht, wenn irgendwelche Empfehlungen gegeben werden, denn in vielen Fällen kann man deren Seriosität nicht überprüfen, sondern erst wenn sich das Unternehmen kontinuierlich entwickelt. Natürlich kann man sich zusätzlich mit technischer Analyse und Charttechnik ein Bild verschaffen. Aber irgendwann muss man eine Entscheidung treffen. Und nun habe ich zugeschlagen: Ich bin bei 2G Bio-Energietechnik AG eingestiegen. Diese Aktie hat Zukunft. (Achtung: Ich gebe hiermit keine Kaufempfehlung!)

1. Schritt: Ich suche nach Alternativen. Es müssen ja nicht immer Aktien sein.
Durch eine Postwurfsendung der Deutschen Post bin ich auf German Pellets aufmerksam geworden. Das Unternehmen ist eine GmbH, kann sich also an der Börse kein Kapital holen. So gibt das Unternehmen Genussrechte aus.

2. Schritt: Was ist das für ein Unternehmen?
Auf der Webseite ist zu lesen:»Die German Pellets GmbH ist Europas größter Produzent von Holzpellets. Das Unternehmen wurde 2005 im mecklenburgischen Wismar an der Ostsee gegründet. Heute produziert German Pellets an neun Standorten in Nord-, Ost-, Süd- und Südwestdeutschland. Deren Kapazität reicht derzeit aus, um mehrere 100 000 Haushalte mit umweltfreundlichen Holzpellets zu versorgen.

Zur Herstellung der kleinen Presslinge nutzen wir Holz aus nachhaltig bewirtschafteten, heimischen Wäldern. Als CO_2-neutraler und nachwachsender Brennstoff konnten sich Holzpellets mittlerweile als feste Größe im Markt etablieren. Und auch die Zukunft sieht gut aus: Experten gehen fest von einem nachhaltig wachsenden Pelletmarkt aus.«

3. Schritt: Was sind Genussrechte?
Über Genussrechte wird im Allgemeinen ein Genussschein ausgestellt. Dieses Dokument verbrieft die Rechte am Anteil des Unternehmensgewinns. Der Inhaber der Genussrechte hat nur Anspruch auf einen Gewinnanteil, aber nicht auf ein Stimm- oder Mitwirkungsrecht.

Was ist der Deal? Mindestanlagebetrag sind 2500 Euro, die jährliche Zinszahlung beträgt 8 Prozent (wobei sie vom Gewinn des Unternehmens abhängig ist). Die Laufzeit ist unbegrenzt, aber mindestens fünf Jahre. Es entstehen keine Gebühren. Wenn man Pelletnutzer ist, bekommt man einen Bonus von 20 Euro pro Tonne Pellets im Jahr. Das klingt gut. Aber wie weiß man, ob es auch der Realität entspricht? Schwierig. Jedenfalls hat das Unternehmen bereits zweimal an die Zeichner der Genussrechte 8 Prozent ausgeschüttet.

Genussscheine müssen sich nicht auf einzelne Unternehmen beschränken. Ein gutes Beispiel für eine globale Anwendung dieses Instruments ist der Genussschein 2011 juwi renewable IPP der GLSBank. Mit diesem Genussschein kann man sich an der Realisierung zukunftsweisender Projekte im Bereich Wind- und Solarenergie beteiligen. Die Juwi-Holding entwickelt die Strategie und deckt die gesamte Prozesskette von der Standortsuche über die Planung, Finanzierung und Errichtung bis hin zur Betriebsführung ab. Ziel ist es, bei all diesen Projekten, den Anteil von Sonne, Wind und Biomasse am Energiemarkt kontinuierlich zu erhöhen. Als Finanzierungspartner fungiert die GLS Bank. Mit Genussscheinen werden Gemeinschaftsunternehmen mit Stadtwerken und regionalen Stromversorgern finanziert. Diese realisieren Projekte wie Wind- und Solaranlagen. An den Genussscheinen kann man sich ab einer Mindestsumme von 5000 Euro beteiligen, als Zinserwartung sind 7 Prozent p. a. angegeben. Die Laufzeit beträgt zehn Jahre.

4. Schritt: Ich treffe eine Entscheidung: Diese Genussscheine finde ich gut.
Genussscheine sind im Augenblick relativ beliebt. Da hat vor einiger Zeit sogar ein Fußballklub in meiner Heimatstadt, die Spielvereinigung Greuther Fürth, Genussscheine ausgegeben. Mit 5000 Euro ist man dabei. Die Verzinsung liegt bei 4 Prozent p. a. Nicht besonders attraktiv vielleicht. Aber wenn die Fürther in die erste Liga aufsteigen, gibt es eine Sonderverzinsung von 15 Prozent. Und sie haben es in der Tat geschafft. Bleibt noch die Frage, ob dies ein nachhaltiges Investment sein kann.

Die größte Wahl bieten Fonds

Viele Anleger verlassen sich auf die Fondsmanager und investieren in einen geschlossenen oder einen offenen Fonds. Das macht durchaus Sinn, aber man muss natürlich immer versuchen, die Spreu vom Weizen zu trennen.

Vielfach werden geschlossene Fonds für Nachhaltigkeitsthemen angeboten. Dies macht durchaus Sinn. Der Nachteil ist jedoch, dass man ein relativ hohes Mindestkapital (meistens über 10 000 Euro) investieren muss.

Auf der Suche nach offenen Fonds

1. Schritt: Welche nachhaltigen Publikumsfonds gibt es?

Wie bereits erwähnt, halte ich die Vorgehensweise bei Cortal Consors für besonders elegant. In der Fondsauswahl gibt man die Themen ein, nach denen man suchen möchte, also z. B. »Erneuerbare Energien«. Dann erhält man eine Auswahl von Fonds. Diese kann man sofort in einen Fondsvergleich übernehmen. Hier findet man eine Klassifizierung von Morningstar wie Aussagen zu der Performance in verschiedenen Zeitperioden, als auch Aussagen zur Volatilität. Weiter unten gibt es noch einen grafischen Vergleich der Kursentwicklung. Eindeutig schneidet hier der ESPA-Fonds als bester ab.

| KURS-SNAPSHOT | CHARTS | KURSE | PROFIL | NACHHALTIGKEIT | FONDSVERGLEICH |

	aktuell	WKN, Name, ISIN	WKN, Name, ISIN
Fondsname	ESPA Vinis Stock Global A	Pioneer Fds Global Ecology A E ...	SEB ÖkoLux A
WKN	A0J26V	A2H4H0	971896
Fondsgesellschaft	ERSTE-SPARINVEST KAG	Pioneer Asset Management S.A.	SEB Asset Management S.A.
Fondsvol. in Mio	204.39 EUR	917.05 EUR	22.82 EUR
Auflagedatum	15.09.2006	11.06.2007	19.02.1993
Morningstar Rating	****	***	*
S&P Fund Management Rating			AA
Performance	Stand: n.a.	Stand: n.a.	Stand: 03.02.2012
Performance 1 Monat	1.01%	6.19%	4.84%
Performance 6 Monate	10.77%	10.92%	11.39%
Performance 1 Jahr	-0.79%	-4.06%	-1.20%
Performance 3 Jahre	41.98%	23.35%	26.27%
Performance 5 Jahre	-4.40%		-27.01%
Performance 8 Jahre			0.98%
Risiko	Stand: 03.02.2012	Stand: 03.02.2012	Stand: 03.02.2012
Volatilität (3 Jahre)	12.89%	14.93%	15.79%
Volatilität (5 Jahre)	15.25%	n.a.	19.99%
Sharpe Ratio (3 Jahre)	0.76%	0.74%	0.54%
Sharpe Ratio (5 Jahre)	-0.23%	n.a.	-0.44%
Max. Verlust (3 Jahre)	-12.98%	-19.55%	-15.50%
Max. Verlust (5 Jahre)	-41.38%	n.a.	-50.57%
Beta (3 Jahre)			1.17
Beta (5 Jahre)			1.32
Ausgabegebühr regulär (max.)	5.00%	5.00%	4.80%
Cortal Consors Discount	100.00%	100.00%	50.00%

Eine weitere Möglichkeit, entsprechende Fonds zu finden, entnimmt man dem »Verbraucherportal für private Finanzen – biallo.de«. Man kann sich unter »Aktienfonds Neue Energien/Klima« eine Liste von entsprechenden Fonds erstellen.

2. Schritt: Sind diese Fonds für ein nachhaltiges Investment geeignet? Wie war die Performance dieser Fonds?

Das Verfahren ist uns bereits bekannt. Man muss die Fonds untersuchen und sich vor allen Dingen Klarheit verschaffen, in welche Unternehmen der Fonds investiert hat und inwieweit diese mit der eigenen Anschauung von Nachhaltigkeit übereinstimmen. Ich habe unter anderem die folgenden Vorschläge gefunden:

a) GreenEffects NAI-Werte Fonds Units (WKN 580265)

GreenEffects basiert auf dem Natur-Aktien-Index (NAI) und investiert ausschließlich in die Werte des NAI. Dort sind 20 Unternehmen gelistet. Mindestens 75 Prozent der Unternehmen erwirtschaften jeweils mehr als 100 Millionen Dollar Jahresumsatz. Bis zu 25 Prozent der NAI-Titel sind kleinere und mittlere Unternehmen mit hoher Innovationskraft, die die Entwicklung ökologisch innovativer Produkte vorantreiben.

Dieser Fonds hat vier Morningstar-Sterne; Performance drei Monate +11,93, ein Jahr –12,16, drei Jahre +30,6, fünf Jahre –18,30 Prozent. Ich schaue mir die Unternehmen an. Ich bin zufrieden. Der Fonds gefällt mir.

b) Pioneer Funds Global Ecology A Cap (WKN A0MJ48)

Ziel dieses Teilfonds ist die Erwirtschaftung eines Kapitalzuwachses mit Unternehmen, die umweltfreundliche Produkte oder Technologien herstellen oder an der Schaffung einer saubereren und gesünderen Umwelt mitwirken. Diese Unternehmen sind in folgenden Bereichen tätig: Kontrolle der Luftverschmutzung, alternative Energien, Wiederverwertung, Müllverbrennung, Abwasserbehandlung, Wasserreinigung und Biotechnologie.

Auch dieser Fonds hat vier Morningstar-Sterne; Performance drei Monate +10,56, ein Jahr –4,05, drei Jahre +23,42, fünf Jahre –19,55 Prozent. Auch dieser Fonds gefällt mir gut.

c) BGF New Energy Fund A2 EUR (WKN A0BL87)

Der New Energy Fund investiert weltweit 70 Prozent seines gesamten Nettofondsvermögens in Aktien von Unternehmen, deren Geschäftstätigkeit überwiegend in den Bereichen alternative Energien und Energietechnologie liegt. Besondere Schwerpunkte können erneuerbare Energien, Energieerzeugung (zu Fortbewegungszwecken und zur standortbezogenen Nutzung), Energiespeicherung und Energiehilfstechnologien sein.

Dieser Fonds erhält drei Morningstar-Sterne, Performance drei Monate +8,91, ein Jahr –15,94, drei Jahre –10,70, fünf Jahre –40,07 Prozent. Der Fonds überzeugt mich nicht.

d) SAM Smart Energy Fund (WKN A0B8QQ)

Der Umwelttechnologiefonds SAM Smart Energy Fund ist ein Aktienfonds, der schwerpunktmäßig in die Wachstumsbranchen der erneuerbaren Energien und der Energieeffizienz investiert. Im Vordergrund stehen folgende Anlagethemen:

- Erneuerbare Energien: Energieerzeugung aus erneuerbaren Quellen wie Wind, Solar und Geothermie,
- Umwelttechnologie & Energieeffizienz: Investment in Anbieter von innovativen Energiespartechnologien und energieeffizienten Produkten,
- dezentrale Energiesysteme: Unternehmen, die sich mit der Versorgungssicherheit beschäftigen, etwa mit Energiespeicherung, Batterietechnologie sowie elektrischer Infrastruktur.

Der Fonds hat zwar nur drei Morningstar-Sterne erhalten; Performance drei Monate +9,91, ein Jahr –12,36, drei Jahre +55,59, fünf Jahre +1,47 Prozent. Dieser Fonds hat mich durchaus überzeugt. Ich könnte mir vorstellen, dass er auch in der Zukunft gute Chancen hat.

e) LBBW Fonds Global Warming (WKN A0KEYM)
Dieser Themenfonds gegen die globale Erderwärmung gefällt mir ebenfalls sehr gut. Den eigenen Angaben zufolge investiert er »gezielt in Unternehmen, deren Produkte und
Dienstleistungen der globalen Erderwärmung entgegenwir-
ken oder zumindest die ökologischen Folgen abmildern. Das
sind Unternehmen aus den Bereichen erneuerbare Energien,
aus der Wasserbranche ebenso wie aus dem Bausektor, aber
auch Versicherungs- und Versorgungsunternehmen. Die Auswahl der Einzeltitel erfolgt nach fundamental-qualitativen
Kriterien. Das bedeutet, dass auf eine überdurchschnittliche
Gewinndynamik geachtet wird. Dazu gehört eine gesunde
Bilanzstruktur sowie eine starke Marktposition. Zusätzlich
führt das Fondsmanagement eine Nachhaltigkeitsprüfung
mit einem so genannten Negativscreening durch. Dabei wird
geprüft, ob sich Unternehmen anhand eines Ausschlusskata-
loges selbst disqualifizieren. Waffen, Kernkraft, Kinderarbeit,
Glücksspiel, Alkohol und Tabak sind solche Ausschlusskriterien.«
Es ist Ziel des Managements, mit der Nachhaltigkeit Geld
zu verdienen. Der Fonds soll besser abschneiden als ver-
gleichbare Aktienindizes. Der Schwerpunkt der Anlagen liegt
in Deutschland. Es sind zurzeit über 30 Prozent. Dann folgen
Frankreich und Großbritannien. Die größten Einzelwerte sind
Linde, Air Liquide, der britische Energiekonzern BG Group,
Saipem, BASF, Technip, Siemens, Alfa Laval, Yara International
und Alstom. Performance: in drei Monaten +13,44 Prozent, in
einem Jahr –7,03 Prozent, in drei Jahren +52,34 Prozent. Und
da der Fonds zudem vier Morningstar-Sterne erhalten hat,
überzeugt er auch mich.

f) Anti-Atom-Zertifikat (WKN UB9UTL)
Ein sehr gutes Investment scheint auch ein Anti-Atom-Zertifikat zu sein. Aufgrund des Atomausstiegs müssen die beiden

großen deutschen Stromversorger RWE und E.ON ihr Geschäftsmodell umstellen. Das führt zu fallenden Aktienkursen. Dagegen gibt es eine ganze Reihe Unternehmen, die von dieser Entwicklung profitieren. Das von der Investmentbank UBS aufgelegte Anti-Atom-Zertifikat enthält 25 Versorgerwerte, die nicht in der Atomkraft engagiert sind. Je rund ein Drittel der Unternehmen stammt aus Europa, Asien und Amerika. Aktuell stellen brasilianische Unternehmen den Schwerpunkt dar (CIA Energetica Minas (5,5 Prozent), CPFL Energia (5,0 Prozent) und Tractebel Energia (4,8 Prozent), gefolgt von der US-amerikanischen Consolidaded Edison (4,8 Prozent). Das Zertifikat wurde am 1.8.2011 herausgegeben. Jetzt hat es bereits gut 10 Prozent zugelegt.

3. Schritt: Ich treffe eine Entscheidung

Einige der ausgewählten offenen Fonds überzeugen mich in der Tat. Sie sind nachhaltig ausgerichtet, die Performance ist zufriedenstellend. Man kann in sie investieren.

> **!** *Ein Hinweis:* Bei vielen Fonds kann man auch einen Sparplan vereinbaren, viele Fonds sind »riesterfähig«, sodass man sie für den Aufbau einer Altersvorsorge verwenden kann.

Für unsere Gesundheit ist uns nichts zu teuer

IDEE

Gesundheit ist schon seit geraumer Zeit ein Megatrend. Nicht nur Krankenkassen profitieren von einer gesunden Gesellschaft, auch als Geldanleger kann man mit medizinischer Forschung und Entwicklung eine interessante Rendite erwirtschaften. Auf diese Investitionen wirken unterschiedliche Strömungen ein: Die politisch motivierten Reformen versuchen die Preise zu beeinflussen und sie zu senken. Die Pharmaunternehmen prognostizieren dann stets ihren Untergang. Die demografische Entwicklung spricht dagegen für eine steigende Nachfrage nach medizinischen Produkten und Leistungen. Hinzu kommt ein steigender Bedarf in den Schwellenländern. Das führt zu einem zweistelligen Wachstum der Branche.

Auch auf dem Gesundheitssektor hat man ein besonderes Augenmerk auf die Entwicklung in China. Noch 2012 soll dort ein Gesundheitssystem eingeführt, 700 Millionen Chinesen sollen krankenversichert werden. Ebenfalls für das Jahr 2012 ist der Bau von 2 000 neuen Krankenhäusern geplant. Derzeit wird in China mit Medizintechnik ein Umsatz von 17 Milliarden Dollar erzielt. Man rechnet mit einem jährlichen Anstieg von 15 bis 20 Prozent. Diese Tendenz betrifft aber nicht nur China, sondern alle Schwellenländer.

Zunehmende Überalterung der Gesellschaft und die verschiedenen Gesundheitsreformen begünstigten insbesondere den Generikasektor. Generika sind eine kostengünstige Alternative zu teuren Markenmedikamenten und für die medizinische Versorgung insbesondere in den Schwellenländern unverzichtbar.

Schließlich ist im Medizinbereich auch noch die Biotechbranche zu nennen. Ihr Aufschwung ist ebenfalls durch den globalen demografischen Wandel bedingt. Mit zunehmender Lebenserwartung gewinnen Krankheiten wie Alzheimer oder Parkinson eine besondere Bedeutung. Medikamente für diese Krankheiten werden vor allem über biotechnologische Prozesse gewonnen. Zahlen aus dem US-Gesundheitsmarkt belegen diese Bedeutung. Geht man von einer gesamten Marktgröße von 5 200 Milliarden Dollar aus, entfallen davon lediglich 2 Prozent auf den Biotechsektor. Aber das Wachstum der Biotechbranche liegt bei 15 Prozent im Jahr. Die traditionellen

Pharmaunternehmen haben nur noch einen Zuwachs von 2 bis 5 Prozent pro Jahr.

MEINE MEINUNG

Die Branchen mit den größten Zuwächsen dürften auch in Zukunft Generika und Biotech bleiben. Generika werden in den nächsten Jahren vermehrt von den Patentabläufen im Pharmaumfeld profitieren und neue Anwendungsbereiche von den Biotechunternehmen erschlossen werden.

Es ist sinnvoll, in diese Bereiche zu investieren.

Einige Empfehlungen für nachhaltige Anleger: Wie kann ich an Gesundheit gesunden?

1. Schritt: Ich habe mich entschieden. Ich halte das Thema Gesundheit für sehr nachhaltig. Mein Investment kann viel bewirken.

Schwellen- und Entwicklungsländer haben bezüglich der Gesundheitsversorgung großen Nachholbedarf, denn auch deren Bevölkerung fordert das Recht darauf ein. Das ist ein sehr nachhaltiges Motiv für eine Geldanlage. Zwei Faktoren verknüpfen dies mit dem ökonomischen Aspekt. Zum einen gibt es in den Schwellenländern eine wachsende Mittelschicht, die bereit ist, ihre Ausgaben für Gesundheit zu erhöhen. Da die Abdeckung durch Krankenversicherungen zumeist noch ungenügend ist, müssen die Patienten einen Großteil der Gesundheitskosten selbst tragen. Zum anderen ist die Politik bereit, verstärkt in die Gesundheitsversorgung zu investieren. Die finanziell schwächer gestellten Bevölkerungsschichten profitieren vom allgemeinen Ausbau der staatlichen Gesundheitsversorgung – und fortschrittliche einheimische Anbieter werden ebenfalls davon profitieren.

Ferner wird es in einigen Schwellenländern, ähnlich wie in den meisten Industriestaaten, in den nächsten Jahrzehnten zu einer Überalterung der Gesellschaft kommen. Damit verändern sich die Lebensgewohnheiten. Zivilisationskrankheiten werden zunehmen. Der Bedarf nach Gesundheitsversorgung wird darum deutlich ansteigen.

Die Investitionen in das Thema Gesundheit führen zur Verbesserung der Gesundheitsversorgung in Entwicklungs- und Schwellenländern: Investitionschancen und sozialer Nutzen gehen Hand in Hand.

Gesundheitsunternehmen in den Bereichen Pharma, Dienstleistungen und Medizinaltechnik werden von der zunehmenden Nachfrage in Schwellenländern profitieren. Anbieter aus

Schwellenländern haben aufgrund der an die Gegebenheiten gut angepassten Produkte (z. B. Generika) sowie der teilweisen Vergünstigungen durch den Staat Vorteile gegenüber Konkurrenten aus Industriestaaten.

Die aktuelle Nachhaltigkeitsstudie der Bank Sarasin zeigt auf, dass die Anzahl der nachhaltigen Gesundheitsunternehmen in Schwellenländern noch begrenzt ist. Dennoch gibt es eine ganze Reihe von Vorreitern, denen Nachhaltigkeit zugebilligt werden kann und die vom zu erwartenden Wachstum profitieren werden:

- Das indische Unternehmen Dr. Reddy's deckt mit seinen Produkten in Schwellen- und Entwicklungsländern die Medikamente für einige der am meisten verbreiteten Krankheiten ab.
- In China ist die traditionelle Medizin (TCM) von großer Bedeutung. Der größte Hersteller von indizierbaren TCM-Medikamenten ist China Shineway.
- Ein weiteres klassisches Pharmaunternehmen aus China ist Fosun Pharma. Es entwickelt und produziert u. a. Medikamente gegen Hepatitis, Diabetes und Tuberkulose.
- In Südafrika ist das Pharmaunternehmen Aspen der größte Produzent von antiretroviralen Medikamenten. Aus Nachhaltigkeitssicht ebenfalls gut abgeschnitten hat der zweitgrößte Generikahersteller Südafrikas Adcock Ingram.
- In Lateinamerika ist das mexikanische Unternehmen Genomma Lab zu nennen, das der größte nationale Produzent von nicht verschreibungspflichtigen Medikamenten ist.

2. Schritt: Welche Fonds und Zertifikate gibt es? Sind diese nachhaltig? Welche Performance weisen sie auf?
Dem Thema Gesundheit ist auch ein Index der *Frankfurter Allgemeinen Zeitung* gewidmet: F. A. Z. Euro Gesundheit Index (WKN SLA2SH). Er bildet die Kursentwicklung von 25 Unternehmen

ab, deren Hauptgeschäftstätigkeit in der Branche Gesundheit liegt, die ihren Hauptsitz in einem der Eurozonen-Indexländer haben und an einer anerkannten Börse in einem dieser Länder gelistet sind. Der F.A.Z. Euro Gesundheit Index wird als Kursindex in Euro berechnet und einmal im Jahr angepasst. In der FAZ-Europa-Index-Familie werden sämtliche Indexmitglieder an den Anpassungstagen zu gleichen Teilen gewichtet. In diesem Index sind alle großen Medizin-Tech-Firmen vertreten: u. a. Sanofi, Bayer, Fresenius, Merck, Rhön Klinikum, Celesio, Stada, aber auch Unternehmen wie Fielmann, Carl Zeiss, Drägerwerke.

Der FAZ-Gesundheitsindex konnte noch nicht so richtig seine Performance nachweisen. Er wurde zum Handelsschluss am Startdatum am 19.9.2011 auf 100 gesetzt und hatte im Mai 2012 118 Punkte. Das ist für die kurze Zeit zwar ein schöner Wert, aber er ist noch nicht aussagekräftig.

Auf diesen Index gibt es das Tracker-Zertifikat WKN HV5NE2. Naturgemäß zeigt es eine ähnliche Performance wie der Index.

In den USA gibt es den Nasdaq Biotechnology Index (NBI) (WKN 617026). Er hatte im Jahr 2011 eine Performance von über 25 Prozent.

Ferner gibt es zwei Indizes von der Royal Bank of Scotland:

Das Open-End-Index-Zertifikat WKN ABN9NJ hatte eine Performance über ein Jahr von 32,28 Prozent und über drei Jahre von über 57,06 Prozent.

Das Open-End-Quanto-Index-Zertifikat (WKN ABN8LH) brachte es in der Performance auf 29,52 bzw. 58,95 Prozent. Das sind beeindruckende Werte.

Außerdem gibt es eine ganze Menge Fonds, die das Thema Gesundheit als Grundlage haben. Im Folgenden eine Aufstellung:

WKN	Name	Performance 1 Jahr	Performance 3 Jahre	Performance 5 Jahre
A0RPE0	JPM Global Health-care A (acc) – USD	+29,06%	+52,51%	+17,54%
628933	iShares EURO STOXX Health Care (DE)	+17,71%	+43,73%	– 0,06%
935590	Janus Global Life Sciences A USD	+17,49%	+42,55%	+20,53%
A1C6S4	JB EF Health Op-portunities-USD B	+15,40%	n.a.	n.a.
A0Q4R3	iShares STOXX Europe 600 HC (DE)	+15,13%	+45,64%	+ 5,30%
ETF068	ComStage ETF STOXX Europe 600 HlthCre NR	+14,36%	+44,56%	n.a.
976985	DWS Health Care Typ O	+14,13%	+35,36%	+ 1,31%
LYX0AS	Lyxor ETF STOXX Europe 600 Health-care	+14,09%	+43,05%	+ 5,96%
A0MJYM	AXA WF Frm Health AC USD	+13,76%	+50,17%	+11,57%
A0RPR7	Source STOXX Europe 600 Opt HlthCare ETF	+13,42%	n.a.	n.a.
550884	SPDR MSCI Europe Health Care ETF	+13,41%	+43,40%	+ 2,39%
LYX0GM	Lyxor ETF MSCI World HealthCare TR C EUR	+13,15%	n.a.	n.a.
588767	SSgA Health Care Index Equity Fund P	+12,65%	+32,35%	+ 2,92%

WKN	Name	Performance 1 Jahr	Performance 3 Jahre	Performance 5 Jahre
987112	ING (L) Invest Health Care Acc	+12,60%	+25,70%	−13,31%
988490	BNPP L1 Equity World Health Care C C	+11,72%	+28,64%	− 1,46%

Wer sich für diese Fonds interessiert, die ich allesamt für attraktiv erachte, der kann, wie beschrieben, eine Analyse der Fonds vornehmen. Bitte am Schluss die Kosten nicht vergessen.

3. Schritt: Ich entscheide mich
Das war eine sehr erfreuliche Bilanz. Man muss nicht lange überlegen, es macht Sinn, in diesen Zertifikaten oder Fonds anzulegen. Man hat in diesem Fall wahrlich Nachhaltigkeit und Rendite.

Mikrofinanzfonds – Kredite in kleinen Portionen

IDEE
Mikrofinanzfonds haben mittlerweile einen hohen Bekanntheitsgrad und sind eine besondere Form des nachhaltigen Investments. Anleger profitieren von ihrem Engagement und leisten gleichzeitig einen Beitrag zur Entwicklungshilfe.

Diese Art von Fonds geht auf den Wirtschaftswissenschaftler und Friedensnobelpreisträger Muhammad Yunus zurück. Er erkannte als Erster, dass auch arme Menschen ein hohes Potenzial an kreativem und wirtschaftlichem Unternehmergeist haben, wenn man ihnen die notwendigen finanziellen Mittel zur Verfügung stellt. Aus diesem Grund vergab er an diese Menschen

Kleinstkredite. Daraus ergab sich bald der Begriff Mikrofinanz. Heute ist dieses Thema einer der wichtigen Megatrends der nachhaltigen Geldanlage.

Muhammad Yunus begann 1976 in Bangladesch, Kredite an Menschen zu geben, die ein Kleingewerbe gründen wollten, um der Armut zu entkommen. Anfangs setzte er sein privates Geld ein. Damit übernahm er ein hohes Risiko. Aber er kannte die ersten Kreditnehmer persönlich und konnte sehr gut einschätzen, ob sie mit dem Investment klug wirtschafteten. Der Zweck dieser Kreditvergabe sollte nicht die Gewinnmaximierung, sondern die Lösung von sozialen Problemen durch wirtschaftliche Entwicklung sein. Daraus ergab sich eine sehr erfolgreiche Geschäftsbeziehung. Die Kreditnehmer fühlten sich gut aufgehoben und setzten ihre ganze Ehre ein, den Kredit pünktlich zu tilgen. Die Kreditgeber verlangten zwar keine hohen Zinsen, aber sie hatten auch so gut wie keine Ausfälle. So rechnete sich das Konzept für beide Seiten.

Schließlich wurde das Mikrofinanzsystem in eine Bank eingebracht. Im Jahr 1983 wurde die Grameen Bank gegründet und das Mikrofinanzwesen sozusagen professionalisiert.

Die Grameen Bank aus Bangladesch hat bewiesen, dass das Konzept erfolgreich ist, wenn es in der Gesellschaft verankert ist. Seit 1983 hat sie rund 2,75 Milliarden Euro verliehen. Die Rückzahlungsquote liegt bei 98 Prozent. Vor allem Frauen erweisen sich als zuverlässig. Sehr gut hat sich auch die Methode bewährt, ein Darlehen einer Gruppe, z. B. einer Dorfgemeinschaft, zu gewähren. Hier stellt der soziale Druck eine hohe Zahlungsmoral sicher.

MEINE MEINUNG

Wie alle erfolgreichen Konzepte fand auch Yunus' Idee viele Nachahmer. Mittlerweile gibt es zahlreiche Varianten von Mikrokrediten. Selbst in der Finanzkrise hat sich dieses Geschäft gut weiterentwickelt. Während die Aktien internationaler Großbanken in Turbulenzen gerieten, brachten Mikrofinanzfonds Renditen von 5 Prozent und mehr. Die ärmeren Kreditnehmer und ihre Geschäfte wurden von der Finanzkrise in der Tat ignoriert. Daher finde ich diese Idee sehr gut. Kreditnehmer und Anleger können gleichermaßen profitieren. Mittlerweile existieren weltweit Tausende von Mikrofinanzinstitutionen. Neben Kleinstkrediten werden auch Bankeinlagen, Versicherungen oder Immobilienkredite angeboten. Allerdings hat sich die Motivation der Geldgeber verändert. Früher stand der Gedanke der Entwicklungshilfe Pate, heute streben viele Mikrofinanzinstitutionen eine nachhaltige Kostendeckung oder gar eine positive Rendite an. Man hat festgestellt, dass sich daraus eine Möglichkeit ergeben hat, wirtschaftliche Entwicklungsarbeit mit kommerziellen Gewinnerzielungsabsichten zu verknüpfen. Durch die Aufwertung des Geschäftsmodells durch Banken und Fonds entstand eine Anbindung an die regionalen oder auch internationalen Finanzmärkte. Damit stand zum einen mehr Kapital zur Verfügung, um die Bedürfnisse der Kreditnehmer zu decken, zum anderen kam es auch zu einer finanziellen Unabhängigkeit für die Institute.

Die Idee ist eigentlich einfach: Mikrofinanzfonds investieren meist in Form direkter Kredite in sogenannte Mikrofinanzinstitute (MFI). Diese arbeiten wie eine Bank, verleihen das Geld aber nur an Menschen, die von herkömmlichen Banken kein Geld bekommen würden. Auf die üblichen Sicherheiten wie Eigentum oder Einkommen wird verzichtet. Für das Funktionieren dieses Modells ist es von größter Bedeutung, dass die MFI in der Lage sind, den Leumund der Kreditnehmer in ihren Dörfern überprüfen zu können.

Heute geht man davon aus, dass sich das bei Mikrofinanzinstituten weltweit ausstehende Kreditvolumen auf mehr als 36 Milliarden Dollar beläuft. Seit 2002 nimmt die Summe um jährlich über 30 Prozent zu. Bedarf wird es auch weiterhin geben. Mikrofinanzierung gehört inzwischen zu einem verbreiteten Mittel zur Armutsbekämpfung in Schwellenländern. Die Kredite bilden oft das Startkapital, um kleine Geschäftsideen zu verwirklichen und wirtschaftliche Möglichkeiten zu erschließen. Dies sorgt nicht nur für Beschäftigung und Einkommen unter den Kreditnehmern, sondern fördert gleichzeitig auch das wirtschaftliche Wachstum der gesamten Region. Selbstverständlich müssen auch Mikrokredite zurückgezahlt werden. Dies funktioniert nur, wenn das Geschäftsmodell erfolgreich ist. Viele Kleinunternehmer sind aber unternehmerisch unerfahren, verfügen zudem nicht über die erforderliche Persönlichkeitsstruktur. Die Gefahr einer Überschuldung ist selbstverständlich gegeben. Der Erfolg hängt von der soliden Arbeit der MFI ab.

Manchmal wird behauptet, die privaten Mikrokredite führten dazu, dass die Entwicklungshilfe gekürzt wird. Aber gerade die Kombination von Entwicklungshilfe und Mikrokrediten könnte ein sinnvoller Weg für die Zukunft sein. Die öffentliche Hand finanziert Mikrofinanzinstitute, baut sozusagen die Struktur auf, und die Fonds können mit den Geldern, die sie von den Anlegern bekommen, Darlehen an Mikrofinanzinstitute vergeben. Damit finanzieren die Geldanleger die jeweiligen Projekte. Allerdings hat es sich auch eingebürgert, dass die Fonds über sogenannte CDOs (Collaterized Debt Obligations) investieren. Hinter diesen Strukturen verbergen sich zwar Risiken, jedoch sind viele MFI zu klein, um an den Kapitalmärkten eigene Schuldtitel zu platzieren. CDOs bilden hier die Brücke zu den Finanzmärkten.

Einige Empfehlungen für nachhaltige Anleger: Wie kann ich mich an einer Mikrofinanzierung beteiligen?

1. Schritt: Ich bin davon überzeugt, dass man sich zu diesem Thema als Geldanleger gut engagieren kann. Welche Möglichkeiten gibt es, daran teilzunehmen?

Deutsche Geldanleger konnten schon seit längerer Zeit in geschlossene Fonds investieren, die ihrerseits MFI bedienen. Nachteilig daran ist die mangelnde Liquidität, da es keinen Zweitmarkt für Fondsanteile gibt. Mittlerweile gibt es aber auch einen in Deutschland zugelassenen Publikumfonds, der in MFI investiert: Es ist der Dual Return Vision Microfinance Fund der Fondsgesellschaft Axxon (WKN A1H5A0). Er wird zwar nicht an der Börse gehandelt, aber die Fondsgesellschaft erstellt einen täglichen Kurs und übernimmt auch den Rückkauf der Anteile, sodass die Liquidität gewährleistet ist.

2. Schritt: Ist der Fonds für ein nachhaltiges Investment geeignet? Wie war die Performance des Fonds?

Das Ziel des Fonds wird folgendermaßen beschrieben: »Ziel des Fonds ist es, die Anleger an den Entwicklungen im Bereich Microfinance zu beteiligen. Microfinance ist die Bereitstellung von Finanzdienstleistungen an Kleingewerbetreibende in den Entwicklungsländern (Mikrokredite). Lateinamerika, Zentral- und Osteuropa, Asien und Afrika sind die Hauptinvestitionsländer des Fonds. Das Hauptziel des Fonds ist es, an diesen Kreditvergaben teilzuhaben. Dies kann direkt durch den Erwerb von Schuldverschreibungen von Mikrofinanz-Instituten (MFI) aus den oben genannten Ländern oder indirekt über andere Schuldverschreibungen erfolgen. Gegenwärtig investiert der Fonds 50 Prozent in Indonesien und 46 Prozent in Kolumbien« (www.finanzen.net).

Der Fonds ist erst am 25. 1. 2011 gestartet worden, eine Zwölf-Monats-Performance beläuft sich auf gute 4 Prozent.

Die Fondsgesellschaft geht von einem kontinuierlichen Wachstum aus.

Zum 10. 10. 2011 wurde Invest In Visions Micro-Finance Class R (WKN A1H44T) zugelassen. Dieser Fonds wird nicht an der Börse gehandelt. Die Preisgestaltung erfolgt durch die Fondsgesellschaft.

Ziel der Anlagestrategie dieses Fonds ist es, »Anlegern einen angemessenen Wertzuwachs in der Fondswährung mittels Investitionen in diversifizierten Vermögenswerten aus dem Mikrofinanzbereich zu ermöglichen. Um dies zu erreichen, refinanziert der Fonds Kredit- und Finanzinstitute in Schwellen- und Entwicklungsländern, indem er diesen Kredite, Schuldscheindarlehen oder ähnliche Instrumente zur Verfügung stellt. Die Investitionen werden überwiegend in EUR oder USD getätigt oder in Lokalwährungen, in denen Absicherungsinstrumente zur Verfügung stehen. Die Darlehen haben eine Laufzeit von ca. 6 Monaten bis 5 Jahren. Die fokussierten Regionen sind: Afrika, Asien, Europa, Karibik, Lateinamerika, Naher Osten, Südsee-Inseln. Die Verwaltung des Fonds konzentriert sich auf Kredittransaktionen mit sorgfältig ausgewählten Mikrofinanzinstituten und damit verbundenen Mikrosektoreinrichtungen« (Quelle: onvista).

Natürlich sind diese Fonds eine sehr gute Alternative für ein nachhaltiges Investment. Es wird damit ein positiver Einfluss auf die wirtschaftliche Situation des Kreditnehmers genommen mit Auswirkungen auf eine gesamte Region.

Es gibt aber auch einige Risiken, die insbesondere von der Auswahl der Mikrofinanzinstitute abhängen. Diese Institute vergeben die Kredite. Es kommt auf ihr Geschick an, ob sie vertrauenswürdige Kreditnehmer aussuchen und die angedachten Geschäftsmodelle beurteilen können. Zwar vergeben mittlerweile Ratingagenturen wie Moody's, Standard & Poors und Fitch an einige der größten MFI ein Kreditrating, doch die Mehrzahl der MFI wird nicht bewertet.

Dennoch sind die Risiken eines Anlegers bei Mikrofinanzfonds im Vergleich zu vielen anderen Anlagemöglichkeiten relativ gering. Das Maximalrisiko besteht darin, dass ein Darlehen nicht getilgt werden kann und dadurch die Renditeerwartung sinkt, jedoch ist dabei zu berücksichtigen, dass infolge der niedrigen Darlehenssumme pro Unternehmer die Risiken eines möglichen Ausfalls relativ gering sind. Außerdem werden diese Fonds nicht von der globalen Wirtschafts- und Finanzentwicklung beeinflusst. Verstärkt wird dies dadurch, dass die Fonds ihr Engagement in die MFI über mehrere Länder diversifizieren.

Mikrofinanzfonds sind als nachhaltige Investments durchaus sinnvoll. Die MFI machen meistens eine sehr gute Arbeit vor Ort. Die Renditen sind nicht gerade hoch, somit steht bei der Zeichnung eines solchen Fonds der finanzielle Ertrag nicht im Vordergrund.

3. Schritt: Ich treffe eine Entscheidung
Ich bin der Meinung, dass man in die beiden genannten Fonds investieren kann. Man kann sich aber auch an die im Folgenden aufgeführten Banken wenden, die viel Erfahrung mit Mikrokrediten haben:

- Die *Bank im Bistum Essen* (http://www.bibessen.de) bietet Investments in einen Mikrofinanzfonds mit folgender Begründung an:»Der Anleger profitiert in den Fonds gleich doppelt: durch den finanziellen Ertrag der Anlage und das gute Gefühl, anderen Menschen zu helfen. Er weiß, dass sein Geld für ihn einen Mehrwert erwirtschaftet und zusätzlich auch anderen Menschen eine bessere Zukunft ermöglicht.«
- *Invest in Vision*s (http://www.investinvisions.de) nennt seine Produkte Vision Microfinance. Auch dieses Unternehmen wirbt mit»Geldanlagen mit sozialem Mehrwert und doppelter Rendite«. Dies bedeutet für das Unternehmen, dass man

sich bemüht, eine finanzielle und soziale Rendite zu erwirtschaften.

- Von Investoren eingezahlte Gelder werden an ausgewählte und von internationalen Ratingagenturen bewertete Mikrofinanzinstitute weitergeleitet. Die wiederum unterstützen und überwachen die Vielzahl an Einzelprojekten rund um den Globus. Verzinst werden soll das Kapital mit 6 bis 10 Prozent, sodass Anlegern nach Abzug der Kosten neben einem guten Gewissen auch eine Rendite von bis zu 6 Prozent bleibt.
- Oikocredit (http://www.oikocredit.org) ist die geeignete Organisation für Menschen, die ihr Geld ethisch sinnvoll und sozial verantwortlich investieren möchten. Oikocredit unterstützt Mikrofinanzinstitutionen, Genossenschaften und kleinere Unternehmen in armen Ländern. Schlagwort: »Faire Geldanlagen für faire Darlehen«.
- Die Genossenschaft Oikocredit hat ein vielfältiges Angebot, u. a. auch das Investment in MFI. Will man sich bei Oikocredit beteiligen, so muss man zunächst Mitglied in einem der acht Förderkreise sein. Als Oikocredit-Mitglied kann man sich dann mit einer Beteiligung von mindestens 200 Euro engagieren.
- Die GLS Bank hat ein Oikocredit-Sparkonto auf den Markt gebracht. Sie vergibt ein Darlehen in Höhe der angelegten Gelder an Oikocredit, die damit ihre Partnerorganisationen, also MFI, in unterschiedlichen Ländern finanziert. Diese geben das Geld wiederum als Mikrokredite weiter.

Mikrokredite auch in Deutschland

Es hat lange Zeit gedauert, bis man das Instrument der Mikrokredite auch in den Industrieländern einsetzte. Bereits 2006 wurde in Deutschland der erste Mikrofinanzfonds gestartet. Das Bundesministerium für Wirtschaft und Technologie, das Bundesministerium für Arbeit und Soziales, die KfW Bankengruppe und die GLS Bank starteten das Projekt, um jungen Unternehmern mit geringem Kapitalbedarf, jedoch ohne eigene Sicherheiten, die Gründung eines Unternehmens zu ermöglichen. Im Jahr 2009 wurden 270 Mikrokredite vergeben, die eine Ausfallquote von 2,8 Prozent in Relation zu den Kredittilgungen aufwiesen. Das nahm das Bundesministerium für Arbeit und Soziales zum Anlass, 2010 einen Mikrokreditfonds Deutschland zu initiieren, um die Mikrodarlehenvergabe deutlich auszuweiten.

Mit diesem Pilotprojekt hat sich die Bundesrepublik das Ziel gesetzt, ein flächendeckendes Angebot an Mikrodarlehen in ganz Deutschland bereitzustellen. Es hat zum Ziel, Existenzgründer und Selbstständige mit geringem Bedarf an Fremdkapital mit einem Mikrokredit zu unterstützen. Durch ihn sollen bis 2015 15 000 Mikrokredite vergeben werden. Das Volumen von 100 Millionen Euro soll in erster Linie Existenzgründern zugutekommen.

Über den Mikrokreditfonds Deutschland können sich die Mikrokreditinstitute in Deutschland refinanzieren. Deshalb ist er die tragende Säule der deutschen Mikrofinanzindustrie. Die Hauptaufgabe des Mikrokreditfonds ist dabei aber nicht die direkte Vergabe von Mikrokrediten sondern die Bereitstellung von Kapital für die Mikrofinanzinstitute, die die eigentliche Kreditvergabe tätigen.

Mittlerweile sind in Deutschland 56 Mikrofinanzinstitute gegründet worden, die an diesem Programm mitarbeiten. Die Mittel des Mikrokreditfonds Deutschland stammen aus

dem Bundeshaushalt sowie aus dem Europäischen Sozial-
fonds. Mit der Umsetzung dieses Ziels wurde die GLS Bank
gemeinsam mit dem 2004 gegründeten Verein Deutsches Mikrofinanz Institut e. V. (DMI) vom Mikrokreditfonds Deutschland beauftragt.

Die Alternativen – selbst sind Mann und Frau

Für die bisher angestellten Überlegungen zu Geldanlagen benötigt man einen Vermittler, ein Institut, das Geld sammelt und anlegt. Die Basis hierfür sind Fonds, Zertifikate, selbst Aktien. Warum treffen aber Geldgeber und Geldnehmer nicht direkt eine Vereinbarung? Warum soll man eine Bank verdienen lassen, wenn man sich das Geld auch selbst im Familienkreis oder bei Freunden leihen kann? Erfahrungsgemäß halten Familienidylle und Freundschaften jedoch länger, wenn man einen normalen Vertrag abschließt, der alle Rechte und Pflichten klärt – wie unter Fremden.

Man kann natürlich auch ein Kreditgeschäft unter Fremden andenken. Dies war in der Vergangenheit nicht besonders verbreitet, aber durch den Einsatz des Internets hat es sich schlagartig geändert: Nun fungiert als Vermittler nicht eine Person oder Institution, sondern eine Plattform.

Mikrofinanz direkt (Kiva)

Bei meiner Recherche im Bereich der Mikrofinanz bin ich bei Kiva (http://www.kiva.org) gelandet. Kiva ist eine wohltätige Organisation (NGO), die 2004 in San Francisco gegründet wurde, und bietet die Möglichkeit, Mikrokredite direkt an einen selbst ausgesuchten Kreditnehmer in einem Entwicklungsland zu vergeben. Damit ist Kiva zu einem Pionier des sogenannten Peer-to-Peer Microlending geworden. In diesem Sinn ist kiva.org eine Plattform, die Geldgeber mit bedürftigen Kleinunternehmern in Entwicklungsländern verbindet.

Seit ihrem Start 2005 ist die Organisation Kiva kontinuierlich gewachsen; mittlerweile hat sie weltweit mehr als 580 000 Unterstützer. Diese haben bisher über 100 Millionen Dollar an mehr als 250 000 Kreditnehmer in 49 Ländern in Form von Mikrodarlehen weitergegeben.

Das Wachstum war grandios. Kiva benötigte (nach eigenen Angaben) schätzungsweise ein Jahr, um 2006 die erste Million Dollar für Darlehen zusammenzutragen, im Jahr 2009 betrug der Geldzufluss 60 Millionen Dollar. Damit sind natürlich manche Anstrengungen verbunden, um die angewachsene Plattform professionell zu managen. Die Organisation vergrößerte sich. Es wurden neue Mitarbeiter eingestellt. Schließlich konnten alle Gelder zielgerichtet in die Projekte eingesetzt werden.

Kiva arbeitet in den Entwicklungsländern mit ausgesuchten Partnerorganisationen, den Mikrofinanzinstituten (MFI), zusammen. Diese sind die Geldgeber vor Ort, verfügen über das notwendige lokale Know-how und kümmern sich um die Auswahl und Betreuung der einzelnen Kreditnehmer. Kiva stellt eigentlich »nur« die Profile der ausgewählten Kreditnehmer und ihre Projekte auf die eigene Internetseite, damit die potenziellen Geldgeber die Unternehmer und ihre Projekte auswählen können. Damit haben sie einen direkten Bezug zu dem Projekt (und zu den Menschen), die sie unterstützen.

Der Vorteil ist, dass viele Geldgeber zusammen – auch mit kleinen Beträgen ab 25 Dollar – solche Projekte finanzieren können. Kiva sammelt die eingehenden Beteiligungen und transferiert die gesamte Summe – sobald sie vollständig ist – an die MFI. Diese zahlen das Geld an den Kreditnehmer aus und kümmern sich um die Rückzahlung. Manchmal ist auch etwas Unternehmensberatung notwendig, damit das Projekt erfolgreich wird. Die MFI sind daran interessiert, dass die Projekte erfolgreich abgeschlossen werden, denn nur so können sie mit weiteren Geldern rechnen. Die Organisation Kiva selbst finanziert sich aus zusätzlichen Spenden. Kiva zahlt allerdings keine Zinsen. Da es keine Rendite gibt, kann man dieses Kreditgeschäft eigentlich nicht als Geldanlage verstehen. Dennoch bietet Kiva eine sehr eindrückliche Umsetzung des Prinzips der Mikrokredite.

Um welche Projekte könnte es beispielsweise gehen? Auf der Internetseite von Kiva befindet sich ein Bericht des Journalisten Reiner Luyken, der sehr anschaulich einen Eigenversuch beschrieb. Er investierte 250 Dollar in ein kleines Lokal in Makeni in Sierra Leone. Die Besitzerin Kumba Moore wollte mit dem Geld ihr Restaurant attraktiver für ihre Kunden machen. Sie brauchte besseres Geschirr, Küchenutensilien und manches mehr. Der Journalist besuchte sie mehrmals und erlebte, was sie mit dem Geld angeschafft hatte. Kumba hatte aber auch mit Problemen zu kämpfen. Ein Teil des Geldes wurde ihr gestohlen. Sie machte Managementfehler. Aber dann erlebte sie einen Durchbruch. Das Restaurant floriert, und sie gibt sich durchaus als überzeugte Unternehmerin.

Es bleibt natürlich immer die Frage, wie viel man mit dem Geld bewirkt hat und ob die Investition auch nachhaltig war. Wichtig für den Erfolg sind die Partner vor Ort, die das Geld für die Projekte zur Verfügung stellen und diese selbst überwachen. Kiva hat hierfür ein Ratingsystem eingeführt. Die MFI vor Ort werden damit geprüft und überwacht. Als Kreditgeber erhält man neben Projektinformationen auch Informationen über das jeweils zuständige MFI, sodass man durchaus gut informiert ist. In welche Projekte kann ich investieren? Auf der Homepage ist zu lesen:

- Der 30-jährige Taxifahrer Omonjon aus der Stadt Khujand in Tadschikistan benötigt 1500 Dollar für die Reparatur seines Taxis. Als ich diese Projektanzeige sehe, hat bereits ein Kreditgeber zugesagt, ihn mit 25 Dollar zu unterstützen. Dieser Kreditgeber stammt aus Chiba in Japan.
- In einem anderen Projekt bewirbt sich eine Sop Mame Cheikh Mbaye solidarity group. Sie besteht aus fünf Frauen, die miteinander befreundet sind und im gleichen Gebiet leben. Sie benötigen ein Darlehen von 975 Dollar, um kosmetische Produkte von einer guten Qualität in der nächsten größeren Stadt einkaufen zu können. Die fünf Frauen verkaufen diese Produkte dann in ihrem Laden auf dem Land in Senegal. Ein Kreditgeber aus Genua in Italien hat bereits 50 Dollar zugesagt.
- Oder das Projekt von Nelly Njoki Ndwiga in Kenia. Nelly ist 28 Jahre alt, verheiratet und hat ein Kind. Sie betreibt eine kleine Druckerei schon seit einem Jahr und hat einen Mitarbeiter. Damit konnte sie bisher gut ihren Lebensunterhalt bestreiten, jetzt möchte sie aber expandieren und sich einen neuen Drucker kaufen. Hierfür benötigt sie 625 Dollar. Bisher haben zwei Kreditgeber insgesamt 50 Dollar zugesagt: einer aus Tucson in Arizona und einer aus Windemere in Florida.

Fazit: Mir gefällt dieser Ansatz sehr gut. Insbesondere die Möglichkeit, individuell das Projekt und den Kreditnehmer aussuchen zu können, dürfte ein Grund für den Erfolg sein. Damit geht ein sehr direkter Bezug zwischen Geber und Nehmer einher. Als Geldanlage halte ich diese Plattform jedoch nur für bedingt geeignet, da keine Zinsen gezahlt werden.

Kreditvermittlung durch smava

Eigenen Angaben zufolge ist http://www.smava.de Deutschlands größtes Kreditportal, auf dem Kreditnehmer und Anleger direkt miteinander Geldgeschäfte tätigen können.

»Konsumenten und Selbstständige können ihren Kreditwunsch zwischen 1000 Euro und 50000 Euro schnell und unbürokratisch online auf smava.de einstellen. Nach Einsendung der Unterlagen und Prüfung durch smava wird das Kreditprojekt dann direkt von privaten Anlegern finanziert. Danach wird das Geld in der Regel innerhalb von 48 Stunden ausgezahlt. Der Preis für den Kredit ergibt sich aus Angebot und Nachfrage. Da smava sich um die gesamte Abwicklung kümmert, findet kein persönlicher Kontakt zwischen dem Kreditnehmer und den Anlegern statt.«

Dennoch bietet die Plattform einen persönlichen und direkten Einblick zumindest hinsichtlich der Bedürfnisse des Kreditnehmers. Man kann zwischen 250 und 100000 Euro anlegen. Die meisten Projekte, denen man Geld zuteilen kann, liegen zwischen 2000 und 10000 Euro. Das Verfahren ist durchaus mit den Vergaben der Mikrokredite vergleichbar. Die Kreditnehmer werden von smava auf ihre Bonität geprüft. Ein eventueller

Geldausfall wird von einem Sicherheitspool gedeckt, der aus Gebühren früherer und laufender Geschäfte gespeist wird. Kreditnehmer profitieren bei ihrem Kredit von günstigen Zinsen und können den Kredit jederzeit kostenfrei zurückzahlen. Für Selbstständige ist es von Vorteil, dass sie keine Sicherheiten hinterlegen müssen. Die Anleger profitieren bei smava von einer höheren Rendite als bei anderen verzinsten Anlageformen. Laut Angaben von smava konnten Anleger im Jahr 2009 eine Rendite von 7,5 Prozent nach Abzug aller Kosten erzielen. Nach anderen, aktuelleren Unterlagen kann man davon ausgehen, dass die Rendite zwischen 5,2 und 5,8 Prozent liegt.

Um welche Projekte geht es?

- Da möchte jemand ein neues Auto kaufen. Noch zu deckende Kosten 5000 Euro. Er wünscht sich einen Kredit und bietet 9,5 Prozent Zinsen. Bisher haben sich sechs Kreditgeber mit je 250 Euro gefunden.

- Jemand möchte umziehen und sucht 6000 Euro, Zinssatz 7,6 Prozent, Laufzeit 60 Monate. 18 Anleger finanzieren diesen Wunsch mit Beiträgen zwischen 250 und 750 Euro.

- Eine Kommunikationsdesignerin in der Werbung möchte in neue Technik investieren. Sie beantragt einen Kredit 6000 Euro, bietet 6 Prozent Zinsen bei einer Laufzeit von 36 Monaten. 17 Personen haben sich mit Beträgen zwischen 250 und 1000 Euro beteiligt.

Fazit: Die Möglichkeit eines solchen Direktkredits finde ich ansprechend. Wahrscheinlich ist dies auch deshalb eine Marktlücke, weil viele Banken mit der Kreditvergabe zögern. Wenn man sich engagieren will, sollte man, wie vorgeschlagen, nicht gleich größere Beträge einsetzen und mit kleinen Summen in mehrere Projekte diversifizieren. Natürlich muss jeder für sich entscheiden, ob er es als nachhaltig empfindet, jemanden beim Autokauf zu unterstützen.

Es gibt noch weitere ähnliche Internetportale. Es scheint Mode geworden zu sein, nach Finanzierungen im Internet zu suchen. Crowdfunding und Crowdinvesting sind die Schlagworte. Banken werden überflüssig.

Seedmatch – eine Chance für frühe Investitionen in junge Unternehmen

Seedmatch (http://www.seedmatch.de) vermittelt in frühen Unternehmensphasen Beteiligungen an interessanten und innovativen Unternehmen. Seedmatch ist überzeugt, dass davon Investoren, Unternehmen und die Gesellschaft gleichermaßen profitieren.

Auf einer Plattform werden ausgewählte Startups vorgestellt, die einen aktuellen Kapitalbedarf haben. Man kann sich über diese Start-ups informieren und direkt online investieren. Dabei hat man selbstverständlich die Wahl des Unternehmens und der Höhe des Investitionsbetrags. Ab 250 Euro ist man dabei. Jeder Investor kann sich somit ein individuelles Portfolio an Unternehmen zusammenstellen, in die er investieren möchte. Die Prozesse und die Abwicklung sind von Seedmatch standardisiert und vorgegeben, sodass der bürokratische Aufwand sehr reduziert ist. Seedmatch erstellt während der Beteiligungszeit regelmäßig Reports über die Entwicklung der Unternehmen.

Seedmatch geht von dem mittlerweile etablierten Onlinefinanzierungsmodell Crowdfunding aus und überträgt es auf die Finanzierung junger Unternehmen mithilfe von Mikroinvestments.

Wie funktioniert das? Man meldet sich auf der Plattform an, dann wählt man die Unternehmen aus, von deren Geschäftsidee man überzeugt ist. Man kann sich anhand eines

Porträtvideos und eines strukturierten Businessplans informieren. Daraufhin kann man über diese Plattform online investieren. Dort kann man weiter verfolgen, wie sich die Unternehmen entwickeln. Außerdem erhält man regelmäßig Reports über den Status der Unternehmen, in die man investiert hat. Während der Beteiligungslaufzeit ist der Investor anteilsmäßig an etwaigen Gewinnausschüttungen beteiligt. Nach einem individuell festgelegten Mindestbeteiligungszeitraum kann man die Beteiligung beenden und diese entsprechend der Höhe des eigenen Anteils ausgezahlt bekommen.

Bei dem Investment handelt es sich um eine stille Beteiligung. Der Investor trägt damit das unternehmerische Risiko auf seinen Anteil. Im schlimmsten Fall kann das natürlich bedeuten, dass die Einlage verloren geht. Im positiven Fall wird man an der Entwicklung des Unternehmens beteiligt. Um das Risiko abzufedern, stellt man sich ein Portfolio aus vielen verschiedenen Unternehmen zusammen, in die man jeweils kleinere Beträge investiert. Dann ist der Ausfall eines Unternehmens nicht so problematisch.

Ich ordne dieses Investment gerne in die Kategorie »nachhaltig« ein, weil man sich entsprechende Projekte aussuchen kann. Damit profitiert man mehrfach: Neben dem guten Gefühl, zukunftsweisende junge Unternehmen zu unterstützen und damit die Wirtschaft zu beleben, erwirbt man mit einem frühen Investment in Start-ups auch attraktive Renditechancen. Man ist an Gewinnausschüttungen und vor allem langfristig am Unternehmenswert beteiligt. Die Beteiligung am Verlust ist natürlich auf die Höhe der Einlage begrenzt. Es besteht keine Nachschusspflicht.

Am verlockendsten ist das Wachstum des Unternehmenswertes. Angenommen man hat 250 Euro investiert und der Unternehmenswert verfünffacht sich bis zum Ende der Mindestlaufzeit. Dann erhält man das Fünffache des Investments –

in diesem Fall 1 250 Euro. Aber selbstverständlich kann man die Beteiligung auch weiter behalten.

Seedmatch erhält von den Start-up-Unternehmen ein Erfolgshonorar in Höhe von 5 bis 10 Prozent der Beteiligungssumme. Damit werden die bei Seedmatch anfallenden Kosten gedeckt. In welche Unternehmen kann man investieren? Zur Zeit der Niederschrift dieses Buches standen folgende Wahlmöglichkeiten auf der Plattform zur Verfügung:

- »SugarShape ist die erste Dessousmarke, die sich an ihre Kundinnen anpasst. Hier entscheidet die Crowd! Ein neuartiges Maß- und Designkonzept sorgt für die perfekte Passform, Spaß und Sex-Appeal!« Der Kapitalbedarf war mit 50 000 Euro gemeldet. 180 Investoren brachten 100 000 Euro zusammen. Die Zeichnung betrug 200 Prozent.

- »MUTISUN ist die Zukunft der Sonnenpflege: per Online-Analyse werden die Hautbedürfnisse jedes einzelnen Kunden ermittelt und besonders hochwertige, getestete Inhaltsstoffe individuell zusammengestellt.« Die Kapitalforderung betrug 50 000 Euro. Bisher haben 98 Investoren 53 500 Euro zusammengebracht.

- »Über die Online-Plattform lingoking stehen Unternehmen wie Privatpersonen binnen Sekunden professionelle Telefondolmetscher in über 45 Sprachen bereit.« Der Kapitalbedarf betrug 50 000 Euro. 142 Investoren beschafften 100 000 Euro.

- »smarchive macht Schluss mit Papierkrieg! Das smarte Archiv begeistert, weil es Zeit & Nerven spart: dank der einzigartigen Intelligenz sortiert es sämtliche Unterlagen von ganz alleine. Und denkt mit.« Auch bei diesem Unternehmen zeichneten 144 Investoren die doppelte Summe, nämlich 100 000 Euro.

- Eine ganze Reihe von Unternehmen warten bereits auf die Aufnahme in die Plattform.

Fazit: Die Plattform macht einen ausgezeichneten Eindruck. Es macht richtig Spaß, in den Geschäftsideen zu lesen. Ich finde, es ist eine gute Geldanlage, junge Unternehmen beim Aufbau ihres Geschäfts zu unterstützen. Das Risiko ist überschaubar, wenn man keine zu großen Beträge einsetzt und diese auf diverse Unternehmen aufteilt.

Respekt.net – eine Plattform für gesellschaftspolitisches Engagement

Respekt.net bringt Menschen mit Ideen mit potenziellen Unterstützern/Investoren zusammen. Auf der Projektbörse werden gesellschaftlich wertvolle Projekte schnell und einfach vielen Menschen zugänglich gemacht. So erhöht Respekt.net die Umsetzungschancen guter Ideen zur Verbesserung der Welt. Mit der Projektbörse will Respekt.net vor allem Einzelpersonen und Gruppen helfen, ein lebendiges Forum für ihr Engagement zu finden. Beteiligungen sind nicht vorgesehen. Es handelt sich bei den Investoren eher um Sponsoren.

Fazit: Diese Plattform dient mehr dem Investieren von Geld als Spende. Die Initiative ist gut und hat auch sehr vernünftige Projekte im Programm. Aber als Geldanlage ist sie weniger geeignet.

mySherpas – eine Crowdsponsoring Community für kreative und karitative Projekte

Auf mySherpas (http://www.mysherpas.com) können sich Künstler, Musiker, Filmemacher, Designer, Fotografen, Autoren, Journalisten, kreative Menschen jeglicher Ausrichtung, Idealisten, sozial Engagierte und Visionäre mit ihren Projekten vorstellen und um Sponsoren werben. Die Geldgeber unterstützen die ausgewählten Projekte mit kleinen Beträgen. Wenn die benötigte Gesamtsumme zusammengekommen ist, wird ausbezahlt, und das Projekt kann umgesetzt werden.

Fazit: Es handelt sich um Sponsoring. Die Idee ist gut, die Projekte sind interessant, aber mySherpas ist für eine Geldanlage nicht geeignet.

In diese Kategorie fällt auch die Plattform http://www.kickstarter.com. Die Geldgeber können kreative Projekte anschieben. Viele Entwickler von Spielen sind auf dieser Seite zu finden. Wenn man sie unterstützt, erhält man zumindest eine Kopie des Spiels, falls es fertig werden sollte.

pling hilft Menschen, ihre Träume zu verwirklichen

pling (http://www.pling.de) wirbt damit, dass es die Plattform ist, die Menschen helfen kann, ihre Träume zu verwirklichen. Das Prinzip ist einfach: Man wird aufgerufen, Projekte zu unterstützen, die man einzigartig findet. Oder verrückt. Oder einfach nur toll.

Dafür erhält man kreative Gegenwerte. Das kann von einem handsignierten Videospiel bis zu einem Treffen mit der Lieblingsband reichen. Es sind alles Dinge, die man nicht im Laden um die Ecke bekommt. Und pling verspricht, dass man auch noch ein gutes Gefühl bekommt, weil man Menschen bei der Umsetzung ihrer Träume geholfen hat.

Fazit: Es handelt sich um Sponsoring. Die Idee ist gut, die Projekte sind interessant, aber pling ist für eine Geldanlage nicht geeignet.

Inkubato – Crowdfunding für kreative Projekte

Bei Inkubato stellen Künstler, Musiker, Kreative ihre Projekte vor, inklusive der Prämien, die Unterstützer erhalten, wenn das Projekt realisiert wird. Es gilt die Alles-oder-nichts-Finanzierung: Wenn die benötigte Startsumme im vereinbarten Zeitrahmen zusammenkommt, wird das Projekt verwirklicht. Nur dann fließt das Geld. Findet ein Projekt nicht die nötige Unterstützung, entstehen keinerlei Kosten.

Fazit: Es handelt sich um Sponsoring. Die Idee ist gut, die Projekte sind interessant, aber Inkubato ist für eine Geldanlage nicht geeignet.

Startnext – die Crowdfunding-Plattform für jeden

Startnext (http://www.startnext.de) bietet die Möglichkeit, eine eigene Crowdfunding-Aktion auf einer eigenen Startnext-Sub-Plattform für die eigenen Projekte zu starten, um Geld für kreative Projekte einzusammeln. Als Investor kann man Kreative persönlich und individuell unterstützen, für ihre Projekte Werbung machen ... und vielleicht dazu beitragen, dass die Welt besser wird. Aber ist das nachhaltig? Es könnte durchaus sein. Natürlich hängt es von den eigenen Kriterien ab.

Epilog: Wie viel Nachhaltigkeit haben wir erreicht?

Ich habe dieses Buch auch deshalb geschrieben, weil ich für mich eine Strategie erarbeiten wollte, wie ich nachhaltig in nachhaltige Projekte Geld investieren kann. Ich habe eine Lösung für mich gefunden, und ich bin damit zufrieden. Die Betonung dieser Antwort liegt jedoch auf den Wörtern »für mich«. Nachhaltigkeit lässt sich zwar definieren, aber die Inhalte muss jeder für sich klären.

Meine Leitlinie ist: Ich will Gewinn einfahren und gleichzeitig in die Gesellschaft investieren. Um beides in Einklang zu bringen, habe ich geraume Zeit benötigt. Ich gestehe aber ein, dass ich bei manchen Investitionsmöglichkeiten feststellen musste, dass vieles, was als nachhaltig bezeichnet wird, kaum etwas wirklich Nachhaltiges beinhaltet. Auch fehlen manchmal die notwendigen Informationen, um eine Anlage auf ihre Nachhaltigkeit hin zu untersuchen. Ich habe einen angeblich nachhaltigen Index in Hongkong gefunden, aber es war mir nicht möglich zu eruieren, welche Unternehmen der Index beinhaltet. Darum kann man ihn nicht nutzen.

Ich musste auch lernen, dass man einen gewissen Mut zur Lücke braucht. Wenn ich in einen Fonds investiere, kann ich eben nicht alle Unternehmen überprüfen, ob diese auf meiner »Welle« der Nachhaltigkeit liegen. Und selbst wenn ein Fonds mit einem Zertifikat ausgestattet wurde, lässt sich nur bedingt nachvollziehen, wie der Prozess der Auszeichnung stattgefunden hat.

Auch habe ich versucht, Informationen von Instituten, die auf mich einen sehr soliden Eindruck gemacht haben, zu vergleichen; dabei merkte ich, dass doch sehr unterschiedliche Ergebnisse herauskamen. Wenn ich dies dann mit den Verantwortlichen diskutierte, hat sich herausgestellt, dass der Grund dafür einfach unterschiedliche Kriterien waren. Eine solche unterschiedliche Bewertungssystematik macht dem Privatanleger die Entscheidungsfindung nicht unbedingt einfacher. Diese meine Lösung fand ich erst, als ich etwas großzügiger wurde und nicht mehr jede Information hinterfragte. Ich habe mich dazu gezwungen, dem einen oder anderen Institut einfach zu vertrauen. Das mag vielleicht etwas naiv erscheinen, ist aber eher pragmatisch gemeint. Je höher meine Ansprüche an »umgesetzte Nachhaltigkeit« sind, desto weniger Anlagemöglichkeiten finde ich. Das macht offensichtlich keinen Sinn.

Meine Lösung muss für Sie nicht unbedingt die richtige sein, Sie müssen sich selbst mit der Materie befassen. Ich gebe auch keine Anlageempfehlungen. Ich bekomme keine Provisionen, und ich möchte auch keine Verantwortung übernehmen. All meine Vorschläge sollten immer nur den Prozess beschreiben. Für das Ergebnis ist jeder selbst verantwortlich.

Ich habe für mich folgende Lösung gefunden:

- Ich habe investiert in Wasser.
- Ich habe investiert in Gesundheit.
- Ich hätte (fast) einen Genussschein von Greuther Fürth gekauft. Aber dann sind sie schneller aufgestiegen, als ich dachte. Damit konnte ich an der Sonderausschüttung nicht mehr partizipieren.
- Ich habe zwei Energiefonds auf meine »Watchliste« gesetzt, also noch nicht investiert.
- Ich will einer Gemüsefrau in Sokoto, im Norden Nigerias, einen kleinen Betrag zur Verfügung stellen, damit sie ihren Stand vergrößern kann (Kiva).
- Ich will mit Kleinbeträgen drei Jungunternehmer unterstützen und freue mich auf die regelmäßigen Reports, damit

ich sehen kann, wie sich »meine Unternehmen« entwickeln (Seedmatch).

- Ich bin mit meinen Bankkonten nicht zu einer Nachhaltigkeitsbank gewechselt, obwohl ich von deren Angebot sehr beeindruckt war. Ich habe mein Girokonto nach wie vor bei der Sparkasse und meine Geldanlagen bei Cortal Consors. Ich war mit meinen Partnern immer zufrieden und glaube, dass sie tatsächlich nachhaltig agieren. Ich gebe zu, ich habe einen Umzug einfach gescheut.

Wenn ich wieder etwas Geld übrig habe, werde ich bestimmt attraktive Anlagemöglichkeiten finden, denn der Prozess bleibt immer gleich. Einen Wunsch habe ich an die Banken und Broker, die sich mit dem Thema beschäftigen: Sie sollten Informationen über Nachhaltigkeit, nachhaltige Fonds, Zertifikate und andere Objekte der Geldanlage übersichtlicher und zielgerichteter präsentieren und somit die Suche einfacher machen. Ich wünsche mir mehr Informationen der Ratingagenturen über vorbildliche Unternehmen, damit sie dem einfachen Anleger ihr Wissen besser vermitteln können.

Und nun wünsche ich Ihnen, liebe Leser, eine gute Wahl.

Literaturempfehlungen

Deml, Max/Blisse, Holger: *Grünes Geld: Das Handbuch für ethisch-ökologische Geldanlagen 2012/2013*. 357 Seiten, Stuttgart 2011: Rainer Hampp Verlag.
ISBN: 978-3-942-56112-9

Faust, Marti/Scholz, Stefan (Hg.): *Nachhaltige Geldanlagen: Produkte, Strategien und Beratungskonzepte*. 780 Seiten, Frankfurt a.M. 2008: Frankfurt School Verlag.
ISBN: 978-3-937-51993-7

Gabriel, Klaus: *Nachhaltigkeit am Finanzmarkt: Mit ökologisch und sozial verantwortlichen Geldanlagen die Wirtschaft gestalten*. 212 Seiten. München 2007: oekom verlag.
ISBN: 978-3-865-81083-0

Pelikan, Edmund (Hg.): *Anders Investieren: Einführung in die nachhaltige Geldanlage*. 224 Seiten, Landshut 2010 (2. Auflage): Epk Verlag.
ISBN: 978-3-937-85307-9

Pinner, Wolfgang: *Nachhaltig investieren und gewinnen. Profitieren vom ökologischen Megatrend*. 192 Seiten, Wien 2008: Linde Verlag.
ISBN: 978-3-709-30206-4

Rothenbücher, Mario: *Nachhaltige Investments: Geldanlagen im Zeichen der Clean Technology*. 126 Seiten, Hamburg 2011: Diplomica Verlag.
ISBN: 978-3-842-85738-4

Rotthaus, Stephan: *Erfolgreich investieren in grüne Geldanlagen: Ökologisch – ethisch – nachhaltig*. 207 Seiten, Frankfurt a. M. 2009: Campus Verlag.
ISBN: 978-3-593-38578-5

Sander, Beate: *Nachhaltig investieren: in Sonne – Wind – Wasser – Erdwärme und Desertec*. 250 Seiten, München 2010: FinanzBuch Verlag.
ISBN: 978-3-898-79565-4

Upgang, Mechthild: *Gewinn mit Sinn: Wie Sie Ihr Geld sicher anlegen – mit gutem Gewissen*. 192 Seiten, München 2009: oekom verlag.
ISBN: 978-3-865-81174-5

Links

Informationsdienst Trader's Daily, Autor: Michael Vaupel
http://www.investor-verlag.de/newsletter_archiv/td/?nlid=td
Diesen Informationsdienst kann man kostenlos abonnieren.
Sehr gute und verantwortungsvolle Informationen rund um das
Börsengeschehen.

Nachhaltigkeitsbanken
Meine Favoriten:
http://www.ethikbank.de/
http://www.gls.de/
http://www.triodos.de/de/privatkunden/
Auch gut:
http://www.umweltbank.de/
http://www.steyler-bank.de/
http://www.ordensbank.de/
http://www.kd-bank.de/
http://www.paxbank.de/

Direktbanken
Meine Favoriten bezüglich Nachhaltigkeit:
https://www.cortalconsors.de/Home
http://www.comdirect.de/
https://www.maxblue.de/de/index.html

Auch gut, aber wenig Informationen über Nachhaltigkeit:
http://www.ing-diba.de/
http://www.1822direkt.com/
http://www.dkb.de/index.html
http://www.volkswagenbank.de/de/privatkunden.html

http://www.dab-bank.de/
http://www.sbroker.de/

Auf diesen Portalen findet man den geeigneten Berater
http://www.whofinance.de/
http://www.kennstdueinen.de/
branche-finanzberater-430.html

Ausgewählte Finanzberater
http://www.nfn.de/
http://www.mehrwert-finanzen.de/
http://www.geldmitsinn.de/
http://www.vermoegenszentrum.de/

Plattformen für nachhaltiges Investment
http://www.nachhaltiges-investment.org/
http://www.boerse-frankfurt.de/de/start

Ratingagenturen
http://www.fitch-makler.de/
http://www.moodys.com/pages/default_de.aspx
http://www.standardandpoors.com/home/en/eu
http://www.weissinc.com/
http://www.dagongcredit.com/dagongweb/english/
index.php

Spezielle Ratingagenturen bezüglich Nachhaltigkeit
Diese Plattformen sind alle sehr zu empfehlen:
http://www.imug.de/
http://www.oekom-research.com/
http://www.inrate.com/Site/Home.aspx
http://www.sustainalytics.com/
http://www.zkb.ch/de/center_worlds/ueber_uns/
nachhaltigkeit/produkte/research.html

Ergebnisorientiertes Rating
http://www.lipperweb.com/research/leaders.aspx
http://www.morningstar.de/de/
http://frr.feri.de/de/

Die grüne Suchmaschine
http://wegreen.de/de/

CRIC – Corporate Responsibility Interface Center
Es ist eine Investorengemeinschaft zur Förderung des ethischen
Investments im deutschsprachigen Raum.
http://www.cric-online.org/
Hier gelangt man auch zum Frankfurt-Hohenheimer Leitfaden:
http://www.cric-online.org/images/individual_upload/div_
infos/fhl-d-05.pdf

Forum nachhaltige Geldanlagen
http://www.forum-ng.org/de/fng/eurosif.html

Das Transparenzlogo von Eurosif
http://www.forum-ng.org/de/transparenz/transparenzlogo.
html

Freedom House – Freiheit in der Welt
http://www.freedomhouse.org/report/freedom-world/
freedom-world-2007?page=363&year=2007

Transparency International
http://www.transparency.de/

Lexikon der Nachhaltigkeit
http://www.nachhaltigkeit.info/artikel/dow_jones_
sustainability_index_djsi_1598.htm

Informationen über Indizes
- Global Challenges Index
  http://www.gcindex.com/de/
- DAXglobal Sarasin Sustainability Germany Index
  http://www.dax-indices.com/DE/index.aspx?pageID=
  25&ISIN=DE000A0QY139
- STOXX Global ESG Leaders Indizes
  http://www.boerse-frankfurt.de/de/
  nachhaltige+wertpapiere/aktien+nach+indizes/methodik
  http://www.stoxx.com/indices/types/esg_desc.html
- ÖkoDAX
  http://www.dax-indices.com/DE/MediaLibrary/
  Document/%C3%96ko_DAX_L_1_0_d.pdf
- Global Challenges Index
  http://www.gcindex.com/de/
- Dow Jones Sustainability Index World
  http://dowjonestoday.eu/category/dow-jones-indexes/
- HVB Nachhaltigkeitsindex
  http://about.hypovereinsbank.de/de/nachhaltigkeit/
  geldanlagen.html?tr_value=sri&tr_adv=redirect
- Wein-Index
  http://www.das-anlegerportal.de/der-liv-ex–100-index-
  im-vergleich-p410.htm

Informationen über Aktien
http://www.boerse-frankfurt.de/de/start
http://www.ariva.de/
https://www.cortalconsors.de/Kurse-Maerkte
http://www.onvista.de/aktien/

Informationen über Anleihen
http://www.anleihencheck.de/anleihen/index
http://www.anleihen-finder.de/
http://www.sarasin.de/internet/iede/print/index_iede/

about_us_iede/about_us_media_relations_iede/about_us_
news_iede.htm?reference=127407&checkSum=
E24637E05D7E4A8F273980A95D2BD5E0

Informationen über geschlossene Fonds
http://www.gub-analyse.de/
http://www.check-analyse.de
http://www.fondsscope.de
http://www.weitkamp-huneke.de

Informationen über offene, nachhaltige Fonds
http://www.skandia.de/privatkunden/
nachhaltige-fondsauswahl.html
http://www.software-systems.at/eda/login.php
http://www.biallo.de/fonds/
http://www.forum-ng.org/de/fng-nachhaltigkeitsprofil/fng-
matrix.html

Informationen über Derivate
http://www.derivateverband.de/DEU/Transparenz/
CreditRating

Einzelne Fondsgesellschaften mit großer Erfahrung in nachhaltigen Fonds
- Erste-Sparinvest
  http://at.sparinvest.com/sparinvest/faces/portal/unse-
  re_fonds/uebersicht.jsp
- DWS
  http://www.dws.de/Produkte/Fonds/528/Uebersicht
- Pictet
  http://www.pictetfunds.com/
- SAM
  http://www.sam-group.com/de/index.jsp
- Sarasin
  http://www.sarasin.de/internet/iede/index_iede

- Swisscanto
  http://www.swisscanto.ch/ch/de/index.html
- Vontobel
  http://www.vontobel.com/DE/DE/Home

Informationen über Unternehmen
http://green.finanztreff.de/green/index.htn

Investieren in Wald und Holz: ForestFinance:
http://www.forestfinance.de/

Investieren in Mikrofonds
http://www.bibessen.de/
http://www.investinvisions.com/
http://www.oikocredit.org/de/home
http://www.mikrofinanz.net/
http://www.kiva.org/

Sonstiges
- Kreditvermittler smava
  http://www.smava.de/
- Investieren in Jungunternehmen: Seedmatch
  https://www.seedmatch.de/

Man darf nicht alles hinnehmen, wie es ist!

ISBN 978-3-453-28021-2

Leseprobe auf
www.ludwig-verlag.de

Christiane Paul ist richtig wütend – weil die Regierungen dieser Welt anscheinend nicht willens sind, die großen ökologischen Fragen konsequent anzugehen. Aber die Schauspielerin und promovierte Ärztin ist auch überzeugt: Nur wenn jeder Einzelne sich engagiert, wird Bewegung in die Politik kommen. Und so startet Christiane Paul den Versuch, das Leben ihrer Familie so umwelt- und klimaverträglich wie möglich zu gestalten: ein Experiment, das ansteckend wirkt!